Aprenda
PYTHON 3
do JEITO CERTO

ZED A. SHAW

Aprenda
PYTHON 3
do JEITO CERTO

Uma introdução muito simples
ao incrível mundo dos
computadores e da codificação

ALTA BOOKS
GRUPO EDITORIAL
Rio de Janeiro, 2019

Aprenda Python 3 do Jeito Certo
Copyright © 2019 da Starlin Alta Editora e Consultoria Eireli. ISBN: 978-85-508-0473-6

Translated from original Learn Python 3 The Hard Way. Copyright © 2017 Zed A. Shaw. ISBN 978-0-13-469288-3. This translation is published and sold by permission of Pearson Education, the owner of all rights to publish and sell the same. POR-TUGUESE language edition published by Starlin Alta Editora e Consultoria Eireli, Copyright © 2019 by Starlin Alta Editora e Consultoria Eireli.

Todos os direitos estão reservados e protegidos por Lei. Nenhuma parte deste livro, sem autorização prévia por escrito da editora, poderá ser reproduzida ou transmitida. A violação dos Direitos Autorais é crime estabelecido na Lei nº 9.610/98 e com punição de acordo com o artigo 184 do Código Penal.

A editora não se responsabiliza pelo conteúdo da obra, formulada exclusivamente pelo(s) autor(es).

Marcas Registradas: Todos os termos mencionados e reconhecidos como Marca Registrada e/ou Comercial são de responsabilidade de seus proprietários. A editora informa não estar associada a nenhum produto e/ou fornecedor apresentado no livro.

Impresso no Brasil — 1ª Edição, 2019 — Edição revisada conforme o Acordo Ortográfico da Língua Portuguesa de 2009.

Publique seu livro com a Alta Books. Para mais informações envie um e-mail para autoria@altabooks.com.br

Obra disponível para venda corporativa e/ou personalizada. Para mais informações, fale com projetos@altabooks.com.br

Produção Editorial Editora Alta Books	**Produtor Editorial** Juliana de Oliveira	**Marketing Editorial** marketing@altabooks.com.br	**Vendas Atacado & Varejo** Daniele Fonseca Viviane Paiva comercial@altabooks.com.br	**Ouvidoria** ouvidoria@altabooks.com.br
Gerência Editorial Anderson Vieira		**Editor de Aquisição** José Rugeri j.rugeri@altabooks.com.br		
Equipe Editorial	Adriano Barros Bianca Teodoro Ian Verçosa	Illysabelle Trajano Kelry Oliveira Keyciane Botelho	Maria de Lourdes Borges Paulo Gomes Thales Silva	Thauan Gomes Thiê Alves
Tradução Eveline Machado	**Copidesque** Roberto Rezende	**Revisão Gramatical** Thaís Pol Thamiris Leiroza	**Diagramação** Amanda Meirinho	

Erratas e arquivos de apoio: No site da editora relatamos, com a devida correção, qualquer erro encontrado em nossos livros, bem como disponibilizamos arquivos de apoio se aplicáveis à obra em questão.

Acesse o site www.altabooks.com.br e procure pelo título do livro desejado para ter acesso às erratas, aos arquivos de apoio e/ou a outros conteúdos aplicáveis à obra.

Suporte Técnico: A obra é comercializada na forma em que está, sem direito a suporte técnico ou orientação pessoal/exclusiva ao leitor.

A editora não se responsabiliza pela manutenção, atualização e idioma dos sites referidos pelos autores nesta obra.

Dados Internacionais de Catalogação na Publicação (CIP) de acordo com ISBD

S534a   Shaw, Zed A.
           Aprenda Python 3 do Jeito Certo: uma introdução muito simples ao incrível mundo dos computadores e da codificação / Zed A. Shaw ; traduzido por Eveline Machado. - Rio de Janeiro : Alta Books, 2019.
           320 p. ; 15,7cm x 23cm. – (Jeito Certo)

           Tradução de: Learn Python 3 The Hard Way
           Inclui índice
           ISBN: 978-85-508-0473-6

           1. Computação. 2. Linguagem de Programação. 3. Python (Linguagem de Programação para Computadores). I. Machado, Eveline. II. Título. III. Série.

2019-561   CDD 005.133
                                           CDU 004.73

Elaborado por Vagner Rodolfo da Silva - CRB-8/9410

Rua Viúva Cláudio, 291 — Bairro Industrial do Jacaré
CEP: 20.970-031 – Rio de Janeiro (RJ)
Tels.: (21) 3278-8069 / 3278-8419
www.altabooks.com.br — altabooks@altabooks.com.br
www.facebook.com/altabooks — www.instagram.com/altabooks

Editora afiliada à:

Sumário

Prefácio xvii
    Melhorias na Edição Python 3 xvii
    O Modo Certo É Mais Fácil xviii
        Leitura e Escrita xviii
        Atenção aos Detalhes xviii
        Identificação das Diferenças xix
        Pergunte, Não Fique Olhando xix
        Não Copie e Cole xix
        Usando os Vídeos Incluídos xix
        Observação sobre Prática e Persistência xx
    Agradecimentos xxi

Exercício 0 Configuração 1
    macOS 1
        macOS: O que Você Deve Ver 2
    Windows 2
        Windows: O que Você Deve Ver 3
    Linux 3
        Linux: O que Você Deve Ver 4
    Descobrindo Coisas na Internet 5
    Avisos para os Iniciantes 5
    Editores de Texto Alternativos 6

Exercício 1 Um Bom Programa Inicial 7
    O que Você Deve Ver 9
    Exercícios Simulados 11
    Perguntas Comuns dos Alunos 11

Exercício 2 Comentários e Cerquilhas 13
    O que Você Deve Ver 13
    Exercícios Simulados 14
    Perguntas Comuns dos Alunos 14

Exercício 3 Números e Matemática 15
    O que Você Deve Ver 16

    Exercícios Simulados 16
    Perguntas Comuns dos Alunos 17
Exercício 4 Variáveis e Nomes 19
    O que Você Deve Ver 20
    Exercícios Simulados 20
    Perguntas Comuns dos Alunos 20
Exercício 5 Mais Variáveis e Impressão 23
    O que Você Deve Ver 23
    Exercícios Simulados 24
    Perguntas Comuns dos Alunos 24
Exercício 6 Strings e Texto 25
    O que Você Deve Ver 26
    Exercícios Simulados 26
    Corrompa 26
    Perguntas Comuns dos Alunos 27
Exercício 7 Mais Impressão 29
    O que Você Deve Ver 29
    Exercícios Simulados 30
    Corrompa 30
    Perguntas Comuns dos Alunos 30
Exercício 8 Imprimindo, Imprimindo 31
    O que Você Deve Ver 31
    Exercícios Simulados 32
    Perguntas Comuns dos Alunos 32
Exercício 9 Imprimindo, Imprimindo, Imprimindo 33
    O que Você Deve Ver 33
    Exercícios Simulados 34
    Perguntas Comuns dos Alunos 34
Exercício 10 O que Foi Isso? 35
    O que Você Deve Ver 36
    Sequências de Escape 36
    Exercícios Simulados 37
    Perguntas Comuns dos Alunos 37

Exercício 11 Fazendo Perguntas 39
    O que Você Deve Ver 40
    Exercícios Simulados 40
    Perguntas Comuns dos Alunos 40

Exercício 12 Perguntando às Pessoas 41
    O que Você Deve Ver 41
    Exercícios Simulados 41
    Perguntas Comuns dos Alunos 42

Exercício 13 Parâmetros, Descompactação, Variáveis 43
    Pare! Os Recursos Têm Outro Nome 44
    O que Você Deve Ver 44
    Exercícios Simulados 45
    Perguntas Comuns dos Alunos 45

Exercício 14 Prompt e Passagem 47
    O que Você Deve Ver 48
    Exercícios Simulados 48
    Perguntas Comuns dos Alunos 48

Exercício 15 Lendo Arquivos 51
    O que Você Deve Ver 52
    Exercícios Simulados 53
    Perguntas Comuns dos Alunos 53

Exercício 16 Lendo e Gravando Arquivos 55
    O que Você Deve Ver 56
    Exercícios Simulados 57
    Perguntas Comuns dos Alunos 57

Exercício 17 Mais Arquivos 59
    O que Você Deve Ver 60
    Exercícios Simulados 60
    Perguntas Comuns dos Alunos 61

Exercício 18 Nomes, Variáveis, Código, Funções 63
    O que Você Deve Ver 64
    Exercícios Simulados 65
    Perguntas Comuns dos Alunos 66

Exercício 19 Funções e Variáveis 67
    O que Você Deve Ver 68
    Exercícios Simulados 68
    Perguntas Comuns dos Alunos 68

Exercício 20 Funções e Arquivos 71
    O que Você Deve Ver 72
    Exercícios Simulados 72
    Perguntas Comuns dos Alunos 72

Exercício 21 As Funções Podem Retornar Algo 75
    O que Você Deve Ver 76
    Exercícios Simulados 76
    Perguntas Comuns dos Alunos 77

Exercício 22 O que Você Sabe até Agora? 79
    O que Você Está Aprendendo 79

Exercício 23 Strings, Bytes e Codificações de Caracteres 81
    Pesquisa Inicial 81
    Interruptores, Convenções e Codificações 83
    Dissecando a Saída 85
    Dissecando o Código 85
    Mergulhando nas Codificações 87
    Corrompendo 88

Exercício 24 Mais Prática 89
    O que Você Deve Ver 90
    Exercícios Simulados 90
    Perguntas Comuns dos Alunos 91

Exercício 25 Mais Prática Ainda 93
    O que Você Deve Ver 94
    Exercícios Simulados 95
    Perguntas Comuns dos Alunos 96

Exercício 26 Parabéns, Faça um Teste! 97
    Perguntas Comuns dos Alunos 98

Exercício 27 Memorizando a Lógica 99
    Termos da Verdade 100

Tabelas-verdade 100
Perguntas Comuns dos Alunos 101

Exercício 28 Prática com Booleanos 103
    O que Você Deve Ver 105
    Exercícios Simulados 105
    Perguntas Comuns dos Alunos 105

Exercício 29 A Instrução If 107
    O que Você Deve Ver 108
    Exercícios Simulados 108
    Perguntas Comuns dos Alunos 108

Exercício 30 Else e If 109
    O que Você Deve Ver 110
    Exercícios Simulados 110
    Perguntas Comuns dos Alunos 110

Exercício 31 Tomando Decisões 111
    O que Você Deve Ver 112
    Exercícios Simulados 112
    Perguntas Comuns dos Alunos 112

Exercício 32 Loops e Listas 115
    O que Você Deve Ver 116
    Exercícios Simulados 117
    Perguntas Comuns dos Alunos 117

Exercício 33 Loops While 119
    O que Você Deve Ver 120
    Exercícios Simulados 120
    Perguntas Comuns dos Alunos 121

Exercício 34 Acessando os Elementos das Listas 123
    Exercícios Simulados 124

Exercício 35 Desvios e Funções 125
    O que Você Deve Ver 126
    Exercícios Simulados 127
    Perguntas Comuns dos Alunos 127

Exercício 36 Criando e Depurando 129
    Regras para as instruções If 129
    Regras para Loops 129
    Dicas para Depurar 130
    Dever de Casa 130

Exercício 37 Revisão dos Símbolos 131
    Palavras-chave 131
    Tipos de Dados 132
    Sequências de Escape de String 133
    Antigos Formatos de String 133
    Operadores 134
    Leitura de Código 135
    Exercícios Simulados 136
    Perguntas Comuns dos Alunos 136

Exercício 38 Fazendo Coisas com Listas 137
    O que Você Deve Ver 138
    O que as Listas Podem Fazer 139
    Quando Usar as Listas 140
    Exercícios Simulados 140
    Perguntas Comuns dos Alunos 141

Exercício 39 Dicionários, Ah, os Adoráveis Dicionários 143
    Exemplo de Dicionário 144
    O que Você Deve Ver 146
    O que os Dicionários Podem Fazer 146
    Exercícios Simulados 147
    Perguntas Comuns dos Alunos 147

Exercício 40 Módulos, Classes e Objetos 149
    Os Módulos São Como Dicionários 149
        As Classes São Como Módulos 150
        Os Objetos São Como uma Importação 151
        Obtendo Coisas de Coisas 152
        Um Primeiro Exemplo de Classe 153
    O que Você Deve Ver 153
    Exercícios Simulados 153
    Perguntas Comuns dos Alunos 154

Exercício 41 Aprendendo o Jargão da Orientação a Objetos 155
    Exercícios de Palavras 155
    Exercícios de Frases 156
    Exercícios Combinados 156
    Teste de Leitura 157
    Pratique Traduzir de Inglês para Código 159
    Lendo Mais Código 159
    Perguntas Comuns dos Alunos 159

Exercício 42 É-Um, Tem-Um, Objetos e Classes 161
    Como Fica no Código 162
    Sobre class Name(object) 164
    Exercícios Simulados 164
    Perguntas Comuns dos Alunos 165

Exercício 43 Básico de Análise e Design Orientados a Objetos 167
    Análise de um Mecanismo de Jogo Simples 168
        Escreva ou Desenhe o Problema 168
        Extraia os Conceitos-chave e Pesquise 169
        Crie uma Hierarquia de Classes e um Mapa de Objetos para os Conceitos 169
        Codifique as Classes e um Teste para Executá-las 170
        Repita e Refine 172
    De Cima para Baixo versus de Baixo para Cima 172
    Código para "Gothons from Planet Percal #25" 173
    O que Você Deve Ver 179
    Exercícios Simulados 180
    Perguntas Comuns dos Alunos 180

Exercício 44 Herança versus Composição 181
    O que É Herança? 181
        Herança Implícita 182
        Sobrescreva Explicitamente 183
        Altere Antes ou Depois 183
        Os Três Combinados 185
    O Motivo de super() 186
        Usando super() com __init__ 186
    Composição 187
    Quando Usar a Herança ou a Composição 188

Exercícios Simulados 189
Perguntas Comuns dos Alunos 189

Exercício 45 Você Cria um Jogo..191
Avaliando o Jogo 191
Estilo de Função 192
Estilo de Classe..192
Estilo de Código 193
Bons Comentários 193
Avalie Seu Jogo.. 194

Exercício 46 Esqueleto do Projeto.. 195
Configuração do macOS/Linux 195
Configuração do Windows 10... 197
Criando o Diretório de Esqueletos de Projetos 198
    Estrutura Final do Diretório... 199
Testando a Configuração 201
Usando o Esqueleto 201
Teste Requerido 201
Perguntas Comuns dos Alunos 202

Exercício 47 Teste Automático... 203
Escrevendo um Caso de Teste... 203
Diretrizes do Teste.. 205
O que Você Deve Ver 206
Exercícios Simulados 206
Perguntas Comuns dos Alunos 206

Exercício 48 Entrada Avançada do Usuário 207
Léxico do Jogo 207
    Dividindo uma Frase 208
    Tuplas do Léxico 208
    Examinando a Entrada 208
    Exceções e Números 209
Desafio do Teste Primeiro 209
O que Você Deve Testar...211
Exercícios Simulados 212
Perguntas Comuns dos Alunos 213

Exercício 49 Criando Frases 215
    Combine e Olhe 215
    Gramática da Frase 216
    Uma Observação sobre as Exceções 216
    Código do Analisador 216
    Lidando com o Analisador 219
    O que Você Deve Testar 220
    Exercícios Simulados 220
    Perguntas Comuns dos Alunos 220

Exercício 50 Seu Primeiro Website 221
    Instalando o flask 221
    Crie um Projeto "Hello World" Simples 222
    O que Está Acontecendo? 223
    Corrigindo os Erros 223
    Crie Templates Básicos 225
    Exercícios Simulados 226
    Perguntas Comuns dos Alunos 227

Exercício 51 Obtendo Entrada de um Navegador 229
    Como Funciona a Web 229
    Como os Formulários Funcionam 231
    Criando Formulários HTML 232
    Criando um Template do Layout 234
    Escrevendo Testes Automáticos para Formulários 236
    Exercícios Simulados 237
    Corrompendo 237

Exercício 52 O Início do Seu Jogo da Web 239
    Refatorando o Jogo do Exercício 43 239
    Criando um Engine 244
    Seu Exame Final 247
    Perguntas Comuns dos Alunos 247

Próximas Etapas 249
    Como Aprender Qualquer Linguagem de Programação 250

Conselhos de um Velho Programador 253

Curso Rápido da Linha de Comando..255
    Introdução: Boca Calada e Shell...255
        Como Usar o Apêndice...255
        Você Irá Memorizar as Coisas..256
    Configuração..257
        Faça Isto..257
        Você Aprendeu Isto...258
        Faça Mais..258
    Caminhos, Pastas, Diretórios (pwd)..260
        Faça Isto..260
        Você Aprendeu Isto...261
        Faça Mais..262
    Se Ficar Perdido..262
        Faça Isto..262
        Você Aprendeu Isto...262
    Crie um Diretório (mkdir)...263
        Faça Isto..263
        Você Aprendeu Isto...264
        Faça Mais..265
    Mude o Diretório (cd)...265
        Faça Isto..265
        Você Aprendeu Isto...268
        Faça Mais..268
    Liste o Diretório (ls)...269
        Faça Isto..269
        Você Aprendeu Isto...272
        Faça Mais..272
    Remova o Diretório (rmdir)...272
        Faça Isto..273
        Você Aprendeu Isto...275
        Faça Mais..275
    Movendo-se (pushd, popd)...275
        Faça Isto..275
        Você Aprendeu Isto...277
        Faça Mais..278

Criando Arquivos Vazios (touch/New-Item) 278
    Faça Isto 278
    Você Aprendeu Isto 279
    Faça Mais 279
Copie um Arquivo (cp) 279
    Faça Isto 279
    Você Aprendeu Isto 281
    Faça Mais 282
Movendo um Arquivo (mv) 282
    Faça Isto 282
    Você Aprendeu Isto 284
    Faça Mais 284
Exiba um Arquivo (less/more) 284
    Faça Isto 285
    Você Aprendeu Isto 285
    Faça Mais 285
Envie um Arquivo (cat) 286
    Faça Isto 286
    Você Aprendeu Isto 287
    Faça Mais 287
Removendo um Arquivo (rm) 287
    Faça Isto 287
    Você Aprendeu Isto 289
    Faça Mais 289
Saindo do Terminal (exit) 289
    Faça Isto 289
    Você Aprendeu Isto 289
    Faça Mais 290
Próximas Etapas da Linha de Comando 290
    Referências do Bash do Unix 290
    Referências do PowerShell 291
Índice 293

Prefácio

Este livro simples foi criado para iniciar você na programação. O título diz que é o jeito certo de aprender a escrever código. Ele usa uma técnica chamada *instrução*. Instrução é onde digo a você para fazer uma sequência de exercícios controlados, que foram projetados para você adquirir uma habilidade através da repetição. Essa técnica funciona muito bem com os iniciantes que não sabem nada e precisam adquirir habilidades básicas antes de entenderem tópicos mais complexos. Ela é usada em tudo, desde artes marciais até música, cálculos básicos e competência em leitura.

Este livro ensina a linguagem Python criando e estabelecendo lentamente habilidades com técnicas, como prática e memorização, e, então, aplicando-as em problemas cada vez mais difíceis. No final do livro, você terá as ferramentas necessárias para começar a aprender tópicos de programação mais complexos. Gosto de dizer para as pessoas que meu livro lhes dá sua "faixa preta em programação". Isso significa que você sabe o suficiente do básico para começar a aprender programação.

Se trabalhar com foco, fizer no seu tempo e adquirir essas habilidades, você aprenderá a codificar.

Melhorias na Edição Python 3

O livro Aprenda Python 3 do Jeito Certo agora usa o Python 3.6. Padronizei usando essa versão do Python porque ela tem um sistema de formatação de strings novo e melhor, que é mais fácil de usar que as quatro versões anteriores (ou três, foram tantas que eu me confundo). Há alguns problemas no Python 3.6 para os iniciantes, mas vou ajudá-lo a superá-los no livro. Um problema particularmente complicado é que o Python 3.6 tem mensagens de erro muito ruins em algumas áreas-chave que eu ajudarei a entender.

Também melhorei os vídeos com base nas minhas experiências nos últimos cinco anos ensinando o Python. É possível assistir a esses vídeos em www.altabooks.com.br (mediante busca por título ou ISBN da obra). Antes, os vídeos permitiam apenas que você me assistisse fazendo o exercício. Os vídeos da edição Python 3 também mostram como corromper — e corrigir — cada exercício. Essa habilidade é chamada de "debugging" (depuração). Ela ensina como corrigir os problemas que ocorrem, e também como o Python executa os programas que você está criando. O objetivo, com essa nova metodologia, é criar um modelo mental de como o Python executa o código, para que você possa descobrir com mais facilidade por que ele falhou. Você também aprenderá muitos truques úteis para depurar software corrompido.

Finalmente, a edição Python 3 suporta totalmente o Windows 10 da Microsoft. A edição anterior focava mais nos sistemas Unix, como o macOS e o Linux, com o Windows sendo secundário. Quando comecei a escrever a edição Python 3, a Microsoft começou a levar a sério as ferramentas de fonte aberta e os desenvolvedores, e foi difícil ignorá-los como plataforma importante de desenvolvimento do Python. Os vídeos mostram o Microsoft Windows usando o Python em várias situações e também mostram o macOS e o Linux com total compatibilidade. Informo sobre as várias pegadinhas em cada plataforma, abordo as instruções de instalação e forneço quaisquer outras dicas que eu possa dar a você.

O Modo Certo É Mais Fácil

Com a ajuda deste livro, você fará coisas muito simples que todos os programadores fazem para aprender uma linguagem de programação:

1. Fará cada exercício.
2. Digitará cada arquivo *com exatidão*.
3. Irá executá-lo.

Pronto. Será *muito* difícil no início, mas fique firme. Se completar o livro e fizer cada exercício por uma ou duas horas à noite, terá uma boa base para pegar outro livro sobre Python e continuar seus estudos. Este livro não irá transformá-lo em um programador da noite para o dia, mas você começará a aprender como codificar.

A função deste livro é ensiná-lo as três habilidades mais fundamentais que um programador iniciante precisa conhecer: leitura e escrita, atenção aos detalhes e identificação das diferenças.

Leitura e Escrita

Se você tiver problemas para digitar, terá problemas para aprender a codificar, especialmente se tiver problemas para digitar caracteres bem estranhos no código-fonte. Sem essa habilidade simples, não conseguirá aprender nem mesmo as coisas mais básicas sobre como o software funciona.

Digitar os exemplos de código e fazer com que sejam executados irá ajudá-lo a aprender os nomes dos símbolos, familiarizar-se com a digitação e fará com que leia a linguagem.

Atenção aos Detalhes

A única habilidade que separa os bons programadores dos ruins é a atenção aos detalhes. De fato, é isso que separa o bom do ruim em qualquer profissão. Você deve prestar atenção nos menores detalhes de seu trabalho ou deixará escapar elementos importantes do que é criado. Na programação, é assim que se acaba tendo erros e sistemas difíceis de usar.

Estudando este livro e copiando cada exemplo *com exatidão*, você treinará seu cérebro para focar os detalhes do que está fazendo, enquanto está fazendo.

Identificação das Diferenças

Uma habilidade muito importante (que a maioria dos programadores desenvolve com o tempo) é a capacidade de notar visualmente diferenças entre as coisas. Um programador experiente pode pegar duas partes de código, que são um pouco diferentes, e identificar imediatamente as diferenças. Os programadores inventaram ferramentas para facilitar isso ainda mais, mas não vamos usá-las. Primeiro, você precisa treinar seu cérebro do modo difícil, então, usar as ferramentas.

Enquanto faz os exercícios, digitando cada um, cometerá erros. É inevitável; mesmo os programadores experientes cometeriam alguns. Seu trabalho é comparar o que escreveu com o que é requerido e corrigir todas as diferenças. Fazendo isso, estará treinando para notar os erros, bugs e outros problemas.

Pergunte, Não Fique Olhando

Se você escreve código, terá bugs. "Bug" significa um defeito, erro ou problema no código escrito. A lenda diz que isso vem de uma mariposa real que voou até um dos primeiros computadores, causando mau funcionamento. Corrigir o problema requeria "retirar o bug [inseto, em inglês]" do computador. No mundo do software, há *muitos* bugs. Muitos mesmo.

Como a primeira mariposa, seus bugs ficarão escondidos em algum lugar no código e você terá que encontrá-los. Não dá para simplesmente sentar diante da tela do computador olhando as palavras que você escreveu e esperar que a resposta salte aos olhos. Você não consegue informações extras fazendo isso, e você precisa de informações extras. Precisa agir para encontrar a mariposa.

Para tanto, é necessário interrogar o código e peguntar o que está acontecendo ou ver o problema de uma maneira diferente. Neste livro, digo com frequência para você "parar de olhar e começar a perguntar". Mostro como fazer o seu código lhe dizer tudo que pode sobre o que está acontecendo e como transformar isso em possíveis soluções. Também mostro como ver o seu código de modos diferentes para que possa obter mais informações e ideias.

Não Copie e Cole

Você deve *digitar* cada um dos exercícios manualmente. Se você copia e cola, é melhor nem fazer. O motivo dos exercícios é treinar suas mãos, cérebro e mente para ler, escrever e ver o código. Se você copia e cola, está enganando a si mesmo quanto à eficiência das lições.

Usando os Vídeos Incluídos

O livro *Aprenda Python 3 do Jeito Certo* tem muitos vídeos que demonstram como o código funciona e, o mais importante, como *corrompê-lo*. Os vídeos são o lugar perfeito para demonstrar muitos erros comuns corrompendo o código do Python de propósito e mostrando como corrigi-lo. Também demonstro o código usando truques e técnicas de depuração e interrogação. Os vídeos são onde mostro como você "para de olhar e pergunta" ao código o que está errado. Você tem acesso aos vídeos em www.altabooks.com.br (mediante busca por título ou ISBN da obra).

Observação sobre Prática e Persistência

Enquanto você estuda programação, eu estudo como tocar violão. Pratico todo dia, pelo menos duas hora por dia. Toco escalas, acordes e arpejos por uma hora, depois aprendo teoria musical, treino os ouvidos, músicas e tudo que puder. Certos dias, estudo violão e música por oito horas porque gosto e é divertido. Para mim, a prática repetitiva é natural e é como se aprende algo. Sei que para ser bom em qualquer coisa tenho que praticar todo dia, mesmo que eu esteja ruim naquele dia (como geralmente acontece) ou que seja difícil. Continue tentando e, finalmente, ficará mais fácil e divertido.

No intervalo entre meus dois últimos livros, descobri o desenho e a pintura. Fiquei apaixonado pela arte visual aos 39 anos e todo dia estudo do mesmo modo como faço com o violão, música e programação. Juntei livros de instrução, fiz o que os livros instruíam, pintei todo dia e foquei aproveitar o processo de aprendizagem. Não sou mesmo um "artista", nem sou bom, mas agora posso dizer que consigo desenhar e pintar. O mesmo método que estou ensinando a você neste livro, apliquei em minhas aventuras na arte. Se você dividir o problema em pequenos exercícios e lições, e os praticar todo dia, poderá aprender a fazer praticamente qualquer coisa. Se o foco for melhorar lentamente e desfrutar o processo de aprendizagem, então você se beneficiará, não importando o quanto você seja bom naquilo.

Na medida em que você estuda este livro e continua com a programação, lembre-se de que tudo que vale a pena fazer é difícil no início. Talvez, você seja o tipo de pessoa que tenha medo de falhar, portanto, desiste no primeiro sinal de dificuldade. Talvez nunca aprendeu a ter autodisciplina, portanto, não consegue fazer nada que seja "chato". Talvez disseram que você é "talentoso", então, nunca tenta nada que possa fazer com que pareça bobo, não um gênio. Talvez, seja competitivo e se compara muito com alguém como eu que vem programando por mais de 20 anos.

Qualquer que seja o motivo para querer desistir, *continue insistindo*. Force-se. Se você se deparar com um Exercício Simulado que não consegue fazer ou uma lição que simplesmente não entende, pule e volte mais tarde. Siga em frente, porque na programação acontecem coisas muito estranhas. No início, você não entenderá nada. Será estranho, assim como o aprendizado de qualquer linguagem humana. Você terá dificuldade com as palavras, não saberá o significado dos símbolos e ficará muito confuso. Então, um dia, *BANG* — seu cérebro dará um estalo e, de repente, você "entenderá". Se continuar fazendo os exercícios e tentando compreendê-los, conseguirá. Você pode não ser um mestre codificador, mas pelo menos entenderá como a programação funciona.

Se desistir, nunca chegará lá. Encontrará a primeira coisa confusa (que é tudo no início), e irá parar. Se continuar tentando, continuar digitando, continuar tentando entender aquilo e ler sobre aquilo, finalmente conseguirá. Se ler este livro inteiro e ainda não entender como codificar, pelo menos tentou. Poderá dizer que tentou ao máximo e um pouco mais, e não funcionou, mas pelo menos tentou. Você pode ter orgulho disso.

Agradecimentos

Gostaria de agradecer a Angela por me ajudar nas duas primeiras versões deste livro. Sem ela, provavelmente eu não teria me dado ao trabalho de terminá-lo. Ela fez o copidesque do primeiro rascunho e me apoiou muito durante a escrita.

Também gostaria de agradecer a Greg Newman por fazer a arte original da capa, Brian Shumate pelos primeiros designs do site e todas as pessoas que leram este livro e conseguiram tempo para fazer comentários e enviar correções.

Obrigado.

EXERCÍCIO 0

Configuração

Este exercício não tem código. É apenas o exercício que você conclui para fazer o computador executar o Python. Você deve seguir as instruções com maior exatidão possível. Se tiver problemas para acompanhar as instruções escritas, assista aos vídeos para sua plataforma.

AVISO! Se não souber como usar o `PowerShell` no Windows, `Terminal` no macOS ou `bash` no Linux, precisará aprender primeiro. Você deve fazer os exercícios no apêndice antes de continuar.

---

macOS

Faça as seguintes tarefas para concluir o exercício:

1. Vá para https://www.python.org/downloads/release/python-360/ (conteúdo em inglês) e baixe a versão "Mac OS X 64-bit/32-bit installer". Instale-a como qualquer outro software.
2. Vá para https://atom.io (conteúdo em inglês) com seu navegador, acesse o editor de texto `Atom` e instale-o. Se o `Atom` não for adequado, veja a seção *Editores de Texto Alternativos* no final deste exercício.
3. Posicione o `Atom` (seu editor de texto) na barra de tarefas para poder acessá-lo com facilidade.
4. Encontre o programa Terminal. Procure. Você achará.
5. Posicione o Terminal na barra de tarefas também.
6. Execute o programa Terminal. Ele não vai parecer lá grande coisa.
7. Em seu programa Terminal, execute o `python3.6`. Você executa as coisas no Terminal ao digitar o nome e pressionar RETURN.
8. Digite `quit()`, `Enter` e saia do `python3.6`.
9. Deverá voltar para um prompt parecido com o que tinha antes de ter digitado `Python`. Se não, descubra o motivo.
10. Aprenda a criar um diretório no Terminal.
11. Aprenda a mudar para um diretório no Terminal.
12. Use o editor para criar um arquivo nesse diretório. Crie o arquivo, salve-o com `Save` ou `Save As...` e escolha o diretório.

13. Volte para o Terminal usando o teclado para trocar as janelas.
14. De volta ao Terminal, liste o diretório com `ls` para ver o arquivo recém-criado.

macOS: O que Você Deve Ver

Abaixo sou eu fazendo isso no meu computador macOS, no Terminal. Seu computador pode ser diferente, mas deve ficar parecido com isso:

```
$ python3.6
Python 3.6.0 (default, Feb 2 2017, 12:48:29)
[GCC 4.2.1 Compatible Apple LLVM 7.0.2 (clang-700.1.81)] on darwin
Type "help", "copyright", "credits" or "license" for more information.
>>>
~ $ mkdir lpthw
~ $ cd lpthw
lpthw $ ls
# ... Use seu editor de texto aqui para editar o test.txt...
lpthw $ ls
test.txt
lpthw $
```

Windows

1. Vá para https://atom.io (conteúdo em inglês) com seu navegador, acesse o editor de texto Atom e instale-o. Você não precisa ser administrador para fazer isso.
2. Acesse o Atom com facilidade colocando-o na área de trabalho e/ou no Quick Launch. As duas opções ficam disponíveis durante a configuração. Se você não conseguir executar o Atom porque o computador não é rápido o bastante, veja a seção *Editores de Texto Alternativos* no final do exercício.
3. Execute o PowerShell no menu Start. Procure e pressione Enter para executá-lo.
4. Crie um atalho para ele na área de trabalho e/ou no Quick Launch para ter fácil acesso.
5. Execute o programa PowerShell (que chamarei de Terminal mais tarde). Ele não vai parecer lá grande coisa.
6. Baixe o Python 3.6 em https://www.python.org/downloads/release/python-360/ (conteúdo em inglês) e instale-o. *Marque a caixa que informa para adicionar o Python 3.6 ao seu path.*
7. No programa PowerShell (Terminal), execute o Python. Você executa as coisas no Terminal digitando o nome e pressionando Enter. Se digitar python e ele não for executado, terá que reinstalar o Python e marcar a caixa "Add python to the PATH". Ela é muito pequena, portanto, preste atenção.
8. Digite `quit()` e pressione Enter para sair do Python.

9. Você deverá estar de volta para um prompt parecido com o que tinha antes de ter digitado python. Se não, descubra o motivo.
10. Aprenda a criar um diretório no PowerShell (Terminal).
11. Aprenda a mudar para um diretório no PowerShell (Terminal).
12. Use seu editor para criar um arquivo nesse diretório. Crie o arquivo, salve-o com Save ou Save As... e escolha esse diretório.
13. Volte para o PowerShell (Terminal) usando apenas o teclado para trocar as janelas. Descubra como fazer isso, se não souber.
14. De novo no PowerShell (Terminal), liste o diretório para ver o arquivo recém-criado.

De agora em diante, quando eu mencionar "Terminal" ou "shell", quero dizer PowerShell, e é o que você deve usar. Quando eu executo o python3.6, você pode digitar apenas python.

Windows: O que Você Deve Ver

```
> python
>>> quit()
> mkdir lpthw
> cd lpthw
... Aqui você usará seu editor de texto para criar o test.txt no lpthw...
>
> dir
 Volume in drive C is
 Volume Serial Number is 085C-7E02

 Directory of C:\Documents and Settings\you\lpthw

04.05.2010   23:32      <DIR>              .
04.05.2010   23:32      <DIR>              ..
04.05.2010   23:32                        6 test.txt
               1 File(s)              6 bytes
               2 Dir(s)    14 804 623 360 bytes free

>
```

Ainda estará correto se você vir informações diferentes das minhas, mas elas devem ser parecidas.

Linux

O Linux é um sistema operacional variado, com muitos modos diferentes de instalar o software. Suponho que, se você está executando o Linux, então sabe como instalar os pacotes, portanto, aqui estão suas instruções:

1. Use o gerenciador de pacotes para instalar o Python 3.6 e, se não conseguir, baixe a fonte em https://www.python.org/downloads/release/python-360/ (conteúdo em inglês) e instale a partir do código-fonte.
2. Use o gerenciador de pacotes Linux e instale o editor de texto Atom. Se o `Atom` não for adequado para você, veja a seção *Editores de Texto Alternativos* no final do exercício.
3. Verifique se você pode acessar o `Atom` com facilidade posicionando-o no menu do gerenciador de janelas.
4. Encontre o programa `Terminal`. Ele pode estar nomeado como `GNOME Terminal`, `Konsole` ou `xterm`.
5. Posicione o `Terminal` na barra de tarefas também.
6. Execute o programa `Terminal`. Ele não vai parecer lá grande coisa.
7. No programa `Terminal`, execute o `python3.6`. Você executa as coisas no `Terminal` digitando o nome do comando e pressionando `Enter`. Se não conseguir executar o `python3.6`, tente executar apenas `Python`.
8. Digite `quit()` e pressione `Enter` para sair do Python.
9. Deverá voltar para um prompt parecido com o que tinha antes de ter digitado `python`. Se não, descubra o motivo.
10. Aprenda como criar um diretório no `Terminal`.
11. Aprenda como mudar para um diretório no `Terminal`.
12. Use o editor para criar um arquivo nesse diretório. Em geral, você irá criar o arquivo, salvá-lo com `Save` ou `Save As...` e escolher esse diretório.
13. Volte para o Terminal usando apenas o teclado para trocar as janelas. Procure se não conseguir encontrá-lo.
14. De volta no `Terminal`, liste o diretório para ver o arquivo recém-criado.

Linux: O que Você Deve Ver

```
$ python
>>> quit()
$ mkdir lpthw
$ cd lpthw
# ... Use seu editor de texto aqui para editar o test.txt...
$ ls
test.txt
$
```

Ainda estará correto se você vir informações diferentes das minhas, mas elas devem ser parecidas.

Descobrindo Coisas na Internet

Grande parte deste livro é aprender a pesquisar os tópicos de programação online. Pedirei a você para "pesquisar isto na internet" e seu trabalho será usar um mecanismo de busca para encontrar a resposta. O motivo de você pesquisar, ao invés de eu dar a resposta, é porque quero que seja um aluno independente, que não precisa do meu livro quando terminar de lê-lo. Se você conseguir encontrar as respostas para suas perguntas online, estará mais perto de não precisar de mim, e esse é meu objetivo.

Graças a mecanismos de busca, como o Google, você pode encontrar facilmente qualquer coisa que eu pedir. Se eu pedir, "pesquise online as funções list do Python", você fará simplesmente isto:

1. Acessar http://google.com.
2. Digitar: `python3 list functions`.
3. Ler os sites listados para encontrar a melhor resposta.

Avisos para os Iniciantes

Este exercício acabou. Ele poderá ser difícil dependendo de sua familiaridade com o computador. Se for difícil, reserve um tempo para ler, estudar e concluir o exercício, porque até que você possa fazer essas coisas muito básicas, achará difícil programar.

Se alguém disser para você parar em um exercício específico neste livro ou pular outros, deverá ignorar essa pessoa. Qualquer pessoa que tenta ocultar o conhecimento de você, ou pior, faz você obtê-lo através dela, ao invés de desenvolvê-lo através do seu próprio esforço, está tentando torná-lo dependente dela para suas habilidades. Não dê ouvidos e faça os exercícios para que aprenda como educar a si mesmo.

Eventualmente algum programador lhe dirá para usar o macOS ou o Linux. Se ele gosta de fontes e tipografia, pedirá que use um computador macOS. Se gosta de controle e tem uma barba enorme, ele (ou elx, se você prefere pronomes de tratamento sem gênero) pedirá para instalar o Linux. Mais uma vez: use qualquer computador que tiver agora e que funcione. Tudo o que precisa é de um editor, um Terminal e o Python.

Finalmente, o propósito desta configuração é ajudá-lo a fazer três coisas com muita segurança enquanto trabalha nos exercícios:

1. *Escrever* os exercícios usando o editor de texto.
2. *Executar* os exercícios escritos.
3. *Corrigir* quando tiverem problemas.
4. Repetir.

Tudo mais apenas irá confundi-lo, portanto, mantenha o plano.

Editores de Texto Alternativos

Os editores de texto são muito importantes para um programador, mas, como iniciante, você só precisa de um simples editor de texto de programação. Eles são diferentes do software para escrever histórias e livros porque funcionam com as necessidades únicas do código do computador. Recomendo o `Atom` neste livro porque é gratuito e funciona em quase toda situação. Contudo, o `Atom` pode não executar bem em seu computador, portanto, veja algumas alternativas:

Nome do Editor	Funciona no	Onde obter (conteúdos em inglês)
Visual Studio Code	Windows, macOS, Linux	https://code.visualstudio.com
Notepad++	Windows	https://notepad-plus-plus.org
gEdit	Linux, macOS, Windows	https://github.com/GNOME/gedit
Textmate	macOS	https://github.com/textmate/textmate
SciTE	Windows, Linux	http://www.scintilla.org/SciTE.html
jEdit	Linux, macOS, Windows	http://www.jedit.org

Eles estão classificados pela probabilidade de funcionar. Lembre que esses projetos podem estar abandonados, mortos ou não funcionar mais em seu computador. Se você experimentar um e ele não funcionar, tente outro. Também listei a coluna "Funciona no" em ordem de onde é mais provável que ele funcione, portanto, se você estiver no Windows, veja os editores nos quais o Windows é listado primeiro.

Se já sabe como usar o Vim ou o Emacs, fique à vontade para usá-los. Se nunca usou, evite. Os programadores podem tentar convencê-lo a usar o Vim ou o Emacs, mas só irá atrapalhar. Seu foco é aprender o Python, não o Vim nem o Emacs. Se tentar usar o Vim e não souber como sair, digite :q! ou ZZ. Se alguém disser para usar o Vim e nem sequer informou isso, então agora você sabe porque não deve dar ouvidos a essa pessoa.

Não use um Ambiente de Desenvolvimento Integrado (IDE) neste livro. Contar com um IDE significa que você não consegue trabalhar com novas linguagens de programação até que alguma empresa decida vender um IDE para tal linguagem. Também significa que você não poderá usar essa nova linguagem até que ela seja grande o bastante para justificar uma base lucrativa de clientes. Se tiver confiança de que pode trabalhar apenas com um editor de texto de programação (como Vim, Emacs, Atom etc.), então não precisa esperar por terceiros. Os IDEs são ótimos em algumas situações (como trabalhar com uma base de código existente enorme), mas ser dependente deles limitará seu futuro.

Você também não deve usar o IDLE. Ele tem sérias limitações em seu funcionamento e não é um software muito bom. Tudo o que você precisa é de um editor de texto simples, um shell e o Python.

EXERCÍCIO 1

Um Bom Programa Inicial

AVISO! Se você pulou o Exercício 0, não está usando corretamente este livro. Está tentando usar o IDLE ou um IDE? Eu disse para não usar no Exercício 0, portanto, não use. Se pulou o Exercício 0, volte e leia.

Você deve ter passado um bom tempo no Exercício 0, aprendendo a instalar um editor de texto, executar o editor, executar o Terminal e trabalhar com os dois. Se não fez isso, não continue. Você terá problemas. Esta é a única vez em que começarei um exercício com um aviso de que não deve pular ou colocar o carro na frente dos bois.

Digite o seguinte texto em um arquivo simples chamado ex1.py. O Python funciona melhor com arquivos terminando com .py.

ex1.py

```
1  print("Hello World!")
2  print("Hello Again")
3  print("I like typing this.")
4  print("This is fun.")
5  print('Yay! Printing.')
6  print("I'd much rather you 'not'.")
7  print('I "said" do not touch this.')
```

Seu editor de texto Atom deve ficar assim em todas as plataformas:

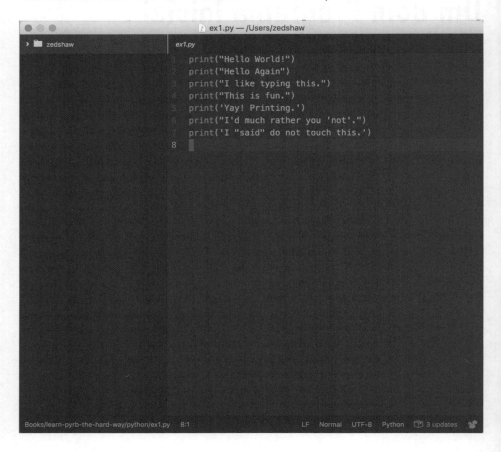

Não se preocupe se não for exatamente igual; deve ser parecido. Você pode ter um cabeçalho da janela um pouco diferente, talvez com cores diferentes e o lado esquerdo da janela Atom não informará "zedshaw", mas mostrará o diretório usado para salvar seus arquivos. Todas essas diferenças não são um problema.

Quando criar o arquivo, lembre destes pontos:

1. Eu não digitei os números das linhas à esquerda. Eles são impressos no livro para eu poder falar sobre linhas específicas informando: "Veja a linha 5..." Você não digitará os números das linhas nos scripts do Python.

2. Tenho o print no início da linha e ele é exatamente igual ao que tenho em ex1.py. Exatamente significa exatamente, não quase igual. Todo caractere tem que corresponder para funcionar. A cor não importa, apenas os caracteres digitados.

No Terminal macOS ou (talvez) Linux, execute o arquivo digitando:

    python3.6 ex1.py

No Windows, sempre lembre de digitar python ao invés de python3.6, assim:

    python ex1.py

Se você fez corretamente, deverá ver a mesma saída que tenho na seção *O que Você Deve Ver* deste exercício. Se não, fez algo errado. Não, o computador não errou.

O que Você Deve Ver

No macOS, no Terminal, deverá ver isto:

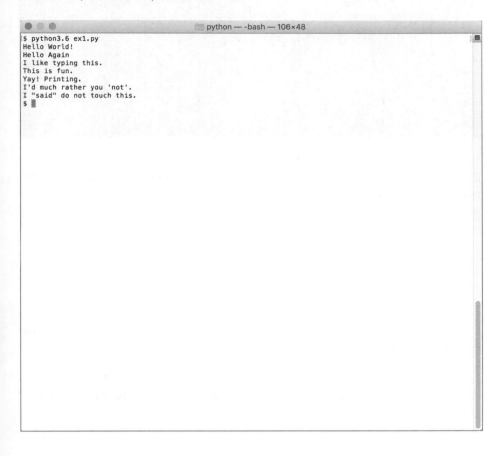

No Windows, no PowerShell, deverá ver isto:

```
Windows PowerShell
PS C:\Users\zed\lpthw> python ex1.py
Hello World!
Hello Again
I like typing this.
This is fun.
Yay! Printing.
I'd much rather you 'not'.
I "said" do not touch this.
PS C:\Users\zed\lpthw>
```

É possível ver nomes diferentes antes do comando `python3.6 ex1.py`, mas o importante é que você digite o comando e veja se a saída é igual à minha.

Se houver um erro, será assim:

```
$ python3.6 python/ex1.py
  File "python/ex1.py", line 3
    print("I like typing this.
                              ^
SyntaxError: EOL while scanning string literal
```

É importante que você possa ler essas mensagens de erro porque cometerá muitos. Até eu cometo muitos erros. Vejamos linha por linha.

1. Executamos o comando no Terminal para rodar o script `ex1.py`.
2. O Python informa que o arquivo `ex1.py` tem um erro na linha 3 do `ex1.py`.
3. Ele imprime a linha de código para ser exibida.
4. Então, coloca um caractere ^ (circunflexo) para indicar onde está o problema. Notou que falta o caractere " (aspas duplas)?

5. Finalmente, ele imprime "SyntaxError" e informa algo sobre o que pode ser o erro. Em geral são muito enigmáticos, mas, se você copiar o texto em um mecanismo de busca, encontrará alguém que teve o mesmo erro e provavelmente conseguirá descobrir como corrigi-lo.

Exercícios Simulados

Os Exercícios Simulados têm coisas que você deve *tentar* fazer. Se não conseguir, pule e volte mais tarde. Para este exercício, experimente isto:

1. Faça o script imprimir outra linha.
2. Faça o script imprimir apenas uma das linhas.
3. Coloque um caractere # (cerquilha) no início de uma linha. O que ele fez? Tente descobrir.

De agora em diante não explicarei como cada exercício funciona, a menos que seja diferente.

AVISO! Uma "cerquilha" também é chamada de "hashtag", "tralha", "jogo da velha" e um monte de outros nomes. Escolha o seu preferido.

Perguntas Comuns dos Alunos

Estas são perguntas *reais* dos alunos ao fazer o exercício.

Posso usar o IDLE? Não, você deve usar o Terminal no macOS e o PowerShell no Windows, como é feito aqui. Se não souber usá-los, poderá ler o apêndice.

Como as cores são colocadas no editor? Salve seu arquivo primeiro como `.py`, por exemplo, `ex1.py`. Então, as cores aparecerão quando digitar.

Vejo `SyntaxError: invalid syntax` **quando executo** `ex1.py`. Provavelmente você está tentando executar o Python e digitar Python de novo. Feche o Terminal, inicie de novo e digite imediatamente apenas `python3.6 ex1.py`.

Vejo `can't open file 'ex1.py': [Errno 2] No such file or directory`. Você precisa estar no mesmo diretório do arquivo criado. Use o comando `cd` para ir primeiro para o diretório. Por exemplo, se você salvou o arquivo em `lpthw/ex1.py`, usaria `cd lpthw/` antes de tentar executar o `python3.6 ex1.py`. Se não sabe o que isso significa, vá para o apêndice.

Meu arquivo não é executado; o prompt volta sem nenhuma saída. Provavelmente, você pegou o código no meu arquivo ex1.py literalmente e achou que print("Hello World!") significava digitar apenas "Hello World!" no arquivo, sem print. O arquivo tem que ser *exatamente* igual ao meu.

EXERCÍCIO 2

Comentários e Cerquilhas

Os comentários são muito importantes em seus programas. São usados para informá-lo sobre a função de algo, assim como para desativar partes do programa, caso seja necessário removê-las temporariamente.

Veja como usar comentários no Python:

ex2.py
```
1  # Um comentário, assim você pode ler seu programa mais tarde.
2  # Qualquer coisa depois de # é ignorada pelo python.
3
4  print("I could have code like this.") # e o comentário depois é ignorado
5
6  # Você também pode usar um comentário para "desabilitar" um código:
7  # print("This won't run.")
8
9  print("This will run.")
```

De agora em diante, vou escrever o código assim. É importante que você entenda que as coisas não precisam ser literais. Sua tela e programa podem ser diferentes visualmente, o importante é o texto que você está escrevendo no arquivo do editor de texto. Na verdade, eu poderia trabalhar com qualquer editor de texto e os resultados seriam os mesmos.

O que Você Deve Ver

Sessão do Exercício 2
```
$ python3.6 ex2.py
I could have code like this.
This will run.
```

Novamente, não mostrarei as telas de todos os possíveis Terminais. Você precisa entender que o fragmento anterior não é uma tradução literal de como deve ser sua saída visualmente, mas o texto entre o primeiro $ python3.6 ... e as últimas linhas $ serão seu foco.

Exercícios Simulados

1. Descubra se você estava certo sobre o que o caractere # faz e verifique se sabe como ele é chamado (cerquilha ou hashtag).
2. Pegue o arquivo `ex2.py` e analise cada linha de trás para frente. Inicie na última linha e compare cada palavra na ordem inversa com o que você digitou.
3. Encontrou mais erros? Corrija.
4. Leia o que digitou acima em voz alta, inclusive dizendo o nome de cada caractere. Encontrou mais erros? Corrija.

Perguntas Comuns dos Alunos

Tem certeza que # é chamado de hashtag? Chamo de cerquilha porque é o único nome que nenhum país usa e funciona em todos eles. Todo país acha que o nome escolhido para esse caractere é o mais importante e único. Para mim, é muito arrogante e realmente todos devemos relaxar e focar as coisas mais importantes, como aprender o código.

Por que # em `print("Hi # there.")` não é ignorado? O símbolo # nesse código está dentro de uma string, portanto, ficará na string até que o caractere " final seja alcançado. As cerquilhas nas strings são consideradas caracteres, não comentários.

Como eu comento várias linhas? Coloque # na frente de cada uma

Não consigo descobrir como digitar um caractere # no teclado do meu país. Como faço isso? Alguns países usam a tecla ALT e combinações de outras teclas para imprimir caracteres que não pertencem ao seu idioma. Você terá que pesquisar online em um mecanismo de pesquisa para ver como digitá-lo.

Por que preciso ler o código de trás para frente? É um truque para fazer seu cérebro não se prender ao significado de cada parte do código, isso o faz processar cada parte com exatidão. É uma técnica de verificação de erros útil.

Números e Matemática

EXERCÍCIO 3

Cada linguagem de programação tem um modo de usar os números e a matemática. Não se preocupe: normalmente os programadores mentem quanto a serem gênios da matemática quando, na verdade, não são. Se fossem, estariam trabalhando com matemática, não escrevendo web frameworks buguentos para poderem dirigir seus carros de corrida.

Este exercício tem muitos símbolos matemáticos. Vamos nomeá-los agora para que você saiba como são chamados. Quando digitar um, diga o nome. Quando ficar chato, poderá parar. Veja:

- +: mais
- -: menos
- /: barra
- *: asterisco
- %: porcento
- <: menor que
- >: maior que
- <=: menor ou igual a
- >=: maior ou igual a

Notou como as operações estão faltando? Depois de digitar o código deste exercício, volte e descubra o que cada uma faz e complete a tabela. Por exemplo, + faz a adição.

ex3.py
```
1  print("I will now count my chickens:")
2
3  print("Hens", 25 + 30 / 6)
4  print("Roosters", 100 - 25 * 3 % 4)
5
6  print("Now I will count the eggs:")
7
8  print(3 + 2 + 1 - 5 + 4 % 2 - 1 / 4 + 6)
9
10 print("Is it true that 3 + 2 < 5 - 7?")
11
12 print(3 + 2 < 5 - 7)
13
```

```
14  print("What is 3 + 2?", 3 + 2)
15  print("What is 5 - 7?", 5 - 7)
16
17  print("Oh, that's why it's False.")
18
19  print("How about some more.")
20
21  print("Is it greater?", 5 > -2)
22  print("Is it greater or equal?", 5 >= -2)
23  print("Is it less or equal?", 5 <= -2)
```

Digite isso com exatidão antes de executar. Compare cada linha de seu arquivo com o meu.

O que Você Deve Ver

Sessão do Exercício 3

```
$ python3.6 ex3.py
I will now count my chickens:
Hens 30.0
Roosters 97
Now I will count the eggs:
6.75
Is it true that 3 + 2 < 5 - 7?
False
What is 3 + 2? 5
What is 5 - 7? -2
Oh, that's why it's False.
How about some more.
Is it greater? True
Is it greater or equal? True
Is it less or equal? False
```

Exercícios Simulados

1. Acima de cada linha, use # para escrever um comentário para si mesmo explicando o que ela faz.
2. Lembra do Exercício 0, quando iniciou o python3.6? Inicie o python3.6 da mesma maneira novamente e, utilizando os operadores matemáticos, use o Python como uma calculadora.
3. Encontre algo que precise calcular e escreva um novo arquivo .py que faça isso.
4. Rescreva ex3.py para usar números com ponto flutuante para ser mais preciso. 20.0 é um ponto flutuante.

Perguntas Comuns dos Alunos

Por que o caractere % é um "módulo", não uma "percentagem"? Na maioria das vezes, é como os designers escolheram usar esse símbolo. Na escrita normal, você está certo ao lê-lo como "porcento". Na programação, esse cálculo geralmente é feito com uma divisão simples e o operador /. O módulo % é uma operação diferente que apenas usa o símbolo %.

Como % funciona? Outro modo de dizer é: "X dividido por Y com resto J." Por exemplo, "100 dividido por 16 com resto 4". O resultado de % é J ou a parte restante.

Qual é a ordem das operações? Nos Estados Unidos, usa-se um acrônimo chamado PEMDAS, que significa Parênteses Expoentes Multiplicação Divisão Adição Subtração. É a ordem que o Python segue também. O erro que as pessoas cometem com o PEMDAS é achar que é uma ordem rígida, como "Faça P, depois E, M, D, A, por fim, S". A ordem real é você fazer a multiplicação *e* a divisão (M&D) em uma etapa, da esquerda para a direita, *então*, fazer a adição e subtração em uma etapa da esquerda para a direita. Assim, seria possível rescrever PEMDAS como PE(M&D)(A&S).

EXERCÍCIO 4

Variáveis e Nomes

Agora você pode imprimir com print e fazer cálculos. A próxima etapa é aprender sobre as variáveis. Na programação, uma variável é simplesmente um nome para algo, parecido com o meu nome, "Zed", é um nome para "a pessoa que escreveu este livro". Os programadores usam os nomes das variáveis para tornar o código mais legível e porque têm memórias ruins. Se não usassem nomes bons para as coisas no software, ficariam perdidos quando tentassem ler o código de novo.

Se você tiver problemas com este exercício, lembre dos truques que aprendeu até agora para encontrar as diferenças e focar os detalhes:

1. Escreva um comentário acima de cada linha explicando para si mesmo o que ela faz.
2. Leia o arquivo .py de trás para frente.
3. Leia o arquivo .py em voz alta, pronunciando os caracteres.

ex4.py

```
1   cars = 100
2   space_in_a_car = 4.0
3   drivers = 30
4   passengers = 90
5   cars_not_driven = cars - drivers
6   cars_driven = drivers
7   carpool_capacity = cars_driven * space_in_a_car
8   average_passengers_per_car = passengers / cars_driven
9
10
11  print("There are", cars, "cars available.")
12  print("There are only", drivers, "drivers available.")
13  print("There will be", cars_not_driven, "empty cars today.")
14  print("We can transport", carpool_capacity, "people today.")
15  print("We have", passengers, "to carpool today.")
16  print("We need to put about", average_passengers_per_car,
17          "in each car.")
```

AVISO! O símbolo _ em space_in_a_car é chamado de *sublinhado*. Descubra como digitá-lo, se ainda não sabe. Usamos muito esse caractere para colocar um espaço imaginário entre as palavras nos nomes das variáveis.

O que Você Deve Ver

Sessão do Exercício 4

```
$ python3.6 ex4.py
There are 100 cars available.
There are only 30 drivers available.
There will be 70 empty cars today.
We can transport 120.0 people today.
We have 90 to carpool today.
We need to put about 3.0 in each car.
```

Exercícios Simulados

Quando escrevi pela primeira vez esse programa, cometi um erro e o Python sinalizou assim:

```
Traceback (most recent call last):
    File "ex4.py", line 8, in <module>
        average_passengers_per_car = car_pool_capacity / passenger
NameError: name 'car_pool_capacity' is not defined
```

Explique esse erro com suas palavras. Use os números da linha e explique o motivo.

Veja mais Exercícios Simulados:

1. Usei 4.0 para `space_in_a_car`, mas é necessário? O que acontecerá se for apenas 4?

2. Lembre que 4.0 é um número com ponto flutuante. É apenas um número com ponto decimal e você precisa de 4.0 ao invés de só 4 para ser um ponto flutuante.

3. Escreva comentários acima de cada atribuição da variável.

4. Verifique se você sabe como = é chamado (igual a) e que sua finalidade é dar nomes (`cars_driven`, `passengers`) aos dados (números, strings etc.).

5. Lembre que _ é um sublinhado.

6. Tente executar o `python3.6` no Terminal como uma calculadora, como fez antes, e use os nomes da variável para fazer os cálculos. Os nomes populares das variáveis incluem `i`, `x` e `j`.

Perguntas Comuns dos Alunos

Qual é a diferença entre = (igual simples) e == (igual duplo)? O sinal = (igual simples) atribui o valor à direita a uma variável à esquerda. O sinal == (igual duplo) testa para saber se duas coisas têm o mesmo valor. Você aprenderá isso no Exercício 27.

Posso escrever x=100 **ao invés de** x = 100? Pode, mas é ruim. Você deve adicionar espaço em torno dos operadores para que seja mais fácil de ler.

O que significa "ler o arquivo de trás para frente"? Muito simples. Imagine que você tenha um arquivo com 16 linhas de código. Inicie na linha 16 e compare-a com meu arquivo na linha 16. Depois, compare de novo na 15 e assim por diante, até ter lido o arquivo inteiro de trás para frente.

Por que você usou 4.0 **para** `space_in_a_car`? Em grande parte, para que você possa descobrir o que é um número com ponto flutuante e perguntar. Veja os Exercícios Simulados.

EXERCÍCIO 5

Mais Variáveis e Impressão

Agora, iremos digitar ainda mais variáveis e imprimi-las. Desta vez, usaremos algo chamado *string de formatação*. Sempre que você coloca " (aspas duplas) em torno do texto, tem uma *string*. Uma string é como você cria algo que seu programa pode retornar para uma pessoa. Você imprime criando strings, salva strings em arquivos, envia-as para servidores web, entre muitas outras coisas.

As strings são muito úteis, portanto, neste exercício, você aprenderá a criar strings que têm variáveis incorporadas. Você incorpora as variáveis em uma string usando uma sequência {} especial, então, coloca a variável desejada dentro dos caracteres {}. Também deve iniciar a string com a letra f para "formatar", como em f"Hello {somevar}". Esse pequeno f antes da " (aspas duplas) e os caracteres {} informam ao Python 3: "Ei, essa string precisa ser formatada. Coloque as variáveis aqui."

Como sempre, apenas digite com exatidão, mesmo que não entenda.

ex5.py

```
1    my_name = 'Zed A. Shaw'
2    my_age = 35 # não é mentira
3    my_height = 74 # polegadas
4    my_weight = 180 # libras
5    my_eyes = 'Blue'
6    my_teeth = 'White'
7    my_hair = 'Brown'
8
9    print(f"Let's talk about {my_name}.")
10   print(f"He's {my_height} inches tall.")
11   print(f"He's {my_weight} pounds heavy.")
12   print("Actually that's not too heavy.")
13   print(f"He's got {my_eyes} eyes and {my_hair} hair.")
14   print(f"His teeth are usually {my_teeth} depending on the coffee.")
15
16   # essa linha é capciosa, tente escrever exatamente como está
17   total = my_age + my_height + my_weight
18   print(f"If I add {my_age}, {my_height}, and {my_weight} I get {total}.")
```

O que Você Deve Ver

Sessão do Exercício 5

```
$ python3.6 ex5.py
Let's talk about Zed A. Shaw.
He's 74 inches tall.
He's 180 pounds heavy.
```

```
Actually that's not too heavy.
He's got Blue eyes and Brown hair.
His teeth are usually White depending on the coffee.
If I add 35, 74, and 180 I get 289.
```

Exercícios Simulados

1. Mude todas as variáveis para que não haja nenhum `my_` na frente. Altere o nome em todas as ocorrências, não apenas onde você usou `=` para defini-las.

2. Tente escrever algumas variáveis que convertam polegadas e libras em centímetros e quilogramas. Não digite apenas as medidas. Calcule-as no Python.

Perguntas Comuns dos Alunos

Posso criar uma variável como esta: `1 = 'Zed Shaw'`? Não, `1` não é um nome de variável válido. Eles precisam começar com um caractere, portanto, `a1` funcionaria, mas `1` não.

Posso arredondar um número com ponto flutuante? É possível usar a função `round()` assim: `round(1.7333)`.

Por que não faz sentido para mim? Tente tornar os números neste script suas medidas. É estranho, mas falar consigo mesmo fará com que pareça mais real. E mais, você só está começando, portanto, não fará muito sentido. Continue e outros exercícios explicarão mais.

EXERCÍCIO 6

Strings e Texto

Embora você tenha escrito strings, ainda não sabe o que elas fazem. Neste exercício, criamos muitas variáveis com strings complexas para que possa ver sua finalidade. Primeiramente, uma explicação sobre strings.

Uma string geralmente é um pequeno texto que você deseja exibir para alguém ou "exportar" do programa que está escrevendo. O Python sabe que você deseja que algo seja uma string quando coloca " (aspas duplas) ou ' (aspas simples) em volta do texto. Você viu isso muitas vezes usando print quando colocou o texto que queria dentro da string entre " ou ' após o print para imprimir a string.

As strings podem conter diversas variáveis que estão em seu script do Python. Lembre que uma variável é como qualquer linha de código, na qual você define um nome = (igual) com um valor. No código deste exercício, types_of_people = 10 cria uma variável denominada types_of_people e define-a = (igual a) 10. É possível colocar isso em qualquer string com {types_of_people}. Também é possível ver que tenho que usar um tipo especial de string para "formatar". Isso é chamado de "f-string" e fica assim:

```
f"some stuff here {avariable}"
f"some other stuff {anothervar}"
```

O Python *também* tem outro tipo de formatação que usa a sintaxe .format(), vista na linha 17. Irei usá-la algumas vezes quando quiser aplicar um formato em uma string já criada, como em um loop. Falaremos sobre isso mais tarde.

Agora, digitaremos muitas strings, variáveis e formatos, e iremos imprimi-los. Também usaremos nomes de variáveis curtos e abreviados. Os programadores adoram economizar tempo usando nomes de variáveis curtos muito enigmáticos, portanto, comece a lê-los e escrevê-los desde cedo.

ex6.py

```
1   types_of_people = 10
2   x = f"There are {types_of_people} types of people."
3
4   binary = "binary"
5   do_not = "don't"
6   y = f"Those who know {binary} and those who {do_not}."
7
8   print(x)
9   print(y)
10
11  print(f"I said: {x}")
12  print(f"I also said: '{y}'")
```

```
13
14   hilarious = False
15   joke_evaluation = "Isn't that joke so funny?! {}"
16
17   print(joke_evaluation.format(hilarious))
18
19   w = "This is the left side of..."
20   e = "a string with a right side."
21
22   print(w + e)
```

O que Você Deve Ver

Sessão do Exercício 6

```
$ python3.6 ex6.py
There are 10 types of people.
Those who know binary and those who don't.
I said: There are 10 types of people.
I also said: 'Those who know binary and those who don't.'
Isn't that joke so funny?! False
This is the left side of...a string with a right side.
```

Exercícios Simulados

1. Leia o programa e escreva um comentário acima de cada linha, explicando-a.
2. Encontre todos os lugares onde uma string está dentro de outra. Há quatro lugares.
3. Tem certeza que são apenas quatro lugares? Como sabe? Talvez eu esteja mentindo.
4. Explique por que somar as duas strings w e e com + cria uma string mais longa.

Corrompa

Agora você está no ponto em que pode tentar corromper seu código para ver o que acontece. Pense nisso como um jogo para imaginar o modo mais inteligente de corromper o código. Você também pode encontrar o modo mais simples de fazer isso. Assim que corromper o código, precisará corrigi-lo. Se tiver um amigo, os dois poderão tentar corromper o código um do outro e corrigi-lo. Dê ao seu amigo o arquivo ex6.py para que ele possa corromper algo. Então, tente encontrar o erro e corrigi-lo. Divirta-se e lembre que, se você escreveu o código uma vez, poderá fazê-lo de novo. Se o dano for extenso demais, sempre poderá digitá-lo de novo para praticar mais.

Perguntas Comuns dos Alunos

Por que colocar ' (aspas simples) em torno de algumas strings e não de outras? Na maioria das vezes é por causa do estilo, mas usarei aspas simples dentro de uma string que tem aspas duplas. Veja as linhas 6 e 15 para entender como estou fazendo isso.

Se você achou a piada engraçada, poderia escrever `hilarious = True`? Sim, e você aprenderá mais sobre os valores booleanos no Exercício 27.

EXERCÍCIO 7

Mais Impressão

Agora faremos exercícios nos quais você apenas digita e executa o código. Não explicarei o exercício porque é igual. A finalidade é desenvolver suas qualidades. Vejo você dentro de alguns exercícios, e *não pule! Nem cole!*

ex7.py

```
1   print("Mary had a little lamb.")
2   print("Its fleece was white as {}.".format('snow'))
3   print("And everywhere that Mary went.")
4   print("." * 10) # what'd that do?
5
6   end1 = "C"
7   end2 = "h"
8   end3 = "e"
9   end4 = "e"
10  end5 = "s"
11  end6 = "e"
12  end7 = "B"
13  end8 = "u"
14  end9 = "r"
15  end10 = "g"
16  end11 = "e"
17  end12 = "r"
18
19  # Olhe aquela vírgula no fim. Tente removê-la para ver o que acontece
20  print(end1 + end2 + end3 + end4 + end5 + end6, end=' ')
21  print(end7 + end8 + end9 + end10 + end11 + end12)
```

O que Você Deve Ver

Sessão do Exercício 7

```
$ python3.6 ex7.py
Mary had a little lamb.
Its fleece was white as snow.
And everywhere that Mary went.
..........
Cheese Burger
```

Exercícios Simulados

Para os próximos Exercícios, você terá os mesmos Simulados.

1. Volte e escreva um comentário sobre o que cada linha faz.
2. Leia cada uma de trás para frente ou em voz alta para encontrar seus erros.
3. De agora em diante, quando cometer erros, anote em um pedaço de papel o tipo de erro cometido.
4. Quando for para o próximo exercício, veja os erros cometidos e tente não errar no novo exercício.
5. Lembre que todos cometem erros. Os programadores são como mágicos que fazem as pessoas pensarem que são perfeitos e nunca erram, mas é tudo encenação. Eles erram o tempo todo.

Corrompa

Você gostou de corromper o código no Exercício 6? De agora em diante, fará isso em todo código que você ou um amigo escrever. Não haverá uma seção *Corrompa* explícita em cada exercício, mas farei isso em quase todo vídeo. Seu objetivo é encontrar muitas maneiras diferentes de corromper seu código até ficar cansado ou esgotar todas as possibilidades. Em alguns exercícios, posso indicar um modo comum específico de como as pessoas corrompem o código do exercício, mas considere isso um pedido padrão para sempre corrompê-lo.

Perguntas Comuns dos Alunos

Por que estou usando uma variável chamada 'snow'? Na verdade, não é uma variável: é apenas uma string com a palavra snow. Uma variável não teria aspas simples.

É normal escrever um comentário para cada linha de código, como você pediu para fazer no Exercício Simulado 1? Não, você escreve comentários apenas para explicar um código difícil de entender ou para explicar por que fez algo. Em geral, o motivo é muito importante e então você tenta escrever o código para que ele explique como algo está sendo feito isoladamente. Porém, algumas vezes você precisa escrever um código tão feio para resolver um problema, que ele precisa de um comentário em cada linha. Neste caso aqui, é estritamente para você praticar a tradução do código em palavras.

Posso usar aspas simples ou duplas para criar uma string ou são coisas diferentes? No Python, os dois modos de criar uma string são aceitáveis, embora, em geral, você usará aspas simples para strings curtas, como 'a' ou 'snow'.

EXERCÍCIO 8

Imprimindo, Imprimindo

Agora, veremos como fazer uma formatação de string mais complicada. Este código parece complexo, mas, se você fizer comentários em cada linha e dividir tudo em partes, irá entender.

ex8.py

```
1   formatter = "{} {} {} {}"
2
3   print(formatter.format(1, 2, 3, 4))
4   print(formatter.format("one", "two", "three", "four"))
5   print(formatter.format(True, False, False, True))
6   print(formatter.format(formatter, formatter, formatter, formatter))
7   print(formatter.format(
8       "Try your",
9       "Own text here",
10      "Maybe a poem",
11      "Or a song about fear"
12  ))
```

O que Você Deve Ver

Sessão do Exercício 8

```
$ python3.6 ex8.py
1 2 3 4
one two three four
True False False True
{} {} {} {} {} {} {} {} {} {} {} {} {} {} {} {}
Try your Own text here Maybe a poem Or a song about fear
```

Neste exercício, estou usando algo chamado *função* para transformar a variável `formatter` em outras strings. Quando me vir escrever `formatter.format(...)`, estou informando ao Python para fazer o seguinte:

1. Pegar a string `formatter` definida na linha 1.
2. Chamar sua função `format`, que é como pedir para executar um comando da linha de comando denominado `format`.
3. Passar quatro argumentos para `format`, que correspondem às quatro {}s na variável `formatter`. É como passar argumentos para o comando `format` da linha de comando.
4. O resultado de chamar `format` em `formatter` é uma nova string com as {} substituídas por quatro variáveis. Isso é o que o `print` imprime.

São muitas coisas no oitavo exercício, portanto, o que quero que faça é considerar isso uma charada. Tudo bem se você *realmente* não entender o que está acontecendo, porque o resto do livro irá esclarecer aos poucos. Neste ponto, tente estudar e ver o que acontece, depois vá para o próximo exercício.

Exercícios Simulados

Verifique, anote seus erros e tente não errar a mesma coisa no próximo exercício. Ou seja, repita os *Exercícios Simulados* do Exercício 7.

Perguntas Comuns dos Alunos

Por que preciso colocar aspas em "one", mas não em True ou False? O Python reconhece True e False como palavras-chave que representam o conceito de verdadeiro e falso. Se você colocar aspas, essas palavras serão transformadas em strings e não funcionarão. Você aprenderá mais sobre como isso funciona no Exercício 27.

Posso usar o IDLE para executar isso? Não, você deve aprender a usar a linha de comando. É fundamental para aprender a programar e é um bom lugar para começar, se quiser aprender sobre programação. O IDLE não vai funcionar para você mais adiante no livro.

EXERCÍCIO 9

Imprimindo, Imprimindo, Imprimindo

A esta altura, você deve ter percebido que o padrão do livro é usar mais de um exercício para ensinar algo novo. Começo com o código que você pode não entender, depois mais exercícios explicam o conceito. Se você não entender algo agora, mais tarde entenderá, quando concluir mais exercícios. Anote o que você não compreende e continue.

ex9.py

```
# Aqui temos um coisa nova estranha, lembre-se de digitá-la exatamente.

days = "Mon Tue Wed Thu Fri Sat Sun"
months = "Jan\nFeb\nMar\nApr\nMay\nJun\nJul\nAug"

print("Here are the days: ", days)
print("Here are the months: ", months)

print("""
There's something going on here.
With the three double-quotes.
We'll be able to type as much as we like.
Even 4 lines if we want, or 5, or 6.
""")
```

O que Você Deve Ver

Sessão do Exercício 9

```
$ python3.6 ex9.py
Here are the days:  Mon Tue Wed Thu Fri Sat Sun
Here are the months:  Jan
Feb
Mar
Apr
May
Jun
Jul
Aug

There's something going on here.
With the three double-quotes.
We'll be able to type as much as we like.
Even 4 lines if we want, or 5, or 6.
```

Exercícios Simulados

Verifique seu trabalho, anote os erros e tente não cometê-los no próximo exercício. Você está corrompendo o código e corrigindo? Em outras palavras, repita os *Exercícios Simulados* do Exercício 7.

Perguntas Comuns dos Alunos

Por que vejo um erro quando coloco espaços entre três aspas duplas? Você precisa digitá-las assim """, e não assim " " ". Sem *nenhum* espaço entre elas.

E se eu quisesse iniciar os meses em uma nova linha? Simplesmente comece a string com \n, assim:

"\nJan\nFeb\nMar\nApr\nMay\nJun\nJul\nAug"

É ruim que meus erros sejam sempre problemas de digitação? A maioria dos erros de programação, no começo (e até depois), são problemas de ortografia, erros de digitação ou colocar coisas simples fora de ordem.

EXERCÍCIO 10

O que Foi Isso?

No Exercício 9, mostrei coisas novas apenas para mantê-lo em alerta. Mostrei dois modos de criar uma string que se estende por várias linhas. No primeiro modo, coloquei os caracteres \n (barra invertida n) entre os nomes dos meses. Esses dois caracteres inserem um caractere de *nova linha* na string, nesse ponto.

O caractere \ (barra invertida) codifica os caracteres difíceis de digitar em uma string. Há várias *sequências de escape* disponíveis para diferentes caracteres que você pode querer usar. Iremos experimentar várias, para que você veja o que significam.

Uma sequência importante é aplicar o escape em uma aspas simples (') ou dupla ("). Imagine que você tenha uma string que usa aspas duplas e deseja colocar uma aspas duplas dentro dela. Se escrever "I "understand" joe", o Python ficará confuso, porque pensará que as aspas duplas em torno de "understand" realmente *terminam* a string. Você precisa de um modo de informar ao Python que as aspas duplas dentro da string não são *reais*.

Para resolver o problema, você deve aplicar o *escape* nas aspas duplas e simples para que o Python as inclua na string. Veja um exemplo:

```
"I am 6'2\" tall."  # escape de aspas duplas dentro da string
'I am 6\'2" tall.'  # escape de aspas simples dentro da string
```

O segundo modo é usando aspas triplas, que são apenas """ e funcionam como uma string, mas você também pode colocar quantas linhas de texto desejar até digitar """ de novo. Também iremos experimentar isso.

ex10.py

```
1   tabby_cat = "\tI'm tabbed in."
2   persian_cat = "I'm split\non a line."
3   backslash_cat = "I'm \\ a \\ cat."
4
5   fat_cat = """
6   I'll do a list:
7   \t* Cat food
8   \t* Fishies
9   \t* Catnip\n\t* Grass
10  """
11
12  print(tabby_cat)
13  print(persian_cat)
14  print(backslash_cat)
15  print(fat_cat)
```

O que Você Deve Ver

Procure os caracteres de tabulação inseridos. Neste exercício, é importante que o espaçamento esteja correto.

```
$ python ex10.py
        I'm tabbed in.
I'm split
on a line.
I'm \ a \ cat.

I'll do a list:
        * Cat food
        * Fishies
        * Catnip
        * Grass
```

Sequências de Escape

Estas são todas as sequências de escape que o Python suporta. Você pode não usar muitas, mas memorize seu formato e o que fazem. Experimente em algumas strings para ver se pode fazer com que funcionem.

Escape	O que faz
\\	Barra invertida (\)
\'	Aspas simples (')
\"	Aspas duplas (")
\a	Campainha ASCII (BEL)
\b	Retorno ASCII (BS)
\f	Avanço de página ASCII (FF)
\n	Nova linha ASCII (LF)
\N{name}	Caractere name no banco de dados Unicode (Unicode apenas)
\r	Retorno de carro (CR)
\t	Tabulação horizontal (TAB)
\uxxxx	Caractere com valor hex de 16 bits xxxx
\Uxxxxxxxx	Caractere com valor hex de 32 bits xxxxxxxx
\v	Tabulação vertical ASCII (VT)
\ooo	Caractere com valor octal ooo
\xhh	Caractere com valor hex hh

Exercícios Simulados

1. Memorize todas as sequências de escape colocando-as em fichas.
2. Use ''' (aspas simples tripla). Você consegue ver o motivo para usar isso ao invés de """?
3. Combine as sequências de escape e formate as strings para criar um formato mais complexo.

Perguntas Comuns dos Alunos

Eu ainda não entendi completamente o último exercício. Devo continuar? Sim, continue. Ao invés de parar, faça anotações listando as coisas que não entende em cada exercício. Volte regularmente às anotações para ver se consegue entender as coisas depois de ter concluído mais exercícios. Algumas vezes, pode ser necessário voltar alguns exercícios e fazê-los de novo.

O que torna as \\ especiais em comparação com as outras? São apenas um modo de escrever um caractere de barra invertida (\). Pense por que precisaria disso.

Quando escrevo // ou /n, não funciona. É porque você está usando uma barra comum (/), não uma barra invertida (\). São caracteres diferentes, que fazem coisas muito diferentes.

Não fiz o Exercício Simulado 3. O que você quer dizer com "combinar" as sequências de escape e formatos? Um conceito que você precisa entender é que cada um dos exercícios pode ser combinado para resolver problemas. Pegue o que sabe sobre as strings com formato e escreva um novo código que use essas strings *e* as sequências de escape do exercício.

Qual é melhor, ''' ou """? É apenas estilo. Use o estilo ''' (aspas simples tripla) agora, mas fique pronto para usar qualquer um dependendo do que parecer melhor ou do que as outras pessoas estão fazendo.

EXERCÍCIO 11

Fazendo Perguntas

Agora, é hora de apertar o passo. Você está fazendo muita impressão para se familiarizar com a digitação de coisas simples, mas elas são muito chatas. O que queremos fazer agora é inserir dados nos seus programas. É um pouco complicado, porque você precisa aprender a realizar duas coisas que talvez não façam sentido imediatamente, mas confie em mim e execute o que eu estou falando. Tudo fará sentido dentro de poucos exercícios.

Grande parte do que um software faz é o seguinte:

1. Pega uma entrada de alguém.
2. Altera-a.
3. Imprime algo para mostrar como mudou.

Até agora, você vem imprimindo strings, mas não recebeu nenhuma entrada de alguém. É possível que nem mesmo saiba o que significa "entrada", mas digite este código com exatidão. No próximo exercício, explicaremos mais.

ex11.py
```
1   print("How old are you?", end=' ')
2   age = input()
3   print("How tall are you?", end=' ')
4   height = input()
5   print("How much do you weigh?", end=' ')
6   weight = input()
7
8   print(f"So, you're {age} old, {height} tall and {weight} heavy.")
```

AVISO! Colocamos end=' ' no final de cada linha print. Isso informa ao print para não terminar a linha com um caractere de nova linha e ir para a próxima.

O que Você Deve Ver

Sessão do Exercício 11

```
$ python3.6 ex11.py
How old are you? 38
How tall are you? 6'2"
How much do you weigh? 180lbs
So, you're 38 old, 6'2" tall and 180lbs heavy.
```

Exercícios Simulados

1. Fique online e descubra o que faz o `input` do Python.
2. Você consegue encontrar outros modos de usá-lo? Experimente os exemplos encontrados.
3. Escreva outro "formulário" como esse, para fazer outras perguntas.

Perguntas Comuns dos Alunos

Como obtenho um número de alguém para fazer um cálculo? É um pouco avançado, mas experimente x = `int(input())`, que consegue o número como uma string em `input()` e, então, converte em um inteiro usando `int()`.

Coloquei minha altura na entrada bruta assim `input("6'2")`, mas não funcionou. Não coloque sua altura nela; digite diretamente no Terminal. A princípio, volte e deixe o código exatamente como o meu. Depois, execute o script e, quando ele pausar, digite sua altura no teclado. É tudo.

EXERCÍCIO 12

Perguntando às Pessoas

Quando você digitou `input()`, estava digitando os caracteres (e), que são *parênteses*. É similar a quando você os utilizou para fazer um formato com variáveis extras, como em f"{x} {y}". Para `input`, você também pode colocar um prompt para mostrar a alguém o que digitar. Coloque uma string que você deseja para o prompt entre ( ), ficando assim:

    y = input("Name? ")

Isso pede "Name?" ao usuário e coloca o resultado na variável y. É como você faz uma pergunta a alguém e obtém a resposta.

Isso significa que podemos rescrever completamente nosso exercício anterior usando apenas `input` para fazer todo o prompt.

ex12.py

```
1  age = input("How old are you? ")
2  height = input("How tall are you? ")
3  weight = input("How much do you weigh? ")
4
5  print(f"So, you're {age} old, {height} tall and {weight} heavy.")
```

O que Você Deve Ver

Sessão do Exercício 12

```
$ python3.6 ex12.py
How old are you? 38
How tall are you? 6'2"
How much do you weigh? 180lbs
So, you're 38 old, 6'2" tall and 180lbs heavy.
```

Exercícios Simulados

1. No Terminal, onde normalmente você executa o `python3.6` para rodar seus scripts, digite `pydoc input`. Leia o que é informado. Se estiver no Windows, experimente `python3.6 -m pydoc input`.
2. Saia do pydoc digitando q para desistir.
3. Pesquise online para saber o que faz o comando pydoc.
4. Use pydoc também para ler sobre `open`, `file`, `os` e `sys`. Tudo bem se você não entender; apenas leia e faça anotações sobre as coisas interessantes.

Perguntas Comuns dos Alunos

Por que vejo `SyntaxError: invalid syntax` **sempre que executo** `pydoc`? Você não está executando o `pydoc` na linha de comando. É provável que você esteja executando de dentro do `python3.6`. Primeiramente, saia do `python3.6`.

Por que meu `pydoc` **não pausa, como o seu?** Algumas vezes, se o documento de ajuda for pequeno o bastante para caber em uma tela, o `pydoc` apenas irá imprimi-lo.

Quando executo o `pydoc`**, vejo** `more is not recognized as an internal`. Algumas versões do Windows não têm esse comando, o que significa que o `pydoc` não é permitido. Você pode pular este Exercício Simulado e pesquisar online para ver a documentação do Python quando precisar.

Por que não posso usar `print("How old are you?" , input())`**?** Você pode, mas o resultado de chamar `input()` nunca é salvo em uma variável e funcionará de modo estranho. Experimente e tente imprimir o que digitou. Veja se pode depurar por que não está funcionando.

EXERCÍCIO 13

Parâmetros, Descompactação, Variáveis

N este exercício, falaremos sobre mais um método de entrada que você pode usar para passar variáveis para um script (com *script* sendo outro nome para seus arquivos .py). Você sabe como digitar python3.6 ex13.py para executar o arquivo? Bem, a parte ex13.py do comando é chamada de *argumento*. O que faremos agora é escrever um script que também aceita argumentos.

Digite este programa e explicarei em detalhes:

ex13.py

```
1   from sys import argv
2   # leia a seção O que Você Deve Ver para saber como executar isso
3   script, first, second, third = argv
4
5   print("The script is called:", script)
6   print("Your first variable is:", first)
7   print("Your second variable is:", second)
8   print("Your third variable is:", third)
```

Na linha 1, temos o que é chamado de *import*. É como você adiciona recursos ao script a partir do conjunto de recursos do Python. Ao invés de lhe dar todos os recursos de uma só vez, o Python pede que você informe o que pretende usar. Isso mantém seus programas pequenos, mas também age como uma documentação para outros programadores que lerão seu código depois.

A parte argv é a *variável do argumento*, um nome muito padrão na programação, que você verá usado em muitas outras linguagens. Essa variável *retém* os argumentos passados para o script do Python quando você o executa. Nos exercícios, você usará isso mais vezes e verá o que acontece.

A linha 3 *descompacta* argv, ao invés de conter todos os argumentos. Ele é atribuído às quatro variáveis com as quais você pode trabalhar: script, first, second e third. Pode parecer estranho, mas "descompactar" provavelmente é a melhor palavra para descrever o que ele faz. Significa: "Pegue qualquer coisa em argv, descompacte e atribua a todas essas variáveis à esquerda, em ordem."

Depois, apenas imprimimos como sempre.

Pare! Os Recursos Têm Outro Nome

Chamo de "recursos" aqui (estas coisinhas que você importa com `import` para que seu programa Python faça mais operações), contudo, ninguém mais os chama assim. Apenas usei esse nome porque precisava que você aprendesse o que são sem um jargão. Antes de continuar, você deve aprender o nome verdadeiro: *módulos*.

De agora em diante, chamaremos esses "recursos" que importamos com `import` de *módulos*. Direi coisas como: "Você deve importar o módulo `sys`." Eles também são chamados de "bibliotecas" por outros programadores, mas vamos ficar com módulos.

O que Você Deve Ver

AVISO! Preste atenção! Você tem executado os scripts do Python sem argumentos da linha de comando. Se digitar apenas `python3.6 ex13.py`, *estará errado!* Preste muita atenção em como eu executo. Isto se aplica sempre que você vir `argv` sendo usado.

Execute o programa assim (e você *deve* passar *três* argumentos da linha de comando):

Sessão do Exercício 13

```
$ python3.6 ex13.py first 2nd 3rd
The script is called: ex13.py
Your first variable is: first
Your second variable is: 2nd
Your third variable is: 3rd
```

É isto que deverá ver quando fizer algumas execuções diferentes com argumentos diferentes:

Sessão do Exercício 13

```
$ python3.6 ex13.py stuff things that
The script is called: ex13.py
Your first variable is: stuff
Your second variable is: things
Your third variable is: that
$
$ python3.6 ex13.py apple orange grapefruit
The script is called: ex13.py
Your first variable is: apple
Your second variable is: orange
Your third variable is: grapefruit
```

Na verdade, você pode substituir `first`, `2nd` e `3rd` por outras três coisas desejadas.

Se não executar corretamente, verá um erro como este:

Sessão do Exercício 13

```
$ python3.6 ex13.py first 2nd
Traceback (most recent call last):
  File "ex13.py", line 3, in <module>
    script, first, second, third = argv
ValueError: not enough values to unpack (expected 4, got 3)
```

Isto acontece quando você não coloca argumentos suficientes no comando ao executá-lo (neste caso, apenas `first 2nd`). Observe que, quando o executei, forneci `first 2nd`, que o fez gerar um erro sobre "precisar de mais três valores para descompactar", informando que você não forneceu parâmetros suficientes.

Exercícios Simulados

1. Tente fornecer menos de três argumentos para seu script. Viu o erro recebido? Veja se consegue explicá-lo.
2. Escreva um script que tenha menos argumentos e um que tenha mais. Dê nomes bons às variáveis descompactadas.
3. Combine `input` com `argv` para criar um script que obtenha mais entrada de um usuário. Não pense demais. Apenas use `argv` para obter algo e `input` para obter outra coisa do usuário.
4. Lembre que os módulos fornecem recursos. Módulos. Módulos. Lembre disso porque precisaremos depois.

Perguntas Comuns dos Alunos

Quando executei, recebi `ValueError: need more than 1 value to unpack.` Lembre que uma habilidade importante é prestar atenção aos detalhes. Se você vir a seção *O que Você Deve Ver*, notará que eu executei o script com parâmetros na linha de comando. Você deve repetir exatamente como fiz.

Qual é a diferença entre `argv` **e** `input()`**?** A diferença está relacionada a onde o usuário precisa fornecer a entrada. Se ele fornece as entradas na linha de comando, então use `argv`. Se deseja que ele forneça entradas usando o teclado enquanto o script está em execução, use `input()`.

Os argumentos da linha de comando são strings? Sim, eles entram como strings, mesmo que você tenha digitado números na linha de comando. Use `int()` para convertê-los como com `int(input())`.

Como você usa a linha de comando? Você deve ter aprendido a usá-la com muita rapidez e facilidade agora, mas, se ainda precisar aprender, leia o apêndice.

Não consigo combinar `argv` **com** `input()`. Não pense muito. Apenas coloque duas linhas no final do script que usem `input()` para obter algo e imprima. Então, experimente mais modos de usar os dois no mesmo script.

Por que não posso fazer isto: `input('? ') = x`**?** Por que é o contrário de como deve funcionar. Faça do meu modo e funcionará.

EXERCÍCIO 14

Prompt e Passagem

Vamos fazer um exercício que usa `argv` e `input` juntos para solicitar ao usuário algo específico. Você precisará disso no próximo exercício, em que aprenderá a ler e gravar arquivos. Neste exercício, usaremos `input` de modo um pouco diferente, fazendo com que imprima um simples prompt >. É parecido com jogos do tipo *Zork* ou *Adventure*.

ex14.py
```python
from sys import argv

script, user_name = argv
prompt = '> '

print(f"Hi {user_name}, I'm the {script} script.")
print("I'd like to ask you a few questions.")
print(f"Do you like me {user_name}?")
likes = input(prompt)

print(f"Where do you live {user_name}?")
lives = input(prompt)

print("What kind of computer do you have?")
computer = input(prompt)

print(f"""
Alright, so you said {likes} about liking me.
You live in {lives}. Not sure where that is.
And you have a {computer} computer. Nice.
""")
```

Criamos uma variável, `prompt`, que é definida para o prompt que desejamos, e fornecemos a `input`, ao invés de digitar sempre. Agora, se quisermos que o prompt seja outra coisa, basta alterarmos ele naquele ponto e executarmos de novo o script. Muito prático.

O que Você Deve Ver

Quando executar isso, lembre que você precisa fornecer ao script seu nome para os argumentos argv.

Sessão do Exercício 14

```
$ python3.6 ex14.py zed
Hi zed, I'm the ex14.py script.
I'd like to ask you a few questions.
Do you like me zed?
> Yes
Where do you live zed?
> San Francisco
What kind of computer do you have?
> Tandy 1000

Alright, so you said Yes about liking me.
You live in San Francisco. Not sure where that is.
And you have a Tandy 1000 computer. Nice.
```

Exercícios Simulados

1. Descubra o que eram os jogos *Zork* e *Adventure*. Tente encontrar cópias para jogar.
2. Mude a variável `prompt` para outra coisa diferente.
3. Adicione outro argumento e use-o no script, do mesmo modo como fez no exercício anterior com `first, second = ARGV`.
4. Verifique se entendeu como combinei uma string com várias linhas no estilo """ com o ativador de formato {} como a última impressão.

Perguntas Comuns dos Alunos

Vejo `SyntaxError: invalid syntax` **quando executo o script.** De novo, você precisa executar na linha de comando, não dentro do Python. Se digitar python3.6 e tentar digitar `python3.6 ex14.py Zed`, irá falhar porque está executando o Python *dentro do* Python. Feche sua janela e apenas digite `python3.6 ex14.py Zed`.

Não entendo o que significa mudar o prompt. Veja a variável `prompt = '> '`. Mude isso para um valor diferente. Você sabe; é apenas uma string e você fez 13 exercícios criando-as, portanto, pare e descubra.

Vejo o erro `ValueError: need more than 1 value to unpack.` Lembra quando eu disse que é necessário ver a seção *O que Você Deve Ver* e repetir o que fiz? Você precisa fazer a mesma coisa aqui, focar como eu digitei o comando e por que tenho um argumento da linha de comando.

Como posso executar isso no IDLE? Não use o IDLE.

Posso usar aspas duplas na variável `prompt`**?** Pode, sem problemas. Continue e experimente.

Você tem um computador Tandy? Tinha quando era pequeno.

Vejo `NameError: name 'prompt' is not defined` **quando executo.** Você digitou o nome da variável `prompt` errado ou esqueceu dessa linha. Volte e compare cada linha de código com as minhas, começando pelo final do script e subindo até o topo. Sempre que vir esse erro, significa que digitou algo errado ou esqueceu de criar a variável.

Lendo Arquivos

Você sabe como obter a entrada de um usuário com `input` ou `argv`. Agora, aprenderá a ler de um arquivo. Você pode precisar brincar mais com este exercício para entender o que está acontecendo, portanto, faça-o com cuidado e lembre-se das verificações. Trabalhar com arquivos é um modo fácil de *apagar seu trabalho* se não tiver cuidado.

O exercício envolve escrever dois arquivos. Um é o arquivo `ex15.py` normal que você executará, mas o *outro* é denominado `ex15_sample.txt`. Este segundo arquivo não é um script, mas um arquivo de texto sem formatação que iremos ler em nosso script. Veja o conteúdo do arquivo:

```
This is stuff I typed into a file.
It is really cool stuff.
Lots and lots of fun to have in here.
```

O que desejamos fazer é *abrir* o arquivo em nosso script e imprimi-lo. Contudo, não queremos apenas colocar o nome `ex15_sample.txt` em hard code no nosso script. "Hard code" significa colocar diretamente no código-fonte alguma informação que deve vir do usuário como uma string. Isso é ruim porque queremos que ele carregue outros arquivos mais tarde. A solução é usar `argv` ou `input` para peguntar ao usuário qual arquivo abrir, ao invés de incorporar no código o nome do arquivo.

ex15.py

```
1  from sys import argv
2
3  script, filename = argv
4
5  txt = open(filename)
6
7  print(f"Here's your file {filename}:")
8  print(txt.read())
9
10 print("Type the filename again:")
11 file_again = input("> ")
12
13 txt_again = open(file_again)
14
15 print(txt_again.read())
```

Algumas coisas especiais ocorrem nesse arquivo, portanto, vamos analisá-las rapidamente:

- As linhas 1–3 usam `argv` para obter um nome de arquivo. Em seguida, temos a linha 5, na qual usamos um novo comando, `open`. Agora, execute `pydoc open` e leia as instruções. Observe como, parecido com seus próprios scripts e `input`, ele obtém um parâmetro e retorna um valor que você pode definir para sua própria variável. O arquivo acabou de ser aberto.

- A linha 7 imprime uma pequena mensagem, mas, na linha 8, temos algo bem novo e sugestivo. Chamamos uma função no `txt` denominada `read`. O que você obtém com `open` é um `file` (arquivo) e ele também tem comandos que você pode dar. Você fornece a um `file` um comando usando o . (ponto), o nome do comando e parâmetros, exatamente como em `open` e `input`. A diferença é que `txt.read()` informa: "Oi `txt`! Use o comando read sem parâmetros!"

O resto do arquivo é igual, mas deixaremos a análise com você nos Exercícios Simulados.

O que Você Deve Ver

AVISO! Preste atenção! Eu disse para *prestar atenção!* Você tem executado scripts apenas com o nome do script, mas agora que está usando `argv`, precisa adicionar argumentos. Observe a primeira linha do exemplo abaixo e verá que uso `python ex15.py ex15_sample.txt` para executá-lo. Veja o argumento extra `ex15_sample.txt` após o nome do script `ex15.py`. Se não digitar isso, terá um erro, portanto, *preste atenção!*

Criei um arquivo chamado `ex15_sample.txt` e executei meu script.

Sessão do Exercício 15

```
$ python3.6 ex15.py ex15_sample.txt
Here's your file ex15_sample.txt:
This is stuff I typed into a file.
It is really cool stuff.
Lots and lots of fun to have in here.
Type the filename again:
> ex15_sample.txt
This is stuff I typed into a file.
It is really cool stuff.
Lots and lots of fun to have in here.
```

Exercícios Simulados

É um grande salto, portanto, faça estes Exercícios Simulados da melhor maneira que puder antes de continuar.

1. Acima de cada linha, comente o que ela faz.
2. Se não estiver certo, peça ajuda a alguém ou pesquise online. Muitas vezes, pesquisar "python3.6 COISA" retornará o que tal COISA faz no Python. Tente pesquisar "python3.6 open".
3. Usei a palavra "comandos" aqui, mas os comandos também são chamados de "funções" e "métodos". Você aprenderá sobre funções e métodos mais tarde no livro.
4. Livre-se das linhas 10–15, nas quais você usa `input`, e execute o script de novo.
5. Use apenas `input` e experimente o script desse modo. Por que um modo de obter o nome de arquivo é melhor que outro?
6. Inicie o `python3.6` para iniciar o shell do `python3.6` e use `open` no prompt, como nesse programa. Notou como você pode abrir os arquivos e executar `read` neles de dentro do `python3.6`?
7. Faça com que o script também seja chamado `close()` nas variáveis `txt` e `txt_again`. É importante fechar os arquivos quando terminar de trabalhar com eles.

Perguntas Comuns dos Alunos

`txt = open(filename)` **retorna o conteúdo do arquivo?** Não retorna. Ele cria algo chamado *objeto file*. Você pode considerar um `file` (arquivo) como uma antiga unidade de fita vista nos mainframes dos anos 1950 ou até como um aparelho de DVD de hoje. É possível se mover dentro dele e "ler" seu conteúdo, mas o aparelho de DVD não é o DVD, assim como o objeto file não é o conteúdo do arquivo.

Não consigo digitar no Terminal/PowerShell como você informa no Exercício Simulado 7. Primeiramente, na linha de comando, apenas digite `python3.6` e pressione Enter. Agora, você está no `python3.6`, como nas outras vezes. Então, poderá digitar o código e o Python irá executá-lo em pequenas partes. Experimente. Para sair, digite `quit()` e pressione Enter.

Por que não há nenhum erro quando abrimos o arquivo duas vezes? O Python não irá impedi-lo de abrir um arquivo mais de uma vez e, algumas vezes, isso é necessário.

O que `from sys import argv` significa? No momento, apenas entenda que `sys` é um pacote e essa frase informa para obter o recurso `argv` desse pacote. Você aprenderá mais sobre isso depois.

Nomeei o arquivo como `script, ex15_sample.txt = argv`, **mas não funcionou.** Não é assim que se faz. O código deve ficar exatamente como o meu, depois execute-o na linha de comando do mesmo modo. Você não coloca os nomes dos arquivos, o Python faz isso.

EXERCÍCIO 16
Lendo e Gravando Arquivos

Se você fez os Exercícios Simulados do último tópico, deve ter visto todo tipo de comando (método/função) que pode dar aos arquivos. Veja a lista de comandos que precisa lembrar:

- `close`: Fecha o arquivo. Como `File->Save...` no editor.
- `read`: Lê o conteúdo do arquivo. Você pode atribuir o resultado a uma variável.
- `readline`: Lê apenas uma linha de um arquivo de texto.
- `truncate`: Esvazia o arquivo. Tenha cuidado se o arquivo for importante.
- `write('stuff')`: Escreve "stuff" no arquivo.
- `seek(0)`: Move o local de leitura/gravação para o início do arquivo.

Um modo de lembrar o que cada um deles faz é pensar em um disco de vinil, fita cassete, fita VHS, DVD ou aparelho de CD. No início, os dados nos computadores eram armazenados nesses tipos de mídia, portanto, muitas operações em arquivos ainda lembram um sistema de armazenamento linear. As unidades de fita e DVD precisam "buscar (seek)" um ponto específico, então, é possível ler ou gravar nesse ponto. Hoje, temos sistemas operacionais e mídias de armazenamento que não fazem distinção entre a memória de acesso aleatório e as unidades de disco, mas ainda usamos a velha noção de fita linear com um cabeçote de leitura/gravação que deve ser movido.

No momento, estes são os comandos importantes que você precisa conhecer. Alguns têm parâmetros, mas realmente não é importante. Você só precisa lembrar que `write` recebe como parâmetro uma string que você deseja gravar no arquivo.

Vamos usar alguns deles para criar um editor de texto pequeno e simples:

ex16.py

```
1   from sys import argv
2
3   script, filename = argv
4
5   print(f"We're going to erase {filename}.")
6   print("If you don't want that, hit CTRL-C (^C).")
7   print("If you do want that, hit RETURN.")
8
9   input("?")
10
11  print("Opening the file...")
12  target = open(filename, 'w')
```

```
13
14    print("Truncating the file. Goodbye!")
15    target.truncate()
16
17    print("Now I'm going to ask you for three lines.")
18
19    line1 = input("line 1: ")
20    line2 = input("line 2: ")
21    line3 = input("line 3: ")
22
23    print("I'm going to write these to the file.")
24
25    target.write(line1)
26    target.write("\n")
27    target.write(line2)
28    target.write("\n")
29    target.write(line3)
30    target.write("\n")
31
32    print("And finally, we close it.")
33    target.close()
```

É um arquivo grande, provavelmente o maior que já digitou. Portanto, vá devagar, verifique e execute-o. Um truque é executar cada parte por vez. Execute as linhas 1–8, depois mais cinco, mais algumas, até que tudo seja executado.

O que Você Deve Ver

Na verdade, há duas coisas que você verá. Primeiro, a saída do novo script:

Sessão do Exercício 16

```
$ python3.6 ex16.py test.txt
We're going to erase test.txt.
If you don't want that, hit CTRL-C (^C).
If you do want that, hit RETURN.
?
Opening the file...
Truncating the file. Goodbye!
Now I'm going to ask you for three lines.
line 1: Mary had a little lamb
line 2: Its fleece was white as snow
line 3: It was also tasty
I'm going to write these to the file.
And finally, we close it.
```

Agora, abra o arquivo criado (no meu caso, test.txt) no editor e verifique-o. Perfeito, certo?

Exercícios Simulados

1. Se você não entender, volte e use o truque do comentário para organizar tudo em sua cabeça. Um comentário simples acima de cada linha irá ajudá-lo a entender ou, pelo menos, saber o que precisa pesquisar mais.
2. Escreva um script parecido com o último exercício que usa `read` e `argv` para ler o arquivo que acabou de criar.
3. Há repetição demais no arquivo. Use strings, formatos e escapes para imprimir `line1`, `line2` e `line3` com apenas um comando `target.write()`, ao invés de seis.
4. Descubra por que tivemos que passar `'w'` como um parâmetro extra para `open`. Sugestão: `open` tenta ser seguro fazendo com que você informe explicitamente que deseja gravar em um arquivo.
5. Se o arquivo for aberto com o modo `'w'`, você precisará mesmo de `target.truncate()`? Leia a documentação da função `open` do Python e veja se é verdade.

Perguntas Comuns dos Alunos

`truncate()` precisa do parâmetro `'w'`? Veja os Exercícios Simulados número 5.

O que significa `'w'`? É apenas uma string com um caractere para o tipo de modo do arquivo. Se você usar `'w'`, estará dizendo: "Abra o arquivo no modo de 'gravação'", portanto, use o caractere `'w'`. Há também `'r'` para "ler", `'a'` para "anexar" e modificadores neles.

Quais modificadores posso usar nos modos do arquivo? O mais importante agora é o modificador +, portanto, você pode usar `'w+'`, `'r+'` e `'a+'`. Isso abrirá o arquivo nos modos de leitura e gravação, e, dependendo do uso do caractere, posicionará o arquivo de modos diferentes.

Usar apenas `open(filename)` abrirá no modo `'r'` (leitura)? Sim, é o padrão para a função `open()`.

EXERCÍCIO 17

Mais Arquivos

Agora, faremos mais algumas interações com os arquivos. Escreveremos um script Python para copiar de um arquivo para outro. Será muito pequeno, mas dará uma ideia sobre outras coisas que podem ser feitas com os arquivos.

ex17.py

```
1   from sys import argv
2   from os.path import exists
3
4   script, from_file, to_file = argv
5
6   print(f"Copying from {from_file} to {to_file}")
7
8   # poderíamos fazer esses dois com uma linha, como?
9   in_file = open(from_file)
10  indata = in_file.read()
11
12  print(f"The input file is {len(indata)} bytes long")
13
14  print(f"Does the output file exist? {exists(to_file)}")
15  print("Ready, hit RETURN to continue, CTRL-C to abort.")
16  input()
17
18  out_file = open(to_file, 'w')
19  out_file.write(indata)
20
21  print("Alright, all done.")
22
23  out_file.close()
24  in_file.close()
```

Você deve notar imediatamente que usamos `import` para importar outro comando útil denominado `exists`. Isso retornará `True` se existir um arquivo, com base em seu nome em uma string como um argumento. E retornará `False` caso contrário. Usaremos essa função na segunda metade do livro para fazer muitas coisas, mas, agora, você deve ver como importá-la.

Usar `import` é um modo de obter toneladas de códigos gratuitos que outros programadores melhores (bem, geralmente) escreveram, de modo que não seja você que tenha que escrevê-los.

O que Você Deve Ver

Como os outros scripts, execute este com dois argumentos: os arquivos do qual copiar e para o qual copiar. Usarei um arquivo de teste simples chamado test.txt:

Sessão do Exercício 17

```
$ # primeiro crie um arquivo de exemplo
$ echo "This is a test file." > test.txt
$ # então dê uma olhada nele
$ cat test.txt
This is a test file.
$ # agora execute seu script nele
$ python3.6 ex17.py test.txt new_file.txt
Copying from test.txt to new_file.txt
The input file is 21 bytes long
Does the output file exist? False
Ready, hit RETURN to continue, CTRL-C to abort.

Alright, all done.
```

Deve funcionar com qualquer arquivo. Experimente mais e veja o que acontece. Só tenha cuidado para não corromper um arquivo importante.

AVISO! Você viu o truque que fiz com echo para criar um arquivo e com cat para exibir o arquivo? É possível aprender isso no Apêndice, "Curso Rápido da Linha de Comando".

Exercícios Simulados

1. Este script é *muito* chato. Não é necessário perguntar antes de fazer a cópia e ele imprime muita coisa na tela. Experimente tornar o script mais amistoso removendo algumas características.
2. Veja o quanto você consegue diminuir o arquivo. Eu poderia deixá-lo com uma linha.
3. Notou no final da seção *O que Você Deve Ver* que usei algo chamado cat? É um velho comando que concatena os arquivos, mas, na maioria das vezes, é apenas um modo fácil de imprimir um arquivo na tela. Digite man cat para ler sobre ele.
4. Descubra por que você precisou escrever out_file.close() no código.
5. Estude a instrução import do Python e inicie python3.6 para experimentar. Tente importar algumas coisas e veja se consegue acertar. Tudo bem se não conseguir.

Perguntas Comuns dos Alunos

Por que `'w'` está entre aspas? É uma string. Agora você está acostumado a usar strings. Verifique se sabe o que significa.

Não é possível deixar com uma linha! Isso ; depende ; de ; como ; você ; define ; uma ; linha ; de ; código.

É normal achar que este exercício foi muito difícil? Sim, com certeza. A programação pode não dar um "clique" para você talvez até o Exercício 36, ou pode não acontecer até que você termine o livro, então tente fazer algo com o Python. As pessoas são diferentes, portanto, continue avançando e revendo os exercícios nos quais teve problemas até sentir o clique. Tenha paciência.

O que a função `len()` faz? Ela obtém o comprimento da string passada e, então, retorna isso como um número. Experimente.

Quando tento diminuir o script, vejo um erro ao fechar os arquivos no final. Provavelmente você fez algo como `indata = open(from_file).read()`, o que significa que não precisa fazer `in_file.close()` quando atingir o final do script. O arquivo já deve ter sido fechado pelo Python assim que essa linha for executada.

Vejo um erro `Syntax:EOL while scanning string literal`. Você esqueceu de terminar uma string corretamente com uma aspas. Veja a linha de novo.

EXERCÍCIO 18

Nomes, Variáveis, Código, Funções

Grande título, não é? Vou apresentá-lo à *função!* Dum dum dá! Todo programador sempre fala sobre funções e sempre com ideias diferentes de como elas funcionam e o que fazem. Mas darei a explicação mais simples que você poderá usar agora. As funções fazem três coisas:

1. Nomeiam partes do código, assim como as variáveis nomeiam strings e números.
2. Recebem argumentos da mesma maneira que seus scripts recebem argv.
3. Usando 1 e 2, permitem que você crie seus próprios "miniscripts" ou "pequenos comandos".

É possível criar uma função usando a palavra def no Python. Você criará quatro funções diferentes que funcionam como scripts, portanto, mostrarei a relação de cada uma.

ex18.py

```
1   # essa aqui é como seus scripts com argv
2   def print_two(*args):
3       arg1, arg2 = args
4       print(f"arg1: {arg1}, arg2: {arg2}")
5
6   # ok, aquele *args é desnecessário, podemos simplesmente fazer isso
7   def print_two_again(arg1, arg2):
8       print(f"arg1: {arg1}, arg2: {arg2}")
9
10  # essa recebe apenas um argumento
11  def print_one(arg1):
12      print(f"arg1: {arg1}")
13
14  # essa não recebe argumento nenhum
15  def print_none():
16      print("I got nothin'.")
17
18
19  print_two("Zed","Shaw")
20  print_two_again("Zed","Shaw")
21  print_one("First!")
22  print_none()
```

Vamos analisar a primeira função, `print_two`, que é a mais parecida com o que você já sabe sobre a criação de scripts:

1. Informamos ao Python que desejamos criar uma função usando `def` para "definir".
2. Na mesma linha de `def`, nomeamos a função. Neste caso, apenas a chamamos de "print_two", mas também poderia ser "amendoins". Não importa, basta que sua função tenha um nome curto e informativo sobre o que faz.
3. Informamos que desejamos `*args` (asterisco args), que é muito parecido com o parâmetro `argv`, mas para funções. Isso *precisa* ficar entre parênteses para funcionar.
4. Terminamos a linha com : (dois pontos) e iniciamos o recuo.
5. Após os dois pontos, todas as linhas recuadas com quatro espaços serão anexadas a `print_two`. Nossa primeira linha recuada descompacta os argumentos, como acontece com seus scripts.
6. Para demonstrar como funciona, imprimimos esses argumentos, como faríamos em um script.

O problema com `print_two` é não ser o modo mais fácil de criar uma função. No Python, podemos pular todos os argumentos de descompactação e usar os nomes que desejamos entre parênteses. É isso que `print_two_again` faz.

Depois, você tem um exemplo de como criar uma função com um argumento em `print_one`.

Finalmente, tem uma função sem argumentos em `print_none`.

AVISO! É muito importante. *Não* desanime agora caso não faça muito sentido. Faremos alguns exercícios ligando as funções aos scripts e mostraremos como criar mais. Agora, apenas continue pensando em "miniscript" quando vir "função" e continue experimentando.

O que Você Deve Ver

Se executar `ex18.py`, deverá ver:

Sessão do Exercício 18

```
$ python3.6 ex18.py
arg1: Zed, arg2: Shaw
arg1: Zed, arg2: Shaw
arg1: First!
I got nothin'.
```

Logo você pode ver como atua uma função. Note que usou suas funções como usa coisas como `exists`, `open` e outros comandos. Na verdade, enganei você, porque no Python esses comandos são apenas funções. Isso significa que é possível criar seus próprios comandos e usá-los nos seus scripts também.

Exercícios Simulados

Crie um checklist *de funções* para os próximos exercícios. Escreva as verificações em fichas e deixe-as à mão enquanto conclui o resto dos exercícios, ou até sentir que não precisa mais delas:

1. Você iniciou a definição da função com `def`?
2. O nome da função tem apenas caracteres e _ (sublinhado)?
3. Colocou um parêntese de abertura logo depois do nome da função?
4. Colocou os argumentos após o parêntese, separados por vírgulas?
5. Cada argumento é único (sem nomes duplicados)?
6. Colocou um parêntese de fechamento e dois pontos após os argumentos?
7. Recuou em quatro espaços todas as linhas de código que deseja na função? Nem mais nem menos.
8. Você "terminou" a função voltando a escrever sem recuo (chamamos de *cancelar recuo*)?

Quando executar ("usar" ou "chamar") uma função, verifique isto:

1. Você chamou/usou/executou a função digitando o nome dela?
2. Colocou o caractere (após o nome para executá-la?
3. Colocou os valores desejados entre parênteses, separados por vírgulas?
4. Terminou a chamada da função com)?

Use esses dois checklists nas lições restantes até não precisar mais deles.

Finalmente, repita algumas vezes para si mesmo: "executar", "chamar" ou "usar" uma função significa a mesma coisa.

Perguntas Comuns dos Alunos

O que é permitido no nome da função? É como nas variáveis. Qualquer nome que não comece com um número e tenha letras, números e sublinhados funcionará.

O que faz o * em *args? Isso informa ao Python para obter todos os argumentos para a função e colocá-los em args como uma lista. É como o argv que você usou, mas para as funções. Em geral, não é usado com muita frequência, a menos que seja especificamente necessário.

Isso é muito chato e monótono. Isso é bom. Significa que você está começando a melhorar ao digitar o código e entender o que faz. Para que seja menos chato, pegue tudo que peço para você digitar e corrompa de propósito.

EXERCÍCIO 19

Funções e Variáveis

As funções tiveram uma quantidade incrível de informação, mas não se preocupe. Continue fazendo os exercícios e verificando o checklist do último, que eventualmente você entenderá.

Há um pequeno ponto que você pode não ter notado, que iremos reforçar agora. As variáveis em sua função não estão conectadas às variáveis no script. Veja um exercício para pensar:

ex19.py
```
1   def cheese_and_crackers(cheese_count, boxes_of_crackers):
2       print(f"You have {cheese_count} cheeses!")
3       print(f"You have {boxes_of_crackers} boxes of crackers!")
4       print("Man that's enough for a party!")
5       print("Get a blanket.\n")
6
7
8   print("We can just give the function numbers directly:")
9   cheese_and_crackers(20, 30)
10
11
12  print("OR, we can use variables from our script:")
13  amount_of_cheese = 10
14  amount_of_crackers = 50
15
16  cheese_and_crackers(amount_of_cheese, amount_of_crackers)
17
18
19  print("We can even do math inside too:")
20  cheese_and_crackers(10 + 20, 5 + 6)
21
22
23  print("And we can combine the two, variables and math:")
24  cheese_and_crackers(amount_of_cheese + 100, amount_of_crackers + 1000)
```

Isso mostra todos os modos diferentes de dar à função `cheese_and_crackers` os valores necessários para imprimir. Podemos fornecer números diretamente, ou variáveis, ou cálculos, ou até combinar cálculo com variáveis.

De certo modo, os argumentos para uma função são como nosso caractere = quando criamos uma variável. De fato, se você pode usar = para nomear algo, em geral, pode passá-lo para uma função como argumento.

O que Você Deve Ver

Você deve estudar a saída do script e compará-la com o que acha que deverá obter para cada um dos exemplos.

Sessão do Exercício 19

```
$ python3.6 ex19.py
We can just give the function numbers directly:
You have 20 cheeses!
You have 30 boxes of crackers!
Man that's enough for a party!
Get a blanket.

OR, we can use variables from our script:
You have 10 cheeses!
You have 50 boxes of crackers!
Man that's enough for a party!
Get a blanket.

We can even do math inside too:
You have 30 cheeses!
You have 11 boxes of crackers!
Man that's enough for a party!
Get a blanket.

And we can combine the two, variables and math:
You have 110 cheeses!
You have 1050 boxes of crackers!
Man that's enough for a party!
Get a blanket.
```

Exercícios Simulados

1. Volte no script e digite um comentário acima de cada linha, explicando o que ela faz.
2. Comece pelo fim e leia cada linha de baixo para cima, dizendo todos os caracteres importantes.
3. Escreva pelo menos mais uma função criada por você e execute-a de dez modos diferentes.

Perguntas Comuns dos Alunos

Como pode haver dez modos possivelmente diferentes de executar uma função? Acredite se quiser, teoricamente há uma quantidade infinita de modos de chamar qualquer função. Veja o quanto consegue ser criativo com as funções, variáveis e entradas de um usuário.

Há um modo de analisar o que essa função está fazendo para eu poder entender melhor? Há muitos modos diferentes, mas tente colocar um comentário acima de cada linha descrevendo o que ela faz. Outro truque é ler o código em voz alta. Mais um é imprimir o código e desenhar no papel imagens e comentários mostrando o que acontece.

E se eu quiser peguntar ao usuário a quantidade de queijo e biscoitos? É preciso usar `int()` para converter o que você obtém com `input()`.

Criar a variável `amount_of_cheese` muda a variável `cheese_count` na função? Não, essas variáveis são separadas e residem fora da função. Elas são passadas para a função e são criadas versões temporárias apenas para a execução dela. Quando a função termina, essas variáveis temporárias acabam e tudo continua funcionando. Continue lendo o livro e deverá ficar mais claro.

É ruim ter variáveis globais (como `amount_of_cheese`) com o mesmo nome das variáveis da função? Sim, uma vez que você não tem certeza sobre qual está falando. Mas, algumas vezes, é necessário usar o mesmo nome, ou você pode fazer isso sem querer. Apenas evite sempre que puder.

Há um limite para a quantidade de argumentos que uma função pode ter? Depende da versão do Python e do computador, mas é bem grande. O limite prático é cerca de cinco argumentos antes de a função ficar chata de usar.

É possível chamar uma função dentro de outra? Sim, você criará um jogo que faz isso mais adiante no livro.

EXERCÍCIO 20

Funções e Arquivos

Lembre de seu checklist para funções, então, faça o exercício prestando muita atenção em como as funções e arquivos podem trabalhar juntos para fazer coisas úteis.

ex20.py

```
1   from sys import argv
2
3   script, input_file = argv
4
5   def print_all(f):
6       print(f.read())
7
8   def rewind(f):
9       f.seek(0)
10
11  def print_a_line(line_count, f):
12      print(line_count, f.readline())
13
14  current_file = open(input_file)
15
16  print("First let's print the whole file:\n")
17
18  print_all(current_file)
19
20  print("Now let's rewind, kind of like a tape.")
21
22  rewind(current_file)
23
24  print("Let's print three lines:")
25
26  current_line = 1
27  print_a_line(current_line, current_file)
28
29  current_line = current_line + 1
30  print_a_line(current_line, current_file)
31
32  current_line = current_line + 1
33  print_a_line(current_line, current_file)
```

Preste muita atenção em como passamos o número da linha atual sempre que executamos print_a_line.

O que Você Deve Ver

Sessão do Exercício 20

```
$ python3.6 ex20.py test.txt
First let's print the whole file:

This is line 1
This is line 2
This is line 3

Now let's rewind, kind of like a tape.
Let's print three lines:
1 This is line 1

2 This is line 2

3 This is line 3
```

Exercícios Simulados

1. Escreva um comentário sobre cada linha para entender o que ela faz.
2. Sempre que `print_a_line` é executada, você está passando uma variável, `current_line`. Escreva o conteúdo de `current_line` em cada chamada da função e investigue como ela transforma `line_count` em `print_a_line`.
3. Encontre cada lugar em que uma função é usada e verifique a definição (`def`) dela para assegurar que você está fornecendo os argumentos certos.
4. Pesquise online o que faz a função `seek` de `file`. Experimente `pydoc file` e confira se pode descobrir. Então, experimente `pydoc file.seek` para ver o que a busca faz.
5. Pesquise a anotação abreviada += e rescreva o script para usar +=.

Perguntas Comuns dos Alunos

O que é f em `print_all` e nas outras funções? O f é uma variável como você tinha nas outras funções do Exercício 18, exceto que, desta vez, é um arquivo. Um arquivo no Python é como uma antiga unidade de fita em um mainframe ou um aparelho de DVD. Ele tem uma "cabeça de leitura" e você pode posicioná-la no arquivo e, então, trabalhar nesse ponto. Sempre que usa `f.seek(0)`, está indo para o início do arquivo. Sempre que usa `f.readline()`, está lendo uma linha no arquivo e movendo a cabeça para depois de \n, que termina a linha. Isso será mais explicado conforme você continuar lendo.

Por que seek(0) **não define** current_line **para 0?** Primeiro, a função seek() está lidando com *bytes*, não com linhas. O código seek(0) move o arquivo para o byte 0 (o primeiro byte) no arquivo. Segundo, current_line é apenas uma variável e não tem nenhuma conexão real com o arquivo. Estamos aumentando manualmente.

O que é +=? Você sabe que podemos rescrever "em um" como "num"? Ou podemos rescrever "não é" como "né"? Isso é chamado de contração e este é um tipo de contração para as suas operações = e +. Significa que x = x + y é o mesmo que x += y.

Como readline() **sabe onde está cada linha?** Dentro de readline(), existe um código que percorre cada byte do arquivo até encontrar um caractere \n e, então, para de ler o arquivo e retorna o que encontrou até o momento. O arquivo f é responsável por manter a posição atual no arquivo após cada chamada de readline(), portanto, continuará lendo cada linha.

Por que existem linhas vazias entre as linhas no arquivo? A função readline() retorna o \n que está no arquivo, no final daquela linha. Adicione end = "" no final das chamadas da função print para evitar adicionar um \n duplo a cada linha.

EXERCÍCIO 21

As Funções Podem Retornar Algo

V ocê vem usando o caractere = para nomear as variáveis e defini-las com números ou strings. Agora, iremos surpreendê-lo de novo mostrando como usar = e uma nova palavra do Python, return, para definir as variáveis como um *valor de uma função*. Vai ter uma coisa na qual você deverá prestar muita atenção, mas primeiramente digite isto:

ex21.py

```
1   def add(a, b):
2       print(f"ADDING {a} + {b}")
3       return a + b
4
5   def subtract(a, b):
6       print(f"SUBTRACTING {a} - {b}")
7       return a - b
8
9   def multiply(a, b):
10      print(f"MULTIPLYING {a} * {b}")
11      return a * b
12
13  def divide(a, b):
14      print(f"DIVIDING {a} / {b}")
15      return a / b
16
17
18  print("Let's do some math with just functions!")
19
20  age = add(30, 5)
21  height = subtract(78, 4)
22  weight = multiply(90, 2)
23  iq = divide(100, 2)
24
25  print(f"Age: {age}, Height: {height}, Weight: {weight}, IQ: {iq}")
26
27
28  # Uma charada para ponto extra, digite isso.
29  print("Here is a puzzle.")
30
31  what = add(age, subtract(height, multiply(weight, divide(iq, 2))))
32
33  print("That becomes: ", what, "Can you do it by hand?")
```

Estamos fazendo nossas próprias funções matemáticas para add, subtract, multiply e divide. É importante notar a última linha, em que informamos return a + b (em add). Isso faz o seguinte:

1. Nossa função é chamada com dois argumentos: a e b.
2. Imprimimos o que nossa função está fazendo, neste caso, "ADICIONANDO".
3. Informamos ao Python para fazer algum tipo de retorno: devolvemos a adição de a + b. Pode ser dito de outro modo: "Eu somo a e b, então, retorno."
4. O Python soma os dois números. Quando a função terminar, qualquer linha executada conseguirá atribuir o resultado de a + b a uma variável.

Como em muitas outras coisas neste livro, você deve ir devagar, por partes e tentar investigar o que está acontecendo. Para ajudar, há um crédito extra para resolver uma charada e aprender algo legal.

O que Você Deve Ver

Sessão do Exercício 21

```
$ python3.6 ex21.py
Let's do some math with just functions!
ADDING 30 + 5
SUBTRACTING 78 - 4
MULTIPLYING 90 * 2
DIVIDING 100 / 2
Age: 35, Height: 74, Weight: 180, IQ: 50.0
Here is a puzzle.
DIVIDING 50.0 / 2
MULTIPLYING 180 * 25.0
SUBTRACTING 74 - 4500.0
ADDING 35 + -4426.0
That becomes: -4391.0 Can you do it by hand?
```

Exercícios Simulados

1. Se você não tiver certeza sobre o que return faz, tente escrever algumas funções próprias e fazer com que retornem alguns valores. É possível retornar qualquer coisa colocada à direita de =.
2. No final do script, há uma charada. Estou pegando o valor de retorno de uma função e *usando* como o argumento de outra função. Estou fazendo isso em cadeia para poder criar uma fórmula usando as funções. Parece muito estranho, mas se você executar o script, poderá ver os resultados. O que você deve fazer é descobrir a fórmula normal que recriaria o mesmo conjunto de operações.

3. Assim que a fórmula resolver a charada, entre e veja o que acontece quando você modifica partes das funções. Tente mudar de propósito, para criar outro valor.
4. Faça o inverso. Escreva uma fórmula simples e use as funções do mesmo modo, para calcular.

Esse exercício pode realmente confundir sua cabeça, mas vá devagar e com calma, trate-o como um pequeno jogo. Resolver charadas como essa é o que torna a programação divertida, portanto, darei mais probleminhas quando avançarmos.

Perguntas Comuns dos Alunos

Por que o Python imprime a fórmula ou as funções "ao contrário"? Na verdade, não é ao contrário, é "de dentro para fora". Quando você começar a dividir a função em fórmulas separadas e chamadas da função, verá como funciona. Tente entender o que significa "de dentro para fora", ao invés de "ao contrário".

Como posso usar input() para inserir meus próprios valores? Lembra de int(input())? O problema com isso é que não é possível inserir um ponto flutuante, portanto, tente usar float(input()).

O que significa "escrever uma fórmula"? Experimente 24 + 34 / 100 - 1023 para começar. Converta isso para usar as funções. Agora, proponha sua própria equação matemática parecida e use variáveis para ficar mais parecido com uma fórmula.

EXERCÍCIO 22

O que Você Sabe até Agora?

Não haverá nenhum código neste exercício ou no próximo, portanto, nenhuma seção *O que Você Deve Ver* ou *Exercícios Simulados*. Na verdade, esta seção é como um enorme *Exercício Simulado*. Pedirei que faça uma revisão do que aprendeu até agora.

Primeiramente, volte em cada exercício feito até o momento e anote cada palavra e símbolo (outro nome para "caractere") que você usou. Verifique se sua lista de símbolos está completa.

Ao lado de cada palavra ou símbolo, escreva seu nome e o que faz. Se não conseguir encontrar nome para um símbolo neste livro, procure online. Se não souber o que faz uma palavra ou símbolo, leia de novo e tente usar em algum código.

Você pode ver algumas questões que não consegue descobrir ou não sabe, por isso mantenha uma lista e pesquise quando encontrá-las.

Assim que a lista estiver pronta, passe alguns dias rescrevendo-a e verificando com atenção o que está correto. Pode ser chato, mas continue e organize-a.

Quando memorizar a lista e o que ela faz, melhore escrevendo tabelas de símbolos, nomes e o que fazem *de cabeça*. Se encontrar algum item que não consegue lembrar, volte e memorize de novo.

AVISO! O mais importante ao fazer este exercício é: "Não há falhas, apenas tentativas."

O que Você Está Aprendendo

É importante saber o motivo quando você estiver fazendo um exercício de memorização chato e sem sentido como este. Ajuda a focar um objetivo e saber a finalidade de todos os seus esforços.

Neste exercício, você está aprendendo os nomes dos símbolos para que possa ler o código-fonte com mais facilidade. É semelhante a aprender o alfabeto e as palavras básicas do português, exceto que o alfabeto do Python tem mais símbolos que você pode não saber.

Vá devagar e não sobrecarregue seu cérebro. É melhor passar 15 minutos por vez com sua lista e fazer uma pausa. Permitir que seu cérebro descanse irá ajudá-lo a aprender mais rápido e com menos frustração.

EXERCÍCIO 23

Strings, Bytes e Codificações de Caracteres

Para fazer este exercício, você precisará *baixar* um arquivo de texto que eu escrevi, denominado languages.txt (https://learnpythonthehardway.org/python3/languages.txt). Esse arquivo foi criado com uma lista de idiomas para demonstrar alguns conceitos interessantes:

1. Como os computadores modernos armazenam os idiomas para exibir e processar, e como o Python 3 chama isso de `strings`.
2. Como você deve "codificar" e "decodificar" as strings do Python em um tipo chamado `bytes`.
3. Como lidar com os erros no tratamento das string e bytes.
4. Como ler o código e descobrir o que significa, mesmo que nunca tenha visto antes.

Além disso, você também verá rapidamente a instrução `if` e as `lists` do Python 3 para processar uma lista de coisas. Não é necessário dominar o código nem entender os conceitos agora. Você irá praticar nos exercícios posteriores. No momento, seu trabalho é ter uma ideia do futuro e aprender os quatro tópicos na lista anterior.

> **AVISO!** Este exercício é difícil! Há muitas informações que você precisa entender e que vão fundo nos computadores. O exercício é complexo porque as strings do Python são complexas e difíceis de usar. Recomendo fazer o exercício *bem* lentamente. Anote cada palavra que não entende e pesquise. Pegue um parágrafo por vez, se precisar. Você pode continuar com os outros exercícios enquanto estuda este, portanto, não fique preso aqui. Explore por quanto tempo for necessário.

Pesquisa Inicial

Ensinarei como pesquisar uma parte do código para mostrar seus segredos. Você precisará do arquivo languages.txt para o código funcionar, portanto, baixe-o primeiro. O arquivo `languages.txt` simplesmente contém uma lista de nomes de idiomas que estão codificados em UTF-8.

ex23.py

```
1   import sys
2   script, encoding, error = sys.argv
```

```
 3
 4
 5   def main(language_file, encoding, errors):
 6       line = language_file.readline()
 7
 8       if line:
 9           print_line(line, encoding, errors)
10           return main(language_file, encoding, errors)
11
12
13   def print_line(line, encoding, errors):
14       next_lang = line.strip()
15       raw_bytes = next_lang.encode(encoding, errors=errors)
16       cooked_string = raw_bytes.decode(encoding, errors=errors)
17
18       print(raw_bytes, "<===>", cooked_string)
19
20
21   languages = open("languages.txt", encoding="utf-8")
22
23   main(languages, encoding, error)
```

Simplesmente faça uma lista de cada coisa que você nunca viu antes. Pode haver algumas coisas novas, portanto, examine o arquivo algumas vezes.

Assim que terminar, execute esse script do Python para brincar com ele. Veja alguns comandos de exemplo que usei para testar:

```
$ python3.6 ex23.py utf-8 strict
b'Afrikaans' <===> Afrikaans
b'\xe1\x8a\xa0\xe1\x88\x9b\xe1\x88\xad\xe1\x8a\x9b' <===> አማርኛ
b'\xd0\x90\xd2\xa7\xd1\x81\xd1\x88\xd3\x99\xd0\xb0' <===> Аҧсшәа
b'\xd8\xa7\xd9\x84\xd8\xb9\xd8\xb1\xd8\xa8\xd9\x8a\xd8\xa9' <===> العربية
b'V\xc3\xb5ro' <===> Võro
b'\xe6\x96\x87\xe8\xa8\x80' <===> 文言
b'\xe5\x90\xb4\xe8\xaf\xad' <===> 吴语
b'\xd7\x99\xd7\x99\xd6\xb4\xd7\x93\xd7\x99\xd7\xa9' <===> ייִדיש
b'\xe4\xb8\xad\xe6\x96\x87' <===> 中文
$
```

AVISO! Você notará que estou usando imagens aqui para mostrar o que você deve ver. Depois de muitos testes, acabou que tantas pessoas têm seus computadores configurados para não exibirem o UTF-8 que eu precisei usar imagens para que você soubesse o que esperar. Até meu próprio sistema de editoração (LaTeX) não conseguiu lidar com essas codificações, forçando-me a usar imagens. Se não vir isso, seu Terminal provavelmente não conseguirá exibir o UTF-8 e é necessário corrigir.

Esses exemplos usam as codificações `utf-8`, `utf-16` e `big5` para demonstrar a conversão e os tipos de erros obtidos. Esses nomes são chamados de "codec" no Python 3, mas você usa o parâmetro "encoding". No final do exercício, há uma lista

STRINGS, BYTES E CODIFICAÇÕES DE CARACTERES   **83**

das codificações disponíveis, caso você queira experimentar outras. Falarei sobre o que essa saída significa em breve. Você está apenas tentando entender como funciona para que possamos falar sobre isso.

Depois de ter executado algumas vezes, percorra sua lista de símbolos e tente adivinhar o que eles fazem. Quando tiver anotado suas suposições, tente pesquisar os símbolos online para saber se pode confirmar as hipóteses. Não se preocupe se não tiver nenhuma ideia sobre como pesquisar. Apenas experimente.

Interruptores, Convenções e Codificações

Antes de conhecer o significado do código, você precisa aprender alguns fundamentos sobre como os dados são armazenados em um computador. Os computadores modernos são incrivelmente complexos, mas, no interior, são como um conjunto enorme de interruptores. Essas máquinas usam a eletricidade para ligar ou desligar os interruptores, que podem representar 1 para ligado ou 0 para desligado. Antigamente, havia vários tipos de computadores estranhos que faziam mais do que apenas 1 ou 0, mas, agora, são apenas 1s e 0s. Um representa energia, eletricidade, ligado, potência, substância. Zero representa desligado, terminado, acabado, sem potência, falta de energia. Chamamos esses 1s e 0s de "bits".

Agora, um computador que permite trabalhar apenas com 1 e 0 seria muitíssimo ineficiente e chato. Essas máquinas usam os 1s e 0s para codificar números maiores. Em uma ponta, um computador usará 8 desses 1s e 0s para codificar 256 números (0-255). O que significa "codificar"? Nada mais é do que um padrão acordado sobre como uma sequência de bits deve representar um número. É uma convenção que as pessoas escolheram ou encontraram que diz que 00000000 seria 0, 11111111 seria 255 e 00001111 seria 15. Houve até conflitos enormes nos primórdios dos computadores sobre a ordem desses bits, porque eles eram simplesmente convenções com as quais todos tínhamos que concordar.

Hoje, chamamos de "byte" uma sequência de 8 bits (1s e 0s). Antigamente, cada um tinha sua própria convenção para um byte, portanto, você ainda encontrará pessoas que pensam que o termo deve ser flexível e lidar com sequências de 9, 7 ou 6 bits, mas, agora, apenas dizemos que são 8 bits. É um acordo e ele define nossa codificação para um byte. Há mais convenções para codificar números grandes, que usam 16, 32, 64, e até mais bits, se você fizer cálculos realmente grandes. Há grupos de padronização inteiros que não fazem nada além de debater sobre esses acordos, para então implementarem-nos como codificações que eventualmente ligarão e desligarão os interruptores.

Uma vez que tenha os bytes, poderá começar a armazenar e exibir o texto ao decidir, em outra convenção, sobre como um número é mapeado em uma letra. No início da computação, havia muitos acordos que mapeavam 8 ou 7 bits (ou menos ou mais) para as listas de caracteres mantidos dentro de um computador. A convenção mais popular acabou sendo o Código Padrão Americano para o Intercâmbio de Informação ou ASCII. Esse padrão mapeia um número para uma letra. O número 90 é Z, que em bits é 1011010 e é mapeado para a tabela ASCII dentro do computador.

Você pode experimentar isso no Python agora:

```
>>> 0b1011010
90
>>> ord('Z')
90
>>> chr(90)
'Z'
>>>
```

Primeiramente, escrevo o número 90 como binário, então, obtenho o número com base na letra 'Z' e converto-o na letra 'Z'. Não se preocupe quanto a precisar lembrar. Acho que precisei fazer isso duas vezes durante todo o tempo em que usei o Python.

Assim que tivermos a convenção ASCII para codificar um caractere usando 8 bits (um byte), poderemos "encadear" os caracteres para criar uma palavra. (Em inglês, o verbo para esse 'encadear' é o verbo 'to string'.) Se eu quiser escrever meu nome, "Zed A. Shaw", usarei uma sequência de bytes: [90, 101, 100, 32, 65, 46, 32, 83, 104, 97, 119]. Grande parte dos primeiros textos em computadores eram apenas sequências de bytes, armazenadas na memória, que o computador usava para exibir. Novamente, isso é apenas uma sequência de convenções que ligavam e desligavam interruptores.

O problema com o ASCII é que ele apenas codifica em inglês e, talvez, alguns outros idiomas parecidos. Lembre que um byte pode conter 256 números (0-255, ou 00000000-11111111). Acontece que, há *muito* mais do que 256 caracteres usados nos idiomas do mundo. Países diferentes criaram suas próprias convenções de codificação para suas línguas e funcionou em grande parte, mas muitas codificações podiam lidar apenas com uma língua. Isso significava que, se você quisesse colocar o título de um livro em inglês no meio de uma frase em tailandês, teria problemas. Você precisaria de uma codificação para o tailandês e outra para o inglês.

Para resolver o problema, um grupo de pessoas criou o Unicode. Parece com "codificar" e foi pensado para ser uma "codificação universal" de todos os idiomas. A solução que o Unicode oferece é semelhante à tabela ASCII, mas é enorme, se comparado. É possível usar 32 bits para codificar um caractere Unicode e são mais caracteres do que possivelmente poderíamos encontrar. Um número de 32 bits significa que podemos armazenar 4.294.967.295 caracteres (2^32), que é espaço suficiente para cada possível idioma humano e provavelmente para muitas línguas extraterrestres também. No momento, usamos o espaço extra para coisas importantes, como emojis de cocô e sorriso.

Agora temos uma convenção para codificar qualquer caractere desejado, mas 32 bits são 4 bytes (32/8 == 4), o que significa que há muito espaço desperdiçado na maioria do texto que desejamos codificar. Também podemos usar 16 bits (2 bytes), mas ainda haverá espaço desperdiçado em grande parte do texto. A solução é fazer uso de uma convenção inteligente para codificar os caracteres mais comuns usando 8 bits e, então, aplicar um "escape" nos números maiores quando for necessário codificar mais caracteres. Isso significa que temos mais um acordo que nada mais é do que uma codificação de compressão, possibilitando que os caracteres mais comuns usem 8 bits e apliquem o escape em 16 ou 32 bits quando necessário.

A convenção para codificar o texto no Python é chamada de "UTF-8", que significa "Formato de Transformação Unicode com 8 Bits". É uma convenção para codificar os caracteres Unicode em sequências de bytes, que são sequências de bits, que se transformam em sequências de liga e desliga. Também é possível usar outras convenções (codificações), mas o UTF-8 é o padrão atual.

Dissecando a Saída

Podemos ver agora a saída dos comandos mostrados anteriormente. Vejamos este primeiro comando e as primeiras linhas da saída:

```
$ python3.6 ex23.py utf-8 strict
b'Afrikaans' <===> Afrikaans
b'\xe1\x8a\xa0\xe1\x88\x9b\xe1\x88\xad\xe1\x8a\x9b' <===> ሆግኛ
b'\xd0\x90\xd2\xa7\xd1\x81\xd1\x88\xd3\x99\xd0\xb0' <===> Аҧсшәа
b'\xd8\xa7\xd9\x84\xd8\xb9\xd8\xb1\xd8\xa8\xd9\x8a\xd8\xa9' <===> العربية
b'V\xc3\xb5ro' <===> Võro
b'\xe6\x96\x87\xe8\xa8\x80' <===> 文言
b'\xe5\x90\xb4\xe8\xaf\xad' <===> 吴语
b'\xd7\x99\xd7\x99\xd6\xb4\xd7\x93\xd7\x99\xd7\xa9' <===> ייִדיש
b'\xe4\xb8\xad\xe6\x96\x87' <===> 中文
$
```

O script ex23.py está obtendo os bytes escritos dentro de b'' (byte string) e convertendo-os na codificação UTF-8 (ou outra) especificada. À esquerda, ficam os números de cada byte do UTF-8 (mostrados em hexadecimal) e, à direita, fica a saída de caracteres como o UTF-8 real. Pense assim: no lado esquerdo de f <===>, estão os bytes numéricos do Python ou os bytes "brutos" que o Python usa para armazenar a string. Você especifica isso com b'' para informar ao Python que são bytes. Esses bytes brutos são exibidos "preparados" à direita para que você possa ver os caracteres reais no Terminal.

Dissecando o Código

Temos uma compreensão de strings e sequências de bytes. No Python, uma string é uma sequência codificada em UTF-8 de caracteres para exibir ou trabalhar com texto. Os bytes são a sequência "bruta" que o Python usa para armazenar essa string UTF-8 e iniciam com b' para informar que você está trabalhando com bytes brutos. Tudo isso tem base em convenções de como o Python deseja trabalhar com o texto. Veja uma sessão do Python que mostra como codificar as strings e decodificar os bytes.

```
● ● ●                    python — bash — 82×34
$ python3.6
Python 3.6.0 (default, Feb  2 2017, 12:48:29)
[GCC 4.2.1 Compatible Apple LLVM 7.0.2 (clang-700.1.81)] on darwin
Type "help", "copyright", "credits" or "license" for more information.
>>> raw_bytes = b'\xe6\x96\x87\xe8\xa8\x80'
>>> utf_string = "文言"
>>> raw_bytes.decode()
'文言'
>>> utf_string.encode()
b'\xe6\x96\x87\xe8\xa8\x80'
>>> raw_bytes == utf_string.encode()
True
>>> utf_string == raw_bytes.decode()
True
>>>
>>> quit()
$
```

Tudo que você precisa lembrar é que, se tiver `bytes` brutos, deverá usar `.decode()` para obter a `string`. Os `bytes` brutos não têm convenção. São apenas sequências de bytes significando números, portanto, você deve informar ao Python para "decodificar isso em uma string UTF". Se você tiver uma `string` e quiser enviá-la, armazená-la, compartilhá-la ou fazer alguma outra operação, em geral funcionará, mas, algumas vezes, o Python irá gerar um erro informando que não sabe como "decodificar". Mais uma vez, o Python conhece sua convenção interna, mas não tem ideia de qual convenção você precisa. Nesse caso, é preciso usar `.encode()` para obter os bytes necessários.

O modo de lembrar isso (apesar de eu ter que pesquisar quase sempre) é lembrar do mnemônico DBES, que significa *D*ecodificar *B*ytes, *E*screver *S*trings. Pronuncio como "dibes" em minha cabeça quando tenho que converter `bytes` e strings. Quando você tiver `bytes` e precisar de uma `string`, decodifique os bytes. Quando tiver uma `string` e precisar de `bytes`, codifique (escreva) as strings.

Com isso em mente, vamos analisar o código em `ex23.py` linha por linha:

- **1–2** Começo com o tratamento normal de argumentos da linha de comando que você já conhece.

- **5.** Começo com a parte principal do código em uma função chamada `main`. Ela será chamada no final do script para fazer as coisas acontecerem.

- **6.** A primeira coisa que essa função faz é ler uma linha do arquivo languages dado. Você já fez isso antes, portanto, nada é novo aqui. Como antes, simplesmente use `readline` para lidar com arquivos de texto.

- **8.** Uso algo novo. Você aprenderá isso na segunda parte do livro, então, considere como uma amostra das coisas interessantes que virão. É uma instrução `if` e permite que você tome decisões no código do Python. Você pode testar a veracidade de uma variável e, com base nessa veracidade, executar ou não uma parte do código. Neste caso, estou testando se `line` tem algo. A função `readline` retornará uma string vazia quando atingir o final do arquivo, e `if line` simplesmente testa em busca dessa string vazia. Contanto que `readline` nos forneça algo, a condição será verdadeira e o código *abaixo* (recuado, linhas 9–10) será executado. Quando for falso, o Python pulará as linhas 9–10.

9. Chamo uma função separada para fazer a impressão real da linha. Isso simplifica meu código e facilita a compreensão. Se eu quiser saber o que faz a função, posso estudá-la diretamente. Assim que descubro o que faz `print_line`, posso colocar o nome `print_line` na minha memória e esquecer os detalhes.

10. Escrevi uma pequena mágica aqui, porém poderosa. Estou chamando `main` novamente dentro de `main`. Na verdade, não é mágica, porque nada é mágico na programação. Todas as informações necessárias estão lá. Parece que estou chamando a função *dentro* dela mesma, que parece ser ilegal. Pergunte a si mesmo: "E por que isso seria ilegal?" Não há nenhum motivo técnico para que eu não possa chamar ali diretamente uma função que eu deseje, mesmo essa função `main`. Se uma função é simplesmente um salto para o topo onde a nomeei como `main`, então, chamar a função no final dela mesma iria... voltar para o topo e executá-la de novo. Isso criaria um loop. Agora volte para a linha 8 e verá que a instrução `if` impede que a função fique para sempre em um loop. Estude com cuidado isso, porque é um conceito importante, mas não se preocupe se não conseguir entender rapidamente.

13. Inicio a definição da função `print_line`, que faz a codificação real de cada linha do arquivo `languages.txt`.

14. Apenas retirei o \n do final da string `line`.

15. *Finalmente,* obtenho o idioma que recebi do arquivo `languages.txt` e o codifico nos bytes brutos. Lembre-se do mnemônico DBES: decodificar os bytes, escrever strings. A variável `next_lang` é uma string, portanto, para obter os dados brutos, devo chamar `.encode()` para codificar as strings. Passo para `encode()` a codificação que desejo e como lidar com os erros.

16. Faço a etapa extra de mostrar o inverso da linha 15 criando uma variável `cooked_string` a partir de `raw_bytes`. Lembre-se, DBES informa para eu decodificar os bytes e `raw_bytes` é bytes, portanto, chamo `.decode()` para obter uma `string` do Python. Essa string deve ser igual à variável `next_lang`.

18. Apenas imprimo para mostrar como são.

21. Terminei de definir as funções e, agora, quero abrir o arquivo `languages.txt`.

23. O final do script simplesmente executa a função `main` com todos os parâmetros corretos para que tudo prossiga e inicie o loop. Lembre que isso vai para onde a função `main` está definida na linha 5 e na linha 10, `main` é chamada de novo, fazendo o loop continuar. A parte `if line:` na linha 8 impedirá que o loop continue infinitamente.

Mergulhando nas Codificações

Agora, podemos usar nosso pequeno script para explorar outras codificações. A seguir, mostro como lidar com diferentes codificações e como dividi-las. Primeiro, vou fazer uma codificação UTF-16 simples, para que você possa ver como ela muda em comparação com a UTF-8. Você também pode usar UTF-32 para ver como é ainda maior e ter uma ideia do espaço salvo com UTF-8. Depois, experimento a Big5 e você verá que o Python *não* gosta nem um pouco. Ele gera um erro informando que Big5 não pode codificar alguns caracteres na posição 0 (o que é muito útil). Uma solução é informar ao Python para "substituir" qualquer caractere ruim pela codificação Big5. Esse é o próximo exemplo e você verá que ele coloca um caractere ? onde encontra um caractere que não combine com o sistema de codificação Big5.

```
$ python3.6 ex23.py utf-16 strict
b'\xff\xfeA\x00f\x00r\x00i\x00k\x00a\x00a\x00n\x00s\x00' <===> Afrikaans
b'\xff\xfe\xa0\x12\x1b\x12-\x12\x9b\x12' <===> ħዐፐ5
b'\xff\xfe\x10\x04\xa7\x04A\x04H\x04\xd9\x040\x04' <===> Ancwəa
b"\xff\xfe'\x06D\x069\x061\x06[(\x06J\x06)\x06" <===> العربية
b'\xff\xfeV\x00\xf5\x00r\x00o\x00' <===> Võro
b'\xff\xfe\x87e\x00\x8a' <===> 文言
b'\xff\xfe4T\xed\x8b' <===> 吳語
b'\xff\xfe\xd9\x05\xd9\x05\xb4\x05\xd3\x05\xd9\x05\xe9\x05' <===> יידיש
b'\xff\xfe-N\x87e' <===> 中文
$ python3.6 ex23.py big5 strict
b'Afrikaans' <===> Afrikaans
Traceback (most recent call last):
  File "ex23.py", line 23, in <module>
    main(languages, encoding, error)
  File "ex23.py", line 10, in main
    return main(language_file, encoding, errors)
  File "ex23.py", line 9, in main
    print_line(line, encoding, errors)
  File "ex23.py", line 15, in print_line
    raw_bytes = next_lang.encode(encoding, errors=errors)
UnicodeEncodeError: 'big5' codec can't encode character '\u12a0' in position 0: il
legal multibyte sequence
$ python3.6 ex23.py big5 replace
b'Afrikaans' <===> Afrikaans
b'????' <===> ????
b'??\xc7\xda\xc7\xe1?\xc7\xc8' <===> ??cɯ?a
b'???????' <===> ???????
b'V?ro' <===> V?ro
b'\xa4\xe5\xa8\xa5' <===> 文言
b'??' <===> ??
b'??????' <===> ??????
b'\xa4\xa4\xa4\xe5' <===> 中文
$
```

Corrompendo

As ideias gerais incluem o seguinte:

1. Encontre strings de texto codificadas em outras codificações e substitua-as no arquivo `ex23.py` para ver como isso o afeta.
2. Descubra o que acontece quando você fornece uma codificação que não existe.
3. Desafio extra: rescreva isso usando os bytes `b''`, ao invés das strings UTF-8, efetivamente invertendo o script.
4. Se puder fazer isso, também poderá *corromper* esses bytes retirando alguns para ver o que acontece. Quanto você precisa retirar para fazer o Python dar erro? Quanto pode retirar para danificar a saída de string, mas passar no sistema de decodificação do Python.
5. Use o que aprendeu no item 4 para ver se consegue danificar os arquivos. Quais erros são obtidos? Quanto dano você pode causar e ainda fazer o arquivo passar no sistema de decodificação do Python?

EXERCÍCIO 24

Mais Prática

Você está chegando ao fim dessa seção. Deve ter bastante Python "na manga" para aprender sobre como a programação realmente funciona, mas precisa praticar mais. Este exercício é mais longo e serve para ganhar força. O próximo exercício será parecido. Faça-os, ajuste-os até obter o resultado exato e faça suas verificações.

ex24.py

```
1   print("Let's practice everything.")
2   print('You\'d need to know \'bout escapes with \\ that do:')
3   print('\n newlines and \t tabs.')
4
5   poem = """
6   \tThe lovely world
7   with logic so firmly planted
8   cannot discern \n the needs of love
9   nor comprehend passion from intuition
10  and requires an explanation
11  \n\t\twhere there is none.
12  """
13
14  print("--------------")
15  print(poem)
16  print("--------------")
17
18
19  five = 10 - 2 + 3 - 6
20  print(f"This should be five: {five}")
21
22  def secret_formula(started):
23      jelly_beans = started * 500
24      jars = jelly_beans / 1000
25      crates = jars / 100
26      return jelly_beans, jars, crates
27
28
29  start_point = 10000
30  beans, jars, crates = secret_formula(start_point)
31
32  # lembre-se de que essa é uma outra maneira de formatar uma string
33  print("With a starting point of: {}".format(start_point))
34  # é como usar a string f""
35  print(f"We'd have {beans} beans, {jars} jars, and {crates} crates.")
36
```

```
37    start_point = start_point / 10
38
39    print("We can also do that this way:")
40    formula = secret_formula(start_point)
41    # essa é uma maneira fácil de aplicar uma lista a uma string de formatação
42    print("We'd have {} beans, {} jars, and {} crates.".format(*formula))
```

O que Você Deve Ver

Sessão do Exercício 24

```
$ python3.6 ex24.py
Let's practice everything.
You'd need to know 'bout escapes with \ that do:

    newlines and tabs.
 --------------

    The lovely world
with logic so firmly planted
cannot discern
    the needs of love
nor comprehend passion from intuition
and requires an explanation

            where there is none.

 --------------
This should be five: 5
With a starting point of: 10000
We'd have 5000000 beans, 5000.0 jars, and 50.0 crates.
We can also do that this way:
We'd have 500000.0 beans, 500.0 jars, and 5.0 crates.
```

Exercícios Simulados

1. Faça suas verificações: leia de trás para frente, leia em voz alta e coloque comentários acima das partes confusas.

2. Corrompa o código de propósito, execute-o para ver quais erros são obtidos. Faça a correção.

Perguntas Comuns dos Alunos

Por que você chama a variável de `jelly_beans`, **mas nomeia como** `beans` **depois?** Isso faz parte de como uma função trabalha. Lembre que dentro da função a variável é temporária. Quando você a retorna, ela pode ser atribuída a uma variável para um uso posterior. Estou apenas criando uma nova variável chamada `beans` para manter o valor de retorno.

O que significa ler o código de trás para frente? Inicie na última linha. Compare essa linha em seu arquivo com a mesma linha no meu. Quando estiver exatamente igual, vá para a próxima linha. Faça isso até chegar à primeira linha do arquivo.

Quem escreveu o poema? Eu. Nem todos os meus poemas são uma porcaria.

EXERCÍCIO 25

Mais Prática Ainda

Teremos mais prática envolvendo funções e variáveis para verificar se você as conhece bem. Este exercício deve ser simples de digitar, analisar e entender.

Contudo, é um pouco diferente. Você não irá executá-lo. Em vez disso, *você irá* importá-lo para o Python e executará as funções sozinho.

ex25.py

```
 1   def break_words(stuff):
 2       """Esta função irá dividir palavras para nós."""
 3       words = stuff.split(' ')
 4       return words
 5
 6   def sort_words(words):
 7       """Ordenar as palavras."""
 8       return sorted(words)
 9
10   def print_first_word(words):
11       """Imprime a primeira palavra depois de tirá-la do conjunto."""
12       word = words.pop(0)
13       print(word)
14
15   def print_last_word(words):
16       """Imprime a última palavra depois de tirá-la do conjunto."""
17       word = words.pop(-1)
18       print(word)
19
20   def sort_sentence(sentence):
21       """Recebe uma frase completa e retorna as palavras ordenadas."""
22       words = break_words(sentence)
23       return sort_words(words)
24
25   def print_first_and_last(sentence):
26       """Imprime a primeira e a última palavra de uma frase."""
27       words = break_words(sentence)
28       print_first_word(words)
29       print_last_word(words)
30
31   def print_first_and_last_sorted(sentence):
32       """Ordena as palavras e então imprime a primeira e a última."""
33       words = sort_sentence(sentence)
34       print_first_word(words)
35       print_last_word(words)
```

Primeiro, execute isso com python3.6 ex25.py para encontrar qualquer erro cometido. Uma vez que tiver encontrado todos os erros e corrigido, desejará ir para a seção *O que Você Deve Ver* para concluir o exercício.

O que Você Deve Ver

Neste exercício, iremos interagir com o arquivo ex25.py dentro do interpretador python3.6 que você usou com frequência para fazer cálculos. Você executa o python3.6 a partir do Terminal assim:

```
$ python3.6
Python 3.6.0rc2 (v3.6.0rc2:800a67f7806d, Dec 16 2016, 14:12:21)
[GCC 4.2.1 (Apple Inc. build 5666) (dot 3)] on darwin
Type "help", "copyright", "credits" or "license" for more information.
>>>
```

Sua saída deve parecer com a minha e, após o caractere > (chamado de prompt), você poderá digitar o código do Python e ele será executado imediatamente. Com isso, quero que digite cada uma dessas linhas de código Python no python3.6 e veja o que acontece:

Sessão Python do Exercício 25

```
 1  import ex25
 2  sentence = "All good things come to those who wait."
 3  words = ex25.break_words(sentence)
 4  words
 5  sorted_words = ex25.sort_words(words)
 6  sorted_words
 7  ex25.print_first_word(words)
 8  ex25.print_last_word(words)
 9  words
10  ex25.print_first_word(sorted_words)
11  ex25.print_last_word(sorted_words)
12  sorted_words
13  sorted_words = ex25.sort_sentence(sentence)
14  sorted_words
15  ex25.print_first_and_last(sentence)
16  ex25.print_first_and_last_sorted(sentence)
```

Veja como fica quando trabalho com o módulo ex25.py no python3.6:

Sessão Python do Exercício 25

```
Python 3.6.0 (default, Feb 2 2017, 12:48:29)
[GCC 4.2.1 Compatible Apple LLVM 7.0.2 (clang-700.1.81)] on darwin
Type "help", "copyright", "credits" or "license" for more information.
>>> import ex25
>>> sentence = "All good things come to those who wait."
>>> words = ex25.break_words(sentence)
```

```
>>> words
['All', 'good', 'things', 'come', 'to', 'those', 'who', 'wait.']
>>> sorted_words = ex25.sort_words(words)
>>> sorted_words
['All', 'come', 'good', 'things', 'those', 'to', 'wait.', 'who']
>>> ex25.print_first_word(words)
All
>>> ex25.print_last_word(words)
wait.
>>> words
['good', 'things', 'come', 'to', 'those', 'who']
>>> ex25.print_first_word(sorted_words)
All
>>> ex25.print_last_word(sorted_words)
who
>>> sorted_words
['come', 'good', 'things', 'those', 'to', 'wait.']
>>> sorted_words = ex25.sort_sentence(sentence)
>>> sorted_words
['All', 'come', 'good', 'things', 'those', 'to', 'wait.', 'who']
>>> ex25.print_first_and_last(sentence)
All
wait.
>>> ex25.print_first_and_last_sorted(sentence)
All
who
```

Quando você analisar cada uma dessas linhas, verifique se consegue encontrar a função que está sendo executada no ex25.py e entender como cada uma trabalha. Se tiver resultados diferentes ou vir um erro, terá que corrigir o código, sair do python3.6 e começar de novo.

Exercícios Simulados

1. Pegue as linhas restantes da saída da seção *O que Você Deve Ver* e descubra o que elas estão fazendo. Compreenda como você está executando suas funções no módulo ex25.

2. Experimente isto: help(ex25) e também help(ex25.break_words). Notou como você consegue ajuda para o módulo e como a ajuda são aquelas strings """ estranhas colocadas depois de cada função em ex25? Essas strings especiais são chamadas de *comentários de documentação* (documentation comments), e ainda veremos mais sobre eles.

3. Digitar ex25. é chato. Um atalho é fazer a importação assim: from ex25 import *. Isso é igual a "Importar tudo de ex25". Os programadores gostam de dizer as coisas de trás para frente. Inicie uma nova sessão e veja como todas as suas funções estão nela.

4. Experimente corromper seu arquivo e ver como ele fica no python quando utilizá-lo. Você terá que sair do python com quit() para conseguir recarregá-lo.

Perguntas Comuns dos Alunos

Vejo None **impresso para algumas funções.** Provavelmente você tem uma função sem `return` no final. Volte no arquivo e confirme se as linhas estão corretas.

Vejo `-bash: import: command not found` **quando digito** `import ex25`. Preste atenção no que estou fazendo na seção *O que Você Deve Ver*. Estou no *Python*, não no Terminal. Significa que, primeiramente, você executa o Python.

Vejo `ImportError: No module named ex25.py` **quando digito** `import ex25.py`. Não acrescente `.py` no final. O Python sabe que o arquivo termina em `.py`, portanto, basta digitar `import ex25`.

Vejo `SyntaxError: invalid syntax` **quando executo isto.** Significa que você tem algo como um (ou " ausente, ou um erro de sintaxe parecido nessa linha ou acima dela. Sempre que você vir esse erro, inicie na linha que o menciona e verifique se está correta e, então, volte verificando cada linha acima.

Como a função `words.pop` **pode mudar a variável** `words`? É uma pergunta complicada, mas, neste caso, `words` é uma lista e, por isso, é possível fornecer comandos e ela manterá os resultados desses comandos. É parecido com o modo como os arquivos e muitas outras funções atuam quando você estava trabalhando com elas.

Quando devo usar `print` **ao invés de** `return` **em uma função?** O `return` em uma função fornece um resultado à linha de código que chamou a função. Você pode pensar em uma função como algo recebendo entradas através dos seus argumentos e retornando uma saída através do `return`. A função `print` não tem *nenhuma* relação com isso e lida apenas com a impressão da saída no Terminal.

Parabéns,
Faça um Teste!

Você quase terminou a primeira metade do livro. A segunda parte é em que as coisas ficam interessantes. Você aprenderá sobre lógica e fará coisas úteis, como tomar decisões.

Antes de continuar, tenho um teste para você. Ele será *muito* difícil porque requer a correção do código de outra pessoa. Quando você é programador, geralmente tem que lidar com o código de outros e também com a arrogância deles. Os programadores afirmam com muita frequência que seu código é perfeito.

Tais programadores são idiotas que pouco se importam com as outras pessoas. Um bom programador supõe, como um bom cientista, que sempre há *alguma* probabilidade de o código estar errado. Os bons programadores começam com a premissa de que seu software está corrompido e trabalham para excluir todas as possibilidades de erro antes de finalmente admitir que, talvez, o problema esteja no código do outro.

Neste exercício, você praticará ter que lidar com um programador ruim, ao corrigir um código com problemas. Copiei mais ou menos os Exercícios 24 e 25 para um arquivo, retirei caracteres aleatórios e adicionei falhas. O Python informará a maioria dos erros, embora alguns sejam erros matemáticos que você deve encontrar. Outros são erros de formatação ou ortografia nas strings.

Todos são erros muito comuns que os programadores cometem, até os experientes.

Seu trabalho no exercício é corrigir o arquivo. Use todas as suas habilidades para melhorar o arquivo. Analise primeiro, talvez imprimindo para editar, como você faria em uma monografia na escola. Corrija cada falha e continue executando e corrigindo até o script ficar perfeito. Tente não pedir ajuda. Se não conseguir, faça uma pausa e volte mais tarde.

Mesmo que leve dias, persista e corrija.

A intenção do exercício não é digitar, mas corrigir um arquivo existente. Para tanto, você deve ir para http://learnpythonthehardway.org/python3/exercise26.txt (conteúdo em inglês). Copie e cole o código em um arquivo chamado ex26.py. Esta é a única vez em que terá permissão para copiar e colar.

Perguntas Comuns dos Alunos

Preciso importar ex25.py **ou posso apenas retirar suas referências?** Os dois. Esse arquivo tem funções do ex25, portanto, primeiro remova as referências dele.

Posso executar o código enquanto o corrijo? Com certeza pode. O computador existe para ajudar, então, use o máximo possível.

EXERCÍCIO 27

Memorizando a Lógica

Hoje é o dia de você começar a aprender sobre lógica. Até agora, fez tudo que poderia lendo e escrevendo arquivos no Terminal, e aprendeu muitas capacidades matemáticas do Python.

De agora em diante, você aprenderá sobre *lógica*. Não aprenderá teorias complexas que os professores amam estudar, mas a lógica básica que faz com que programas reais funcionem e que os programadores reais precisam todos os dias.

Para aprender lógica, é necessário memorizar. Quero que você faça este exercício durante uma semana inteira. Sem falta. Mesmo que fique muito tedioso, continue. O exercício tem um conjunto de tabelas lógicas que você precisa memorizar para facilitar fazer os exercícios posteriores.

Estou avisando que não será divertido no início. Será muito chato e monótono, mas ensinará uma habilidade muito importante que você precisa ter como programador. Você *precisará ser capaz de* memorizar conceitos importantes na vida. A maioria desses conceitos será interessante assim que entender. Você brigará com eles, como se estivesse lutando contra um polvo, então, um belo dia, entenderá. Todo esse trabalho de memorização dos fundamentos compensará mais tarde.

Veja uma dica para memorizar algo sem ficar maluco: faça uma pequena parte por vez durante o dia e marque aquilo em que você precisa trabalhar mais. Não tente sentar por duas horas direto memorizando as tabelas. Não funcionará. Seu cérebro irá reter apenas o que foi estudado nos primeiros 15 ou 30 minutos. Crie fichas com cada coluna à esquerda (Verdadeiro ou Falso) na frente e a coluna à direita no verso. Você deve pegá-las, ver o "Verdadeiro ou Falso" e dizer imediatamente: "Verdadeiro!" Continue praticando até conseguir.

Assim que fizer isso, comece a escrever suas próprias tabelas-verdade toda noite em um caderno. Não copie apenas. Tente fazer de cabeça. Quando não conseguir, olhe rapidamente aquelas que têm para refrescar a memória. Isso treinará seu cérebro para lembrar a tabela inteira.

Não passe mais de uma semana fazendo isso, porque você irá aplicar a medida em que prossegue o livro.

Termos da Verdade

No Python, temos os seguintes termos (caracteres e frases) para determinar se algo é "Verdadeiro" ou "Falso". A lógica em um computador é ver se alguma combinação desses caracteres e algumas variáveis é Verdadeira naquele ponto do programa.

- and
- or
- not
- != (diferente)
- == (igual)
- >= (maior ou igual a)
- <= (menor ou igual a)
- True
- False

Na verdade, você já viu esses caracteres antes, mas não os termos. Os termos (and, or, not) funcionam como o esperado.

Tabelas-verdade

Agora, usaremos esses caracteres para criar as tabelas-verdade que você precisa memorizar.

NOT	True?
not False	True
not True	False

OR	True?
True or False	True
True or True	True
False or True	True
False or False	False

AND	True?
True and False	False
True and True	True
False and True	False
False and False	False

NOT OR	True?
not (True or False)	False
not (True or True)	False
not (False or True)	False
not (False or False)	True

NOT AND	True?
not (True and False)	True
not (True and True)	False
not (False and True)	True
not (False and False)	True

!=	True?
1 != 0	True
1 != 1	False
0 != 1	True
0 != 0	False

==	True?
1 == 0	False
1 == 1	True
0 == 1	False
0 == 0	True

Agora, use as tabelas para criar suas próprias fichas e passe a semana memorizando-as. Lembre-se, não há fracasso neste livro, apenas tente o máximo que puder todo dia e, depois, um *pouco* mais.

Perguntas Comuns dos Alunos

Não posso simplesmente aprender os conceitos por trás da lógica booleana e não ter que memorizar isso? Claro, você pode fazer isso, mas então terá que rever constantemente as regras da álgebra booleana enquanto codifica. Se memorizar primeiro, isso não só aumentará a capacidade de sua memória, como também tornará naturais essas operações. Depois disso, o conceito de álgebra booleana será fácil. Mas use o que funcionar para você.

EXERCÍCIO 28

Prática com Booleanos

As combinações lógicas aprendidas no último exercício são chamadas de expressões com *lógica booleana*. Essa lógica é usada *em todo lugar* na programação. É uma parte fundamental da computação e conhecer as expressões é semelhante a saber as escalas musicais.

Nesta seção, você usará os exercícios lógicos memorizados e começará a experimentá-los no Python. Pegue cada um dos problemas lógicos e escreva qual seria a resposta. Em cada caso, será True ou False. Assim que anotar as respostas, inicie o Python no Terminal e digite cada problema lógico, para confirmar suas respostas.

1. True and True
2. False and True
3. 1 == 1 and 2 == 1
4. "test" == "test"
5. 1 == 1 or 2 != 1
6. True and 1 == 1
7. False and 0 != 0
8. True or 1 == 1
9. "test" == "testing"
10. 1 != 0 and 2 == 1
11. "test" != "testing"
12. "test" == 1
13. not (True and False)
14. not (1 == 1 and 0 != 1)
15. not (10 == 1 or 1000 == 1000)
16. not (1 != 10 or 3 == 4)
17. not ("testing" == "testing" and "Zed" == "Cool Guy")
18. 1 == 1 and (not ("testing" == 1 or 1 == 0))
19. "chunky" == "bacon" and (not (3 == 4 or 3 == 3))
20. 3 == 3 and (not ("testing" == "testing" or "Python" == "Fun"))

Também darei dicas para ajudar a descobrir os mais complicados perto do final.

Sempre que você vir essas instruções lógicas booleanas, poderá resolvê-las com facilidade a partir deste processo simples:

1. Encontre um teste de igualdade (== ou !=) e substitua por sua verdade.
2. Encontre cada and/or entre parênteses e resolva primeiro.
3. Encontre cada not e inverta.
4. Encontre quaisquer and/or restantes e resolva.
5. Quando terminar, deverá ter True ou False.

Demonstrarei com uma variação no item 20:

```
3 != 4 and not ("testing" != "test" or "Python" == "Python")
```

Aqui, estou examinando cada uma das etapas e mostrando a interpretação até ter reduzido a um único resultado:

1. Resolva cada teste de igualdade:

    ```
    3 != 4 is True: True and not ("testing" != "test" or "Python" == "Python")
    ```

    ```
    "testing" != "test" is True: True and not (True or "Python" == "Python")
    ```

    ```
    "Python" == "Python": True and not (True or True)
    ```

2. Encontre cada and/or entre parênteses ():

    ```
    (True or True) is True: True and not (True)
    ```

3. Encontre cada not e inverta:

    ```
    not (True) is False: True and False
    ```

4. Encontre quaisquer and/or restantes e resolva:

    ```
    True and False is False
    ```

Com isso, terminamos e sabemos que o resultado é False.

AVISO! Os mais complicados podem parecer *muito* difíceis no início. Você deve se esforçar para resolvê-los, mas não desanime. Estou preparando-o para mais dessas "ginásticas lógicas" para que as coisas legais no futuro sejam mais fáceis. Continue e rastreie o que deu errado, mas não se preocupe se não estiver entrando ainda em sua cabeça. Entrará.

O que Você Deve Ver

Depois de ter tentado adivinhar, sua sessão com o Python talvez fique assim:

```
$ python3.6
Python 2.5.1 (r251:54863, Feb 6 2009, 19:02:12)
[GCC 4.0.1 (Apple Inc. build 5465)] on darwin
Type "help", "copyright", "credits" or "license" for more information.
>>> True and True
True
>>> 1 == 1 and 2 == 2
True
```

Exercícios Simulados

1. Há muitos operadores no Python parecidos com != e ==. Tente encontrar o máximo de "operadores de igualdade" que puder. Eles devem ser assim < ou <=.

2. Escreva os nomes de cada um dos operadores de igualdade. Por exemplo, chamo != de "diferente".

3. Brinque com o Python digitando novos operadores booleanos e, antes de pressionar Enter, tente dizer o que é. Não pense. Diga a primeira coisa que vem à mente. Anote, pressione Enter e confira quantos acertou e errou

4. Jogue fora o pedaço de papel do item 3, para não tentar usá-lo sem querer mais tarde.

Perguntas Comuns dos Alunos

Por que "test" and "test" retorna "test" ou 1 and 1 retorna 1 ao invés de True? O Python e muitas linguagens gostam de retornar um dos operandos para as expressões booleanas, ao invés de apenas True ou False. Isso significa que, se você usou False and 1, obterá o primeiro operando (False), mas seu usou True and 1, obterá o segundo (1). Experimente um pouco.

Há alguma diferença entre != e <>? O Python descontinuou o <> e prefere !=, portanto, use !=. Fora isso, não deve haver nenhuma diferença.

Não existe um atalho? Sim. Qualquer expressão and com False é imediatamente False, portanto, é possível parar nesse ponto. Qualquer expressão or com True é imediatamente True, então, é possível parar nesse ponto. Mas, verifique se você pode processar a expressão inteira porque, depois, será útil.

A Instrução If

EXERCÍCIO 29

Veja o próximo script do Python que você irá digitar; ele apresenta a instrução `if`. Digite isto, execute corretamente e veremos se sua prática valeu a pena.

ex29.py

```
1   people = 20
2   cats = 30
3   dogs = 15
4
5
6   if people < cats:
7       print("Too many cats! The world is doomed!")
8
9   if people > cats:
10      print("Not many cats! The world is saved!")
11
12  if people < dogs:
13      print("The world is drooled on!")
14
15  if people > dogs:
16      print("The world is dry!")
17
18
19  dogs += 5
20
21  if people >= dogs:
22      print("People are greater than or equal to dogs.")
23
24  if people <= dogs:
25      print("People are less than or equal to dogs.")
26
27
28  if people == dogs:
29      print("People are dogs.")
```

O que Você Deve Ver

Sessão do Exercício 29

```
$ python3.6 ex29.py
Too many cats! The world is doomed!
The world is dry!
People are greater than or equal to dogs.
People are less than or equal to dogs.
People are dogs.
```

Exercícios Simulados

Neste Exercício Simulado, tente adivinhar o que é a instrução `if` e o que ela faz. Tente responder a estas perguntas com suas próprias palavras antes de ir para o exercício seguinte:

1. O que você acha que `if` faz com o código abaixo dela?
2. Por que o código abaixo de `if` precisa ser recuado em quatro espaços?
3. O que acontecerá se não for recuado?
4. É possível colocar outras expressões booleanas do Exercício 27 na instrução `if`? Experimente.
5. O que acontecerá se você mudar os valores iniciais para `people`, `cats` e `dogs`?

Perguntas Comuns dos Alunos

O que += significa? O código `x += 1` é igual a `x = x + 1`, mas envolve menos digitação. Você pode chamar isso de operador de "aumento". O mesmo ocorre com `-=` e muitas outras expressões que aprenderá depois.

Else e If

No último exercício, você trabalhou em algumas instruções `if` e tentou adivinhar o que são e como funcionam. Antes de aprender mais, explicarei o que é tudo isso respondendo suas perguntas da seção *Exercícios Simulados* anterior. Você fez os *Exercícios Simulados*, certo?

1. O que você acha que `if` faz com o código abaixo dela? Uma instrução `if` cria o que é chamado de "desvio" no código. São como aqueles livros do tipo escolha sua aventura, nos quais é pedido que você vá para uma página se fizer uma escolha e para outra se for em uma direção diferente. A instrução `if` informa ao script: "Se esta expressão booleana for True, execute o código abaixo; do contrário, pule-a."

2. Por que o código abaixo de `if` precisa ser recuado em quatro espaços? Os dois pontos no final de uma linha é como você informa ao Python que criará um novo "bloco" de código, e recuar quatro espaços informa quais linhas de código estão nesse bloco. É *exatamente* a mesma coisa que você fez quando criou funções na primeira metade do livro.

3. O que acontece se não for recuado? Se não for recuado, muito provavelmente será criado um erro no Python. Ele espera que você recue *algo* depois de terminar uma linha com : (dois pontos).

4. Você consegue colocar outras expressões booleanas do Exercício 27 na instrução `if`? Experimente. Sim, pode, e elas podem ter a complexidade que você quiser, embora coisas muito complexas, em geral, sejam um estilo ruim.

5. O que acontecerá se você mudar os valores iniciais de `people`, `cats` e `dogs`? Como você está comparando números, se mudá-los, instruções `if` diferentes serão avaliadas como True e os blocos de código abaixo delas serão executados. Volte, coloque números diferentes e veja se consegue descobrir mentalmente quais blocos de código serão executados.

Compare minhas respostas com as suas e verifique se *realmente* entende o conceito de um "bloco" de código. Isso será importante quando fizer o próximo exercício, no qual escreverá todas as partes das instruções `if` que puder usar.

Digite isto e execute também.

ex30.py

```
1    people = 30
2    cars = 40
3    trucks = 15
```

```
 4
 5
 6   if cars > people:
 7       print("We should take the cars.")
 8   elif cars < people:
 9       print("We should not take the cars.")
10   else:
11       print("We can't decide.")
12
13   if trucks > cars:
14       print("That's too many trucks.")
15   elif trucks < cars:
16       print("Maybe we could take the trucks.")
17   else:
18       print("We still can't decide.")
19
20   if people > trucks:
21       print("Alright, let's just take the trucks.")
22   else:
23       print("Fine, let's stay home then.")
```

O que Você Deve Ver

Sessão do Exercício 30

```
$ python3.6 ex30.py
We should take the cars.
Maybe we could take the trucks.
Alright, let's just take the trucks.
```

Exercícios Simulados

1. Tente adivinhar o que `elif` e `else` fazem.
2. Mude os números de `cars`, `people` e `trucks`, então, examine cada instrução `if` para ver o que será impresso.
3. Experimente algumas expressões booleanas mais complexas, como `cars > people or trucks < cars`.
4. Acima de cada linha, escreva um comentário descrevendo o que ela faz.

Perguntas Comuns dos Alunos

O que acontecerá se vários blocos `elif` **forem** True? O Python inicia no topo e executa o primeiro bloco que é True, portanto, executará apenas o primeiro.

EXERCÍCIO 31

Tomando Decisões

Na primeira metade do livro, você imprimiu strings e chamou funções na maioria das vezes, mas tudo estava basicamente em uma linha reta. Seus scripts começavam no topo e seguiam até o final, onde terminavam. Se você criou uma função, poderá executá-la mais tarde, mas ainda não tem o tipo de desvio necessário para realmente tomar decisões. Agora que você tem `if`, `else` e `elif`, poderá começar a criar scripts que decidem coisas.

No último script, você escreveu um conjunto simples de testes fazendo algumas perguntas. No script, você pergunta ao usuário e toma decisões com base nas respostas dele. Escreva o script e experimente muito para entendê-lo.

ex31.py
```python
print("""You enter a dark room with two doors.
Do you go through door #1 or door #2?""")

door = input("> ")

if door == "1":
    print("There's a giant bear here eating a cheese cake.")
    print("What do you do?")
    print("1. Take the cake.")
    print("2. Scream at the bear.")

    bear = input("> ")

    if bear == "1":
        print("The bear eats your face off. Good job!")
    elif bear == "2":
        print("The bear eats your legs off. Good job!")
    else:
        print(f"Well, doing {bear} is probably better.")
        print("Bear runs away.")

elif door == "2":
    print("You stare into the endless abyss at Cthulhu's retina.")
    print("1. Blueberries.")
    print("2. Yellow jacket clothespins.")
    print("3. Understanding revolvers yelling melodies.")

    insanity = input("> ")

    if insanity == "1" or insanity == "2":
      print("Your body survives powered by a mind of jello.")
```

```
32          print("Good job!")
33      else:
34          print("The insanity rots your eyes into a pool of muck.")
35          print("Good job!")
36
37  else:
38      print("You stumble around and fall on a knife and die. Good job!")
```

Um ponto-chave aqui é que agora você está colocando as instruções if *dentro de* instruções if, como um código que pode ser executado. Isso é muito eficiente e pode ser usado para criar decisões "aninhadas", nas quais um desvio leva a outro e outro.

Compreenda o conceito de instruções if dentro de instruções if. Na verdade, faça os *Exercícios Simulados* para realmente entender.

O que Você Deve Ver

Aqui, estou brincando com esse joguinho de aventura. Não sou muito bom.

Sessão do Exercício 31

```
$ python3.6 ex31.py
You enter a dark room with two doors.
Do you go through door #1 or door #2?
> 1
There's a giant bear here eating a cheese cake.
What do you do?
Take the cake.
Scream at the bear.
> 2
The bear eats your legs off. Good job!
```

Exercícios Simulados

1. Crie novas partes do jogo e mude quais decisões as pessoas podem tomar. Expanda o jogo o máximo que puder, mas não passe do ponto.

2. Escreva um jogo completamente novo. Talvez não tenha gostado desse, então crie o seu. O computador é seu; faça o que quiser.

Perguntas Comuns dos Alunos

É possível substituir elif **por uma sequência de combinações** if-else**?** É possível em algumas situações, mas depende de como cada if/else é escrito. Também significa que o Python verificará *cada* combinação if-else, ao invés de apenas os primeiros Falses, como seria com if-elif-else. Experimente para descobrir as diferenças.

Como descubro se um número está em uma faixa de números? Há duas opções: use 0 < x < 10 ou 1 <= x < 10, que é a notação clássica, ou use x in range(1, 10).

E se eu quiser mais opções nos blocos if-elif-else? Adicione mais blocos elif para cada possível escolha.

EXERCÍCIO 32

Loops e Listas

Agora, você deve conseguir fazer alguns programas muito mais interessantes. Se você vem acompanhando direito, deve ter percebido que agora consegue combinar tudo o que aprendeu com as instruções if e as expressões booleanas para que seu programa faça comandos inteligentes.

Contudo, os programas também precisam fazer coisas repetidas com muita rapidez. Usaremos um loop for neste exercício para criar e imprimir várias listas. Quando fizer o exercício, começará a entender o que são. Não contarei. Terá que descobrir.

Antes de usar um loop for, você precisa de uma maneira de *armazenar* os resultados dos loops em algum lugar. O melhor modo de fazer isto é com listas. Uma lista é exatamente isso: um contêiner de coisas organizadas, da primeira até a ultima. Não é complicado; você só precisa aprender uma nova sintaxe. Primeiramente, veja como criar as listas:

```
hairs = ['brown', 'blond', 'red']
eyes = ['brown', 'blue', 'green']
weights = [1, 2, 3, 4]
```

A lista é iniciada com [(colchete esquerdo), que a "abre". Então, você dispõe nela cada item que deseja, separado por vírgulas, semelhante aos argumentos da função. Por último, termina a lista com um] (colchete direito) para indicar que acabou. O Python pega a lista e todo o seu conteúdo, e o atribui a uma variável.

AVISO! Aqui é que as coisas ficam complicadas para as pessoas que não conseguem codificar. Seu cérebro foi ensinado que o mundo é plano. Lembra do último exercício, quando colocou instruções if dentro de instruções if? Provavelmente isso confundiu sua cabeça, porque a maioria das pessoas não considera "aninhar" coisas dentro de coisas. Na programação, as estruturas aninhadas estão em todos os lugares. Você encontrará funções que chamam outras funções com instruções if que têm listas com listas dentro de listas. Se você vir tal estrutura e não conseguir entender, pegue lápis e papel, divida-a manualmente parte por parte até compreender.

Agora, criaremos algumas listas usando loops for e imprimiremos:

ex32.py

```
1  the_count = [1, 2, 3, 4, 5]
2  fruits = ['apples', 'oranges', 'pears', 'apricots']
3  change = [1, 'pennies', 2, 'dimes', 3, 'quarters']
```

```
 4
 5    # esse primeiro tipo de loop for percorre uma lista
 6    for number in the_count:
 7        print(f"This is count {number}")
 8
 9    # mesma coisa que o código acima
10    for fruit in fruits:
11        print(f"A fruit of type: {fruit}")
12
13    # também podemos percorrer listas mistas
14    # perceba que temos que usar um {} uma vez que não sabemos o que há nela
15    for i in change:
16        print(f"I got {i}")
17
18    # também podemos construir listas, primeiro comece com uma vazia
19    elements = []
20
21    # então use a função range para fazer a contagem de 0 a 5
22    for i in range(0, 6):
23        print(f"Adding {i} to the list.")
24        # append é uma função que as listas entendem
25        elements.append(i)
26
27    # agora podemos imprimi-la também
28    for i in elements:
29        print(f"Element was: {i}")
```

O que Você Deve Ver

Sessão do Exercício 32

```
$ python3.6 ex32.py
This is count 1
This is count 2
This is count 3
This is count 4
This is count 5
A fruit of type: apples
A fruit of type: oranges
A fruit of type: pears
A fruit of type: apricots
I got 1
I got pennies
I got 2
I got dimes
I got 3
I got quarters
```

```
Adding 0 to the list.
Adding 1 to the list.
Adding 2 to the list.
Adding 3 to the list.
Adding 4 to the list.
Adding 5 to the list.
Element was: 0
Element was: 1
Element was: 2
Element was: 3
Element was: 4
Element was: 5
```

Exercícios Simulados

1. Veja como você usou `range`. Pesquise a função `range` para entender.
2. Seria possível ter evitado o loop `for` na linha 22 e apenas atribuir `range(0,6)` diretamente a `elements`?
3. Encontre a documentação do Python sobre as listas e leia. Quais outras operações você pode fazer com as listas além de append?

Perguntas Comuns dos Alunos

Como você cria uma lista bidimensional (2D)? É uma lista em outra, como: `[[1,2,3],[4,5,6]]`.

Listas e arrays não são a mesma coisa? Depende da linguagem e da implementação. Em termos clássicos, uma lista é muito diferente de um array por causa do modo como são implementados. No Ruby, são chamados de arrays. No Python, são chamados de listas. Chame de listas agora, pois é como o Python faz.

Por que um loop `for` consegue usar uma variável que não está definida ainda? A variável é definida pelo loop `for` quando começa, inicializando-a com o elemento atual da iteração do loop a cada vez.

Por que `for i in range(1, 3):` faz um loop apenas duas vezes, ao invés de três? A função `range()` apenas conta do primeiro ao último elemento, *não incluindo o último*. Portanto, no exemplo, ela para no dois e não no três. É o modo mais comum de fazer esse tipo de loop.

O que `elements.append()` faz? Simplesmente anexa algo ao final da lista. Abra o shell do Python e experimente alguns exemplos com uma lista que você tenha criado. Sempre que você encontrar coisas assim, tente brincar com elas de modo interativo no shell do Python.

EXERCÍCIO 33
Loops While

Agora, para seu completo espanto, um novo loop, o while. Um loop while continuará executando o bloco de código, contanto que uma expressão booleana seja True.

Espere, você está acompanhando a terminologia, certo? Que, se escrevemos uma linha e a terminamos com : (dois pontos), isso informa ao Python para iniciar um novo bloco de código? Depois, recuamos e esse é o novo código. Isso serve para estruturar seus programas, de modo que o Python saiba o que você pretende. Se não entendeu essa ideia, volte e trabalhe mais com as instruções if, as funções e o loop for até entender.

Mais tarde, teremos alguns exercícios que treinarão seu cérebro para ler essas estruturas, parecido com o modo como as expressões booleanas entraram em sua cabeça.

Voltando aos loops while. O que eles fazem é simplesmente um teste, como uma instrução if, mas, ao invés de executar o bloco de código *uma vez*, eles voltam para o "topo" em que está o while e repetem. Um loop while é executado até a expressão ser False.

Este é o problema com os loops while: algumas vezes eles não param. Será ótimo se a intenção for continuar no loop até o fim do mundo. Do contrário, quase sempre desejará que os loops parem.

Para evitar esses problemas, há algumas regras a seguir:

1. Use os loops while com moderação. Em geral, um loop for é melhor.
2. Examine as instruções while e verifique se o teste booleano fica False em algum ponto.
3. Em caso de dúvida, imprima sua variável de teste no início e no fim do loop while para ver o que ela está fazendo.

Neste exercício, você aprenderá sobre o loop while fazendo três verificações:

ex33.py
```
1   i = 0
2   numbers = []
3
4   while i < 6:
5       print(f"At the top i is {i}")
6       numbers.append(i)
7
8       i = i + 1
9       print("Numbers now: ", numbers)
10      print(f"At the bottom i is {i}")
11
```

```
12
13  print("The numbers: ")
14
15  for num in numbers:
16      print(num)
```

O que Você Deve Ver

Sessão do Exercício 33

```
$ python3.6 ex33.py
At the top i is 0
Numbers now: [0]
At the bottom i is 1
At the top i is 1
Numbers now: [0, 1]
At the bottom i is 2
At the top i is 2
Numbers now: [0, 1, 2]
At the bottom i is 3
At the top i is 3
Numbers now: [0, 1, 2, 3]
At the bottom i is 4
At the top i is 4
Numbers now: [0, 1, 2, 3, 4]
At the bottom i is 5
At the top i is 5
Numbers now: [0, 1, 2, 3, 4, 5]
At the bottom i is 6
The numbers:
0
1
2
3
4
5
```

Exercícios Simulados

1. Converta o loop while em uma função que você possa chamar e substitua 6 no teste (i < 6) por uma variável.
2. Use essa função para rescrever o script e experimentar números diferentes.
3. Adicione outra variável aos argumentos que você pode passar para a função, e que lhe permita mudar o + 1 na linha 8 para que você possa alterar o incremento.

4. Rescreva o script de novo para usar essa função e ver o efeito.
5. Escreva-a para usar `range` e loops `for`. Você ainda precisa do incrementador no meio? O que acontecerá se não descartá-lo?

Se, em algum momento que você estiver fazendo isso, a coisa sair do controle (provavelmente sairá), pressione a teclas CTRL e c (CTRL-c), e o programa irá abortar.

Perguntas Comuns dos Alunos

Qual a diferença entre os loops `for` e `while`? Um loop `for` só pode iterar (fazer um loop) "em" coleções de coisas. Um loop `while` pode fazer qualquer tipo de iteração (loop) desejado. Contudo, os loops `while` são mais difíceis de acertar e, normalmente, você pode fazer muitos comandos com os loops `for`.

Os loops são difíceis. Como posso entender? O principal motivo para as pessoas não entenderem os loops é porque elas não conseguem seguir o "salto" que o código dá. Quando um loop é executado, ele percorre seu bloco de código e, no final, volta para o topo. Para visualizar, coloque instruções `print` em todo o loop, imprimindo onde o Python está no loop e quais variáveis estão definidas nesses pontos. Escreva linhas `print` antes do loop, no início, meio e fim. Estude a saída e tente entender o salto que está ocorrendo.

EXERCÍCIO 34

Acessando os Elementos das Listas

As listas são muito úteis, mas, a menos que você consiga alcançar as coisas que estão armazenadas ali, elas não são lá essas coisas. Você já pode percorrer os elementos de uma lista em ordem, mas e se quiser o quinto elemento? É necessário saber como acessar os elementos de uma lista. Veja como acessaria o *primeiro* elemento:

```
animals = ['bear', 'tiger', 'penguin', 'zebra']
bear = animals[0]
```

Você usa uma lista de animais e acessa o primeiro (1°) usando 0?! Como assim? Por causa do modo como funciona a matemática, o Python inicia as listas em 0, ao invés de 1. Parece estranho, mas há muitas vantagens nisso, mesmo que seja uma grande arbitrariedade.

O melhor modo de explicar o motivo é mostrando a diferença entre como você usa os números e como os programadores usam.

Imagine que você esteja vendo os quatro animais em nossa lista (['bear', 'tiger', 'penguin', 'zebra']) em uma corrida. Eles cruzam a linha de chegada na *ordem* da lista. A corrida foi muito emocionante, porque os animais não se devoraram e, de algum modo, conseguiram correr. Seus amigos aparecem mais tarde e querem saber quem venceu. Seu amigo diz: "Ei, quem chegou na posição *zero*?" Não, ele pergunta: "Ei, quem chegou em *primeiro*?"

É porque a ordem dos animais é importante. Não é possível ter o segundo animal sem ter o primeiro (1°), assim como não é possível ter o terceiro sem o segundo. Também é impossível ter um animal na posição "zero", uma vez que zero significa nada. Como é possível ter vitória zero em uma corrida? Não faz sentido. Chamamos esses tipos de números de "ordinais", porque indicam a ordem das coisas.

Contudo, os programadores não pensam assim, porque podem pegar qualquer elemento em uma lista em qualquer ponto. Para eles, a lista de animais é mais como um baralho de cartas. Se eles querem o tigre, pegam. Se querem a zebra, podem pegá-la também. A necessidade de pegar os elementos nas listas de modo aleatório significa que eles precisam de um meio de indicá-los com consistência segundo um endereço ou "índice", e a melhor maneira de fazer isso é iniciar os índices em 0. Confie em mim: a matemática sempre é o *caminho* mais fácil para tais acessos. Esse tipo de número é um "cardinal" e significa que você pode escolher aleatoriamente, portanto, é necessário haver um elemento 0.

Como isso ajuda a trabalhar com listas? Simples: sempre que você diz para si mesmo "Quero o terceiro animal", traduz esse número "ordinal" em um "cardinal" subtraindo 1. O "terceiro" animal está no índice 2 e é o pinguim. Precisa fazer isso porque passou a vida inteira usando números ordinais e, agora, tem que pensar em cardinal. Basta subtrair 1 e não terá problemas.

Lembre-se: ordinal == ordenado, 1º; cardinal == cartas aleatórias, 0.

Vamos praticar. Pegue esta lista de animais e siga os exercícios em que peço para anotar qual animal você tem para o número ordinal ou cardinal. Lembre que, se eu disser "primeiro", "segundo", estou usando ordinal, então, subtraia 1. Se eu fornecer o cardinal (como "O animal em 1"), use-o diretamente.

```
animals = ['bear', 'python3.6', 'peacock', 'kangaroo', 'whale',
'platypus']
```

1. Animal em 1.
2. Terceiro (3º) animal.
3. Primeiro (1º) animal.
4. Animal em 3.
5. Quinto (5º) animal.
6. Animal em 2.
7. Sexto (6º) animal.
8. Animal em 4.

Para cada um, escreva uma frase completa no modo: "O primeiro (1º) animal está em 0 e é um urso." Depois, de trás para frente: "O animal em 0 é o 1º e é um urso."

Use o Python para verificar as respostas.

Exercícios Simulados

1. Com o que você sabe sobre a diferença entre esses tipos de número, é possível explicar por que o ano 2010 em "1º de janeiro de 2010", na verdade é 2010 e não 2009? (Sugestão: você não pode escolher os anos aleatoriamente.)
2. Escreva mais algumas listas e elabore índices parecidos até poder traduzi-los.
3. Use o Python para verificar suas respostas.

AVISO! Os programadores pedirão que você leia um cara chamado *Dijkstra* sobre esse assunto. Recomendo evitar tais textos, a menos que goste de levar bronca de alguém que parou de programar assim que a programação começou.

EXERCÍCIO 35

Desvios e Funções

Você aprendeu sobre as instruções if, funções e listas. Agora, é hora de se dedicar. Digite isto e veja se consegue descobrir o que faz.

ex35.py

```
1   from sys import exit
2
3   def gold_room():
4       print("This room is full of gold. How much do you take?")
5
6       choice = input("> ")
7       if "0" in choice or "1" in choice:
8           how_much = int(choice)
9       else:
10          dead("Man, learn to type a number.")
11
12      if how_much < 50:
13          print("Nice, you're not greedy, you win!")
14          exit(0)
15      else:
16          dead("You greedy bastard!")
17
18
19  def bear_room():
20      print("There is a bear here.")
21      print("The bear has a bunch of honey.")
22      print("The fat bear is in front of another door.")
23      print("How are you going to move the bear?")
24      bear_moved = False
25
26      while True:
27          choice = input("> ")
28
29          if choice == "take honey":
30              dead("The bear looks at you then slaps your face off.")
31          elif choice == "taunt bear" and not bear_moved:
32              print("The bear has moved from the door.")
33              print("You can go through it now.")
34              bear_moved = True
35          elif choice == "taunt bear" and bear_moved:
36              dead("The bear gets pissed off and chews your leg off.")
37          elif choice == "open door" and bear_moved:
38              gold_room()
39          else:
40              print("I got no idea what that means.")
```

```
41
42
43   def cthulhu_room():
44       print("Here you see the great evil Cthulhu.")
45       print("He, it, whatever stares at you and you go insane.")
46       print("Do you flee for your life or eat your head?")
47
48       choice = input("> ")
49
50       if "flee" in choice:
51           start()
52       elif "head" in choice:
53           dead("Well that was tasty!")
54       else:
55           cthulhu_room()
56
57
58   def dead(why):
59       print(why, "Good job!")
60        exit(0)
61
62   def start():
63       print("You are in a dark room.")
64       print("There is a door to your right and left.")
65       print("Which one do you take?")
66
67       choice = input("> ")
68
69       if choice == "left":
70           bear_room()
71       elif choice == "right":
72           cthulhu_room()
73       else:
74           dead("You stumble around the room until you starve.")
75
76
77   start()
```

O que Você Deve Ver

Aqui, estou jogando um jogo:

Sessão do Exercício 35

```
$ python3.6 ex35.py
You are in a dark room.
There is a door to your right and left.
Which one do you take?
```

```
> left
There is a bear here.
The bear has a bunch of honey.
The fat bear is in front of another door.
How are you going to move the bear?
> taunt bear
The bear has moved from the door.
You can go through it now.
> open door
This room is full of gold. How much do you take?
> 1000
You greedy bastard! Good job!
```

Exercícios Simulados

1. Desenhe um mapa do jogo e de como você passeia por ele.
2. Corrija todos os erros, inclusive os de ortografia.
3. Escreva comentários para as funções que não compreende.
4. Acrescente coisas ao jogo. O que é possível fazer para simplificá-lo e expandi-lo?
5. O `gold_room` tem um modo estranho de fazer você digitar um número. Quais são os erros no modo de fazer isso? É possível melhorar o que eu escrevi? Veja como `int()` funciona para obter dicas.

Perguntas Comuns dos Alunos

Ajude! Como funciona o programa?! Quando você não conseguir entender uma parte do código, simplesmente escreva um comentário acima de *cada* linha explicando o que ela faz. Os comentários devem ser curtos e parecidos com o código. Então, faça um diagrama de como o código funciona ou escreva um parágrafo descrevendo-o. Se fizer isso, acertará.

Por que você escreveu `while True`**?** Isso cria um loop infinito.

O que `exit(0)` **faz?** Em muitos sistemas operacionais, um programa pode abortar com `exit(0)` e o número passado indicará um erro ou não. Se você usar `exit(1)`, então será um erro, mas `exit(0)` será uma boa saída. O motivo dele ser contrário à lógica booleana normal (com `0==False`) é que você pode usar números diferentes para indicar resultados de erro diferentes. É possível usar `exit(100)` para um resultado de erro diferente de `exit(2)` ou de `exit(1)`.

Por que `input()` **algumas vezes é usado como** `input('> ')`**?** O parâmetro para `input` é uma string que deve ser impressa como um prompt antes de obter a entrada do usuário.

EXERCÍCIO 36

Criando e Depurando

Agora que você conhece as instruções if, darei algumas regras para os loops for e while, que evitarão problemas. Também darei algumas dicas sobre como depurar para que você descubra os problemas em seu programa. Finalmente, você criará um joguinho parecido com o último exercício, mas com uma pequena diferença.

Regras para as instruções If

1. Toda instrução if deve ter um else.
2. Se esse else nunca for executado porque não faz sentido, então, você deverá usar uma função die no else, que imprime uma mensagem de erro e encerra, exatamente como fizemos no último exercício. Isso encontrará *muitos* erros.
3. Nunca aninhe as instruções if em mais de dois níveis e sempre tente deixá-las apenas no nível um.
4. Trate as instruções if como parágrafos, em que cada grupo if-elif-else é como um conjunto de frases. Coloque linhas em branco antes e depois.
5. Seus testes booleanos devem ser simples. Se forem complexos, coloque antes os cálculos em variáveis na função e use um bom nome para a variável.

Se você seguir essas regras simples, começará a escrever um código melhor que a maioria dos programadores. Volte para o último exercício e veja se seguiu todas as regras. Se não, corrija meus erros.

> **AVISO!** Nunca seja um escravo das regras na vida real. Para o treinamento, você precisa segui-las para fortalecer sua mente, mas, na vida real, algumas vezes essas regras são idiotas. Se achar que uma regra é boba, experimente não usá-la.

Regras para Loops

1. Use um loop while somente para fazer um loop infinito e isso provavelmente significa nunca. Apenas se aplica ao Python; outras linguagens são diferentes.
2. Use um loop for para todos os outros tipos de loop, especialmente se for iterar sobre um número fixo ou limitado de coisas.

Dicas para Depurar

1. Não use um "depurador". É como fazer uma tomografia de corpo inteiro em uma pessoa doente. Você não tem nenhuma informação útil específica e encontra muitas informações confusas que não ajudam.
2. O melhor modo de depurar um programa é usar `print` para imprimir os valores das variáveis em pontos, para ver onde há erros.
3. Certifique-se de que as partes dos seus programas funcionam na medida em que você os escreve. Não escreva grandes arquivos de código antes de tentar executá-los. Codifique um pouco, execute um pouco, corrija um pouco.

Dever de Casa

Agora, escreva um jogo parecido com o que criei no último exercício. Pode ser qualquer tipo de jogo desejado. Passe uma semana em cima dele, deixando-o o mais interessante possível. Para os Exercícios Simulados, use listas, funções e módulos (lembra daqueles no Exercício 13?) o quanto puder e encontre o máximo de novas partes do Python que conseguir para fazer o jogo funcionar.

Antes de começar a codificar, você deve desenhar um mapa do jogo. No papel e antes de codificar, crie os ambientes, os monstros e as armadilhas que o jogador deve percorrer.

Assim que criar o mapa, tente codificá-lo. Se encontrar problemas no mapa, ajuste e altere o código de acordo.

A melhor maneira de trabalhar em uma parte do software é em pequenos blocos:

1. Em uma folha de papel ou ficha, escreva uma lista de tarefas que você precisa concluir para terminar o software. É sua lista de tarefas.
2. Escolha na lista a coisa mais fácil que você pode fazer.
3. Escreva comentários no arquivo-fonte como um guia para como realizaria a tarefa em seu código.
4. Escreva um código abaixo dos comentários.
5. Execute rapidamente o script para ver se o código funcionou.
6. Continue trabalhando em ciclos: escreva o código, execute para testar e corrija até funcionar.
7. Risque essa tarefa da lista e, então, escolha a próxima mais fácil e repita.

Esse processo irá ajudá-lo a trabalhar no software de um modo metódico e consistente. Durante o trabalho, atualize sua lista retirando as tarefas realmente desnecessárias e adicione aquelas que precisa.

EXERCÍCIO 37

Revisão dos Símbolos

É hora de rever os símbolos e as palavras do Python que você conhece e escolher mais algumas para as próximas lições. Escrevi todos os símbolos e palavras-chave do Python que são importantes saber.

Nesta lição, pegue cada palavra-chave e, primeiramente, tente escrever o que ela faz de cabeça. Depois, pesquise online e veja o que ela realmente faz. Isso pode ser difícil porque algumas são complicadas de pesquisar, mas tente.

Se errar, crie uma ficha com a definição correta e tente "corrigir" sua memória.

Finalmente, use cada uma delas em um pequeno programa Python ou quantas conseguir. O objetivo é descobrir o que faz o símbolo, verificar se você acertou, corrigir se não e, então, usar para fixar.

Palavras-chave

Palavra-chave	Descrição	Exemplo
and	and lógico.	True and False == False
as	Parte da instrução with-as.	with X as Y: pass
assert	Declara (assegura) que algo é verdade.	assert False, "Error!"
break	Para o loop imediatamente.	while True: break
class	Define uma classe.	class Person(object)
continue	Pare aquela iteração do loop, vá para a iteração seguinte.	while True: continue
def	Define uma função.	def X(): pass
del	Exclui do dicionário.	del X[Y]
elif	Condição else if.	if: X; elif: Y; else: J
else	Condição else.	if: X; elif: Y; else: J
except	Se uma exceção acontecer, faça isto.	except ValueError, e: print(e)
exec	Executa uma string como Python.	exec 'print("hello")'
finally	Exceções ou não, finalmente faça isto não importa o quê.	finally: pass
for	Loop em uma coleção de coisas.	for X in Y: pass
from	Importa partes específicas de um módulo.	from x import Y
global	Declara que você quer uma variável global.	global X

Palavra-chave	Descrição	Exemplo
if	Condição if.	if: X; elif: Y; else: J
import	Importe um módulo para este e use.	import os
in	Parte dos loops for. Também um teste de X em Y.	for X in Y: pass also 1 in [1] == True
is	Como == para testar a igualdade.	1 is 1 == True
lambda	Cria uma função anônima curta.	s = lambda y: y ** y; s(3)
not	Not lógico.	not True == False
or	Or lógico.	True or False == True
pass	Este bloco está vazio.	def empty(): pass
print	Imprime esta string.	print('this string')
raise	Gera uma exceção quando há erro.	raise ValueError("No")
return	Sai da função com um valor de retorno.	def X(): return Y
try	Experimente o bloco e, se houver exceção, vá para except.	try: pass
while	Loop while.	while X: pass
with	Com uma expressão como uma variável.	with X as Y: pass
yield	Pausa aqui e volta para quem chama.	def X(): yield Y; X().next()

Tipos de Dados

Para os tipos de dados, escreva o que cada um tem. Por exemplo, nas strings, escreva como criar uma string. Para os números, escreva alguns.

Tipo	Descrição	Exemplo
True	Valor booleano True.	True or False == True
False	Valor booleano False.	False and True == False
None	Representa "nada" ou "nenhum valor".	x = None
bytes	Armazena bytes, talvez texto, PNG, arquivo etc.	x = b"hello"
strings	Armazena informações textuais.	x = "hello"
numbers	Armazena inteiros.	i = 100
floats	Armazena decimais.	i = 10.389
lists	Armazena uma lista de coisas.	j = [1,2,3,4]
dicts	Armazena um mapeamento de chave=valor.	e = {'x': 1, 'y': 2}

Sequências de Escape de String

Para as sequências de escape de string, use-as em strings para assegurar que fazem o que você pensa.

Escape	Descrição
\\	Barra invertida
\'	Aspas simples
\"	Aspas duplas
\a	Campainha
\b	Backspace
\f	Avanço de página
\n	Nova linha
\r	Retorno de carro
\t	Tabulação horizontal
\v	Tabulação vertical

Antigos Formatos de String

Igual aos formatos de string: use-os em algumas strings para saber o que fazem. O código do Python 2 mais antigo usa esses caracteres de formatação para fazer o que as strings f fazem. Experimente como uma alternativa.

Escape	Descrição	Exemplo
%d	Inteiros decimais (s/ ponto flutuante)	"%d" % 45 == '45'
%i	Igual a %d	"%i" % 45 == '45'
%o	Número octal	"%o" % 1000 == '1750'
%u	Decimal sem sinal	"%u" % -1000 == '-1000'
%x	Letra minúscula hexadecimal	"%x" % 1000 == '3e8'
%X	Letra maiúscula hexadecimal	"%X" % 1000 == '3E8'
%e	Notação exponencial, "e" minúsculo	"%e" % 1000 == '1.000000e+03'
%E	Notação exponencial, "E" maiúsculo	"%E" % 1000 == '1.000000E+03'
%f	Número real com ponto flutuante	"%f" % 10.34 == '10.340000'
%F	Igual a %f	"%F" % 10.34 == '10.340000'
%g	%f ou %e, o mais curto	"%g" % 10.34 == '10.34'
%G	Igual a %g, mas com letra maiúscula	"%G" % 10.34 == '10.34'
%c	Formato do caractere	"%c" % 34 == '"'
%r	Formato repr (formato de depuração)	"%r" % int == "<type 'int'>"
%s	Formato de string	"%s there" % 'hi' == 'hi there'
%%	Sinal de porcentagem	"%g%%" % 10.34 == '10.34%'

Operadores

Alguns podem não ser familiares para você, mas pesquise. Descubra o que fazem e, se ainda não conseguir entender, deixe para depois.

Operador	Descrição	Exemplo
+	Adição	2 + 4 == 6
-	Subtração	2 - 4 == -2
*	Multiplicação	2 * 4 == 8
**	Potenciação	2 ** 4 == 16
/	Divisão	2 / 4 == 0.5
//	Divisão pelo piso	2 // 4 == 0
%	Interpolação de string ou módulo	2 % 4 == 2
<	Menor que	4 < 4 == False
>	Maior que	4 > 4 == False
<=	Menor ou igual a	4 <= 4 == True
>=	Maior ou igual a	4 >= 4 == True
==	Igual	4 == 5 == False
!=	Diferente	4 != 5 == True
( )	Parênteses	len('hi') == 2
[ ]	Colchetes de lista	[1,3,4]
{ }	Chaves de dicionário	{'x': 5, 'y': 10}
@	At (decoradores)	@classmethod
,	Vírgula	range(0, 10)
:	Dois-pontos	def X():
.	Ponto	self.x = 10
=	Sinal de igual	x = 10
;	Ponto e vírgula	print("hi"); print("there")
+=	Adicionar e atribuir	x = 1; x += 2
-=	Subtrair e atribuir	x = 1; x -= 2
*=	Multiplicar e atribuir	x = 1; x *= 2
/=	Dividir e atribuir	x = 1; x /= 2
//=	Dividir pelo piso e atribuir	x = 1; x //= 2
%=	Módulo e atribuir	x = 1; x %= 2
**=	Potenciação e atribuir	x = 1; x **= 2

Passe uma semana vendo isso, mas, se terminar mais rápido, ótimo. O motivo é cobrir todos os símbolos e assegurar que fiquem fixados em sua cabeça. O importante também é descobrir o que você *não* sabe, para poder corrigir depois.

Leitura de Código

Agora, encontre um código do Python para ler. Você deve ler qualquer código que puder e tentar pegar as ideias encontradas. Você deve ter conhecimento suficiente para conseguir ler, mas talvez não entenda o que ele faz. Essa lição ensina a aplicar as coisas que aprendeu para entender o código de outras pessoas.

Primeiro, imprima o código que deseja entender. Sim, imprima, porque seus olhos e cérebro estão mais acostumados a ler no papel do que nas telas do computador. Imprima algumas páginas por vez.

Segundo, examine a impressão e faça anotações sobre o seguinte:

1. Funções e o que fazem.
2. Onde cada variável recebe primeiro um valor.
3. Quaisquer variáveis com os mesmos nomes em diferentes partes do programa. Podem ser um problema mais tarde.
4. Quaisquer instruções `if` sem cláusulas `else`. Estão certas?
5. Quais loops `while` que podem não terminar.
6. Qualquer parte do código que você não consegue entender por algum motivo.

Terceiro, assim que tiver tudo isso marcado, tente explicar para si mesmo escrevendo comentários conforme avança. Explique as funções, como são usadas, quais variáveis estão envolvidas e qualquer coisa para entender o código.

Por último, em todas as partes difíceis, rastreie os valores de cada variável linha por linha, função por função. Na verdade, faça outra impressão e escreva na margem o valor de cada variável que você precisa "rastrear".

Assim que tiver uma boa ideia de o que o código faz, volte para o computador e leia novamente, para ver se encontra outras coisas. Continue encontrando mais códigos e fazendo isso até não precisar de mais impressões.

Exercícios Simulados

1. Descubra o que é "fluxograma" e desenhe alguns.
2. Se encontrar erros no código que está lendo, tente corrigir e envie suas alterações para o autor.
3. Outra técnica para quando não estiver usando papel é colocar comentários com suas anotações no código. Algumas vezes, podem acabar sendo comentários reais para ajudar outra pessoa.

Perguntas Comuns dos Alunos

Como pesquisar essas coisas online? Basta colocar "python3.6" antes de qualquer coisa que deseja encontrar. Por exemplo, para encontrar "yield", pesquise "python3.6 yield".

EXERCÍCIO 38

Fazendo Coisas com Listas

Você aprendeu sobre listas. Quando aprendeu sobre os loops `while`, "anexou" números ao final de uma lista e imprimiu. Houve também Exercícios Simulados nos quais precisou encontrar todas as coisas que poderia fazer com as listas na documentação do Python. Isso foi pouco tempo atrás, portanto, reveja os tópicos se não souber sobre o que estou falando.

Encontrou? Lembrou? Bom. Quando fez isso, tinha uma lista e "chamou" a função append. Contudo, é possível que não entenda mesmo o que está acontecendo, portanto, vejamos o que podemos fazer com as listas.

Quando você escreve `mystuff.append('hello')`, está realmente iniciando uma cadeia de eventos dentro do Python e fazendo com que algo aconteça com a lista `mystuff`. Veja como funciona:

1. O Python vê a lista `mystuff` mencionada e pesquisa a variável. Ele pode ter que retornar para ver se você a criou com =, se for um argumento da função, ou se é uma variável global. De qualquer modo, tem que encontrar `mystuff`.

2. Assim que encontra `mystuff`, lê o operador . (ponto) e começa a ver as *variáveis* que fazem parte de `mystuff`. Como `mystuff` é uma lista, ele sabe que tem muitas funções.

3. Depois, acessa `append` e compara o nome com todos os nomes que `mystuff` diz que possui. Se `append` existir (existe), o Python pegará *isso* para usar.

4. Em seguida, o Python vê o parêntese ((de abertura) e entende: "Ah sim, deve ser uma função." Nesse ponto, ele *chama* (executa) a função normalmente, mas com um argumento *extra*.

5. Tal argumento é ... `mystuff`! Eu sei, é estranho, certo? Mas é como o Python funciona, portanto, é melhor lembrar e aceitar o resultado. O que acontece, no final de tudo, é uma chamada da função que parece com `append(mystuff, 'hello')`, ao invés do que você lê, que é `mystuff.append('hello')`.

Em grande parte, não é necessário saber que isso está acontecendo, mas ajuda quando há mensagens de erro do Python como esta:

```
$ python3.6
>>> class Thing(object):
...     def test(message):
...         print(message)
...
>>> a = Thing()
>>> a.test("hello")
```

```
Traceback (most recent call last):
  File "<stdin>", line 1, in <module>
TypeError: test() takes exactly 1 argument (2 given)
>>>
```

O que foi tudo isso? Bem, sou eu digitando no shell do Python e mostrando uma mágica. Você não viu class ainda, mas verá. Agora, olhe como o Python informou test() takes exactly 1 argument (2 given). Se você vir isso, significa que ele mudou a.test("hello") para test(a, "hello") e que, em outro lugar, alguém cometeu um erro e não adicionou o argumento de a.

Pode parecer muita coisa para entender, mas faremos alguns exercícios para fixar esse conceito em sua cabeça. Para começar, veja um exercício que mistura strings e listas para todos os tipos de diversão.

ex38.py
```
 1  ten_things = "Apples Oranges Crows Telephone Light Sugar"
 2
 3  print("Wait there are not 10 things in that list. Let's fix that.")
 4
 5  stuff = ten_things.split(' ')
 6  more_stuff = ["Day", "Night", "Song", "Frisbee",
 7                "Corn", "Banana", "Girl", "Boy"]
 8
 9  while len(stuff) != 10:
10      next_one = more_stuff.pop()
11      print("Adding: ", next_one)
12      stuff.append(next_one)
13      print(f"There are {len(stuff)} items now.")
14
15  print("There we go: ", stuff)
16
17  print("Let's do some things with stuff.")
18
19  print(stuff[1])
20  print(stuff[-1]) # eita! que chique
21  print(stuff.pop())
22  print(' '.join(stuff)) # o quê? legal!
23  print('#'.join(stuff[3:5])) # show de bola!
```

O que Você Deve Ver

```
Wait there are not 10 things in that list. Let's fix that.
Adding: Boy
There are 7 items now.
Adding: Girl
```

```
There are 8 items now.
Adding: Banana
There are 9 items now.
Adding: Corn
There are 10 items now.
There we go: ['Apples', 'Oranges', 'Crows', 'Telephone', 'Light',
    'Sugar', 'Boy', 'Girl', 'Banana', 'Corn']
Let's do some things with stuff.
Oranges
Corn
Corn
Apples Oranges Crows Telephone Light Sugar Boy Girl Banana
Telephone#Light
```

O que as Listas Podem Fazer

Digamos que você queira criar um jogo de computador com base no *Go Fish*. Se não conhece o jogo, pare agora e leia sobre ele na internet. Para tanto, você precisaria ter um modo de entender o conceito de "baralho de cartas" e colocá-lo no seu programa Python. Então, precisará escrever um código do Python que saiba como trabalhar com essa versão imaginária de um baralho de cartas, para que uma pessoa pense que é real, mesmo que não seja. O que você precisa é de uma estrutura de "baralho" e os programadores chamam isso de *estrutura de dados*.

O que é estrutura de dados? Se você pensar, uma *estrutura de dados* é um modo formal de *estruturar* (organizar) alguns *dados* (fatos). É simples assim. Mesmo que algumas estruturas de dados possam ficar muito complexas, são apenas um modo de armazenar fatos dentro de um programa para que você possa acessá-los de maneiras diferentes. Elas estruturam os dados.

Veremos mais isso no próximo exercício, mas as listas são uma das estruturas de dados mais comuns que os programadores usam. É uma lista ordenada de coisas que você deseja armazenar e acessar de modo aleatório ou linear usando um índice. O quê?! Lembre o que eu disse: só porque um programador falou que "lista é uma lista" não significa que é mais complexo do que é uma lista no mundo real. Vejamos o baralho de cartas como um exemplo de lista:

1. Você tem muitas cartas com valores.
2. Essas cartas estão em uma pilha, lista ou lista da primeira à última carta.
3. É possível pegar as cartas de cima, de baixo ou do meio aleatoriamente.
4. Se quiser encontrar uma carta específica, terá que pegar o baralho e passar uma por vez.

Vejamos o que eu disse:

"Uma lista ordenada" Sim, baralhos de cartas são ordenados, com uma primeira e uma última carta.

"de coisas que você deseja armazenar" Sim, as cartas são coisas que desejo armazenar.

"e acessar de modo aleatório" Sim, posso pegar uma carta em qualquer lugar no baralho.

"ou linear" Sim, se eu quiser encontrar uma carta específica, posso iniciar no começo e seguir na ordem.

"usando um índice" Quase, em um baralho de cartas, se eu dissesse para você pegar a carta no índice 19, teria que contar até encontrar. Nas listas do Python, o computador pode ir diretamente para qualquer índice dado.

Isso é tudo que uma lista faz e deve lhe fornecer um modo de descobrir conceitos na programação. Cada conceito, geralmente, tem alguma relação com o mundo real. Pelo menos, os úteis. Se você puder descobrir a analogia no mundo real, poderá usar isso para descobrir o que a estrutura de dados consegue fazer.

Quando Usar as Listas

Você usa uma lista sempre que tem algo que corresponde aos recursos úteis da estrutura de dados da lista:

1. Se precisa manter a ordem. Lembre, é uma ordem listada, não *classificada*. As listas não classificam para você.
2. Se precisa acessar o conteúdo aleatoriamente com um número. Lembre, isso usa números *cardinais* começando em 0.
3. Se precisa percorrer o conteúdo de modo linear (do primeiro ao último). Lembre, é para isso que servem os loops `for`.

É quando você usa uma lista.

Exercícios Simulados

1. Pegue cada função chamada e realize as etapas das chamadas da função para traduzi-las no que o Python faz. Por exemplo, `more_stuff.pop()` é `pop(more_stuff)`.
2. Traduza para o português essas duas maneiras de ver as chamadas de função. Por exemplo, `more_stuff.pop()` é lida como "Chame `pop` em `more_stuff`". Entretanto, `pop(more_stuff)` significa: "Chame `pop` com o argumento `more_stuff`." Entenda como fazem a mesma coisa.

3. Leia sobre a programação orientada a objetos online. Confuso? Eu fiquei também. Não se preocupe. Você aprenderá o suficiente e poderá aprender devagar mais tarde.
4. Estude o que é uma classe no Python. *Não leia sobre como as outras linguagens usam a palavra "classe". Apenas irá confundi-lo.*
5. Não se preocupe se não tiver nenhuma ideia sobre o que estou falando. Os programadores gostam de se sentir espertos, portanto, inventaram a programação orientada a objetos, chamada OOP, e a utilizam muito. Se você acha que é difícil, deve tentar usar a "programação funcional".
6. Encontre dez exemplos de coisas no mundo real que se encaixariam em uma lista. Tente escrever alguns scripts para trabalhar com elas.

Perguntas Comuns dos Alunos

Você não disse para não usar os loops `while`**?** Sim, apenas lembre que, algumas vezes, é possível quebrar as regras por um bom motivo. Apenas os idiotas são escravos das regras o tempo todo.

Por que `join(' ', stuff)` **não funciona?** O modo como a documentação de `join` é escrita não faz sentido. Não funciona assim, mas é um método que você chama na string *inserida* para colocar na lista a ser associada. Rescreva como `' '.join(stuff)`.

Por que você usou um loop `while`**?** Tente rescrever com um loop `for` e veja se é mais fácil.

O que `stuff[3:5]` **faz?** Extrai uma "fatia" da lista `stuff`, que é dos elementos 3 ao 4, significando que *não* inclui o elemento 5. É parecido com o modo como `range(3,5)` funcionaria.

EXERCÍCIO 39

Dicionários, Ah, os Adoráveis Dicionários

Agora, você aprenderá sobre a estrutura de dados Dicionário no Python. Um dicionário (ou *dic*) é um modo de armazenar dados assim como uma lista, mas, ao invés de usar apenas números para obter dados, é possível usar quase tudo. Isso permite tratar um dic como um banco de dados para armazenar e organizar dados.

Vamos comparar o que os dics e as listas podem fazer. Veja, uma lista permite fazer isto:

Sessão Python do Exercício 39

```
>>> things = ['a', 'b', 'c', 'd']
>>> print(things[1])
b
>>> things[1] = 'z'
>>> print(things[1])
z
>>> things
['a', 'z', 'c', 'd']
```

Você pode usar números para *indexar* uma lista, significando que pode usar números para descobrir o que existe nas listas. A essa altura, você já deveria saber isso sobre as listas, mas certifique-se de que você entenda que *só* pode usar números para obter os itens em uma lista.

Um dic permite usar *qualquer coisa*, não apenas números. Sim, um dic associa uma coisa à outra, não importa o que é. Veja:

Sessão Python do Exercício 39

```
>>> stuff = {'name': 'Zed', 'age': 39, 'height': 6 * 12 + 2}
>>> print(stuff['name'])
Zed
>>> print(stuff['age'])
39
>>> print(stuff['height'])
74
>>> stuff['city'] = "SF"
>>> print(stuff['city'])
SF
```

Você verá que, ao invés de apenas números, estamos usando strings para informar o que queremos do dicionário stuff. Também podemos colocar coisas novas no dicionário com strings. Contudo, não precisam ser strings. Também podemos fazer isso:

Sessão Python do Exercício 39
```
>>> stuff[1] = "Wow"
>>> stuff[2] = "Neato"
>>> print(stuff[1])
Wow
>>> print(stuff[2])
Neato
```

Neste código, usei números, e é possível ver que há números e strings como chaves no dic quando o imprimo. Seria possível usar qualquer coisa. Bem, quase, mas, por enquanto, finja que pode usar qualquer coisa.

Naturalmente, um dicionário no qual você pode colocar apenas coisas é muito bobo, portanto, veja como é possível excluir coisas com a palavra-chave del:

Sessão Python do Exercício 39
```
>>> del stuff['city']
>>> del stuff[1]
>>> del stuff[2]
>>> stuff
{'name': 'Zed', 'age': 39, 'height': 74}
```

Exemplo de Dicionário

Agora, faremos um exercício que você *deve* estudar com muito cuidado. Quero que digite esse código e tente entender o que está acontecendo. Tome nota de quando coloca coisas em um dic, as obtém de um hash e todas as operações usadas. Observe como este exemplo está mapeando os estados e suas siglas, depois, as siglas e as cidades nos estados. Lembre que *mapear* (ou *associar*) é o principal conceito em um dicionário.

ex39.py
```
 1   # crie um mapeamento entre estados e siglas
 2   states = {
 3       'Oregon': 'OR',
 4       'Florida': 'FL',
 5       'California': 'CA',
 6       'New York': 'NY',
 7       'Michigan': 'MI'
 8   }
 9
10   # crie um conjunto básico de estados e algumas cidades deles
11   cities = {
12       'CA': 'San Francisco',
13       'MI': 'Detroit',
14       'FL': 'Jacksonville'
15   }
```

```
16
17  # adicione mais algumas cidades
18  cities['NY'] = 'New York'
19  cities['OR'] = 'Portland'
20
21  # imprima algumas cidades
22  print('-' * 10)
23  print("NY State has: ", cities['NY'])
24  print("OR State has: ", cities['OR'])
25
26  # imprima alguns estados
27  print('-' * 10)
28  print("Michigan's abbreviation is: ", states['Michigan'])
29  print("Florida's abbreviation is: ", states['Florida'])
30
31  # faça isso usando o dic state e depois o cities
32  print('-' * 10)
33  print("Michigan has: ", cities[states['Michigan']])
34  print("Florida has: ", cities[states['Florida']])
35
36  # imprima todas as siglas dos estados
37  print('-' * 10)
38  for state, abbrev in list(states.items()):
39      print(f"{state} is abbreviated {abbrev}")
40
41  # imprima cada cidade no estado
42  print('-' * 10)
43  for abbrev, city in list(cities.items()):
44      print(f"{abbrev} has the city {city}")
45
46  # agora faça ambos ao mesmo tempo
47  print('-' * 10)
48  for state, abbrev in list(states.items()):
49      print(f"{state} state is abbreviated {abbrev}")
50      print(f"and has city {cities[abbrev]}")
51
52  print('-' * 10)
53  # com segurança, obtenha uma sigla de um estado que pode não estar ali
54  state = states.get('Texas')
55
56  if not state:
57      print("Sorry, no Texas.")
58
59  # obtenha uma cidade com um valor padrão
60  city = cities.get('TX', 'Does Not Exist')
61  print(f"The city for the state 'TX' is: {city}")
```

O que Você Deve Ver

Sessão do Exercício 39

```
$ python3.6 ex39.py
----------
NY State has: New York
OR State has: Portland
----------
Michigan's abbreviation is: MI
Florida's abbreviation is: FL
----------
Michigan has: Detroit
Florida has: Jacksonville
----------
Oregon is abbreviated OR
Florida is abbreviated FL
California is abbreviated CA
New York is abbreviated NY
Michigan is abbreviated MI
----------
CA has the city San Francisco
MI has the city Detroit
FL has the city Jacksonville
NY has the city New York
OR has the city Portland
----------
Oregon state is abbreviated OR
and has city Portland
Florida state is abbreviated FL
and has city Jacksonville
California state is abbreviated CA
and has city San Francisco
New York state is abbreviated NY
and has city New York
Michigan state is abbreviated MI
and has city Detroit
----------
Sorry, no Texas.
The city for the state 'TX' is: Does Not Exist
```

O que os Dicionários Podem Fazer

Um dicionário é outro exemplo de estrutura de dados e, como lista, é uma das estruturas de dados mais usadas na programação. Um dicionário é usado para *mapear* ou *associar* as coisas que você deseja armazenar nas chaves necessárias para obtê-las. Novamente, os programadores não usam o termo "dicionário" para algo que não funciona como um dicionário real cheio de palavras, portanto, usaremos isso como nosso exemplo real.

Digamos que você queira descobrir o que significa a palavra "honorificabilitudinitatibus". Hoje, você simplesmente copiaria e colocaria a palavra em um mecanismo de pesquisa e descobriria a resposta. Podemos dizer que um mecanismo de pesquisa é como uma versão realmente enorme e supercomplexa do *Oxford English Dictionary* (OED). Antes dos mecanismos de pesquisa, o que você faria é isto:

1. Vá para sua biblioteca e obtenha "o dicionário". Digamos que seja o OED.
2. Você sabe que "honorificabilitudinitatibus" começa com "H", portanto, olha na lateral do livro e procura o pequeno "H".
3. Passa as páginas até chegar perto de onde "hon" começa.
4. Passa mais algumas páginas até encontrar "honorificabilitudinitatibus" ou chegar nas palavras que começam com "hp" e perceber que a palavra não existe no OED.
5. Assim que encontra a entrada, lê a definição para descobrir o que significa.

Esse processo é quase igual ao modo como funciona um dic e você está basicamente "mapeando" a palavra "honorificabilitudinitatibus" para sua definição. Um dic no Python é como um dicionário no mundo real, como o OED.

Exercícios Simulados

1. Faça esse mesmo tipo de mapeamento com as cidades e estados/regiões em seu país ou algum outro.
2. Encontre a documentação do Python para os dicionários e tente fazer mais coisas.
3. Descubra o que *não pode* ser feito com os dicionários. Um grande problema é que eles não têm ordem, então, tente brincar um pouco com isso.

Perguntas Comuns dos Alunos

Qual é a diferença entre lista e dicionário? Uma lista é para os itens ordenados. Um dicionário (ou dic) é para combinar itens (chamados "chaves") com outros itens (chamados "valores").

Para que eu usaria um dicionário? Quando você tem que obter um valor e "pesquisar" outro. Na verdade, é possível chamar os dicionários de "tabelas de pesquisa" ("look up tables").

Para que eu usaria uma lista? Use uma lista para qualquer sequência de coisas que precisa ter ordem, e você só precisa pesquisar pelo índice numérico.

E se eu precisar de um dicionário, mas que esteja em ordem? Veja a estrutura de dados `collections.OrderedDict` no Python. Pesquise online para encontrar a documentação.

EXERCÍCIO 40

Módulos, Classes e Objetos

O Python é chamado de "linguagem de programação orientada a objetos". Isso significa que há uma construção nele chamada *classe,* que permite estruturar o software de um modo particular. Usando classes, você pode adicionar consistência aos seus programas para que eles possam ser usados de uma maneira mais clara. Pelo menos, na teoria.

Agora, ensinarei os princípios da programação orientada a objetos, classes e objetos usando o que você já sabe sobre dicionários e módulos. Meu problema é que a programação orientada a objetos (OOP) é bem diferente. Não precisa se preocupar, tente entender o que digo aqui, digite o código e no próximo exercício, eu reforçarei isso.

Vamos lá.

Os Módulos São Como Dicionários

Você sabe como um dicionário é criado e usado, e é um modo de mapear uma coisa em outra. Isso significa que, se tiver um dicionário com uma chave "apple" e quiser obtê-la, fará isto:

ex40a.py
```
1   mystuff = {'apple': "I AM APPLES!"}
2   print(mystuff['apple'])
```

Mantenha a ideia de "obter X de Y" na cabeça e agora pense nos módulos. Você criou alguns até agora e deve saber que eles são:

1. um arquivo Python com algumas funções e variáveis...
2. que pode importar...
3. e acessar as funções ou variáveis com o operador . (ponto).

Imagine que eu tenha um módulo que decidi chamar de mystuff.py e coloquei uma função nele chamada apple. Veja o módulo mystuff.py:

ex40a.py
```
1   # isso vai no mystuff.py
2   def apple():
3       print("I AM APPLES!")
```

Assim que eu tiver o código, poderei usar o módulo MyStuff com import e acessar a função apple:

ex40a.py

```
1    import mystuff
2    mystuff.apple()
```

Também poderia colocar uma variável nele chamada tangerine:

ex40a.py

```
1    def apple():
2        print("I AM APPLES!")
3
4    # isso é apenas uma variável
5    tangerine = "Living reflection of a dream"
```

Posso acessar isso do mesmo modo:

ex40a.py

```
1    import mystuff
2
3    mystuff.apple()
4    print(mystuff.tangerine)
```

Consulte o dicionário e deverá começar a ver como é parecido com um dicionário real, mas a sintaxe é diferente. Vamos comparar:

ex40a.py

```
1    mystuff['apple'] # obtém um apple do dic
2    mystuff.apple()  # obtém um apple do modulo
3    mystuff.tangerine # mesma coisa, é apenas uma variável
```

Isso significa que temos um padrão *muito* comum no Python:

1. Pegue um contêiner do tipo chave=valor.
2. Obtenha algo dele usando o nome da chave.

No caso do dicionário, a chave é uma string e a sintaxe é [key]. No caso do módulo, a chave é um identificador e a sintaxe é .chave. Com exceção disso, são praticamente iguais.

As Classes São Como Módulos

Você pode considerar um módulo como um dicionário especializado que pode armazenar o código do Python para que seja possível acessá-lo com o operador . (ponto). O Python também tem outra construção que serve a uma finalidade parecida chamada classe. Uma classe é um modo de pegar um grupo de funções e dados e colocá-los dentro de um contêiner para ser possível acessar com o operador . (ponto).

Se eu fosse criar uma classe como o módulo `mystuff`, faria algo assim:

ex40a.py
```
1   class MyStuff(object):
2
3       def __init__(self):
4           self.tangerine = "And now a thousand years between"
5
6       def apple(self):
7           print("I AM CLASSY APPLES!")
```

Isso parece complicado em comparação com os módulos e com certeza há muitas coisas acontecendo se compararmos, mas você deve conseguir entender que é como um "minimódulo" com `MyStuff` tendo uma função `apple()`. Provavelmente a confusão está na função `__init__()` e no uso de `self.tangerine` para definir a variável de instância `tangerine`.

Veja porque as classes são usadas no lugar dos módulos: você pode pegar essa classe `MyStuff` e usá-la para criar muitas, milhões de uma vez se quiser, e uma não irá interferir na outra. Quando você importa um módulo, há apenas um para o programa inteiro, a menos que você faça grandes modificações.

Antes de conseguir entender, é necessário saber o que é um "objeto" e como trabalhar com `MyStuff`, exatamente como fez com o módulo `mystuff.py`.

Os Objetos São Como uma Importação

Se uma classe é como um "minimódulo", então, deve haver um conceito parecido para `import`, mas para as classes. Esse conceito é chamado de "instanciar", que é só outro modo especial, antipático e muito esperto de dizer "criar". Quando você instancia uma classe, o que obtém é chamado de objeto.

Você instancia (cria) uma classe chamado-a como uma função assim:

ex40a.py
```
1   thing = MyStuff()
2   thing.apple()
3   print(thing.tangerine)
```

A primeira linha é a operação "instanciar" e é muito parecida com chamar uma função. Contudo, o Python coordena uma sequência de eventos internamente. Vou mostrar essas etapas usando o código anterior para `MyStuff`:

1. O Python procura `MyStuff()` e vê que é uma classe definida.
2. O Python cria um objeto vazio com todas as funções especificadas na classe usando `def`.

3. O Python, então, vê se você criou uma função "mágica" `__init__` e, em caso afirmativo, chama essa função para inicializar seu objeto vazio recém-criado.

4. Na função `__init__` de `MyStuff`, você obtém essa variável extra, `self`, que é o objeto vazio que o Python criou e é possível definir as variáveis nele, exatamente como faria com um módulo, dicionário ou outro objeto.

5. Neste caso, você definiu `self.tangerine` para uma letra de música e inicializou o objeto.

6. Agora, o Python pode pegar esse objeto recém-criado e atribuí-lo à variável `thing` para você trabalhar.

Esses são os fundamentos de como o Python faz essa "mini-importação" quando você chama uma classe como uma função. Lembre que isso *não* fornece a classe, mas usa a classe como uma *planta* para criar uma cópia desse tipo de coisa.

Lembre que estou dando uma vaga ideia levemente inacurada de como isso funciona para que você possa começar a entender as classes com base no que sabe sobre módulos. A verdade é que as classes e os objetos divergem dos módulos nesse ponto. Para ser totalmente honesto, eu diria algo assim:

- As classes são como plantas ou definições para criar novos minimódulos.
- A instância é como você cria um desses minimódulos *e* importa ao mesmo tempo. "Instanciar" significa criar um objeto a partir de uma classe.
- O minimódulo criado resultante é chamado de objeto e você o atribui a uma variável para trabalhar.

Nesse ponto, os objetos se comportam de modo diferente dos módulos e isso deve servir apenas como uma ponte para entender classes e objetos.

Obtendo Coisas de Coisas

Agora, tenho três modos de obter coisas de coisas:

ex40a.py
```
1   # estilo dic
2   mystuff['apples']
3
4   # estilo modulo
5   mystuff.apples()
6   print(mystuff.tangerine)
7
8   # estilo classe
9   thing = MyStuff()
10  thing.apples()
11  print(thing.tangerine)
```

Um Primeiro Exemplo de Classe

Você deve começar a ver as semelhanças entre esses três tipos de contêiner de chave=valor e provavelmente tem muitas perguntas. Guarde as perguntas, pois o próximo exercício irá fixar seu "vocabulário orientado a objetos". Neste aqui, só quero que digite o código e faça-o funcionar para que tenha experiência antes de continuar.

ex40.py

```
1   class Song(object):
2
3       def __init__(self, lyrics):
4           self.lyrics = lyrics
5
6       def sing_me_a_song(self):
7           for line in self.lyrics:
8               print(line)
9
10  happy_bday = Song(["Happy birthday to you",
11                     "I don't want to get sued",
12                     "So I'll stop right there"])
13
14  bulls_on_parade = Song(["They rally around tha family",
15                          "With pockets full of shells"])
16
17  happy_bday.sing_me_a_song()
18
19  bulls_on_parade.sing_me_a_song()
```

O que Você Deve Ver

Sessão do Exercício 40

```
$ python3.6 ex40.py
Happy birthday to you
I don't want to get sued
So I'll stop right there
They rally around tha family
With pockets full of shells
```

Exercícios Simulados

1. Escreva mais algumas músicas usando isso e compreenda que está passando uma lista de strings como a letra.

2. Coloque a letra em uma variável separada e passe essa variável para a classe usá-la.

3. Veja se consegue modificar e fazer mais coisas. Não se preocupe se não tiver ideia de como fazer, apenas experimente e veja o que acontece. Corrompa, destrua, danifique, não vai estragar.

4. Pesquise "programação orientada a objetos" online e tente encher sua cabeça com a leitura. Não se preocupe se não fizer nenhum sentido. Metade dessas coisas não faz para mim também.

Perguntas Comuns dos Alunos

Por que preciso de self quando crio __init__ ou outras funções para as classes? Se você não tiver self, um código como cheese = 'Frank' será ambíguo. Esse código não deixa claro se você quer o atributo cheese da *instância ou* uma variável local chamada cheese. Com self.cheese = 'Frank', fica muito claro que você quer o atributo self.cheese da instância.

EXERCÍCIO 41

Aprendendo o Jargão da Orientação a Objetos

Neste exercício, ensinarei o jargão da "orientação a objetos". O que farei é fornecer um pequeno conjunto de palavras com as definições que você precisa saber. Depois, darei muitas frases com lacunas que você terá que entender. Finalmente, muitos exercícios que precisará completar para que essas frases fiquem fixadas em seu vocabulário.

Exercícios de Palavras

class Informa ao Python para criar um novo tipo de comando.

objeto Dois significados: o tipo mais básico de coisa e qualquer instância de algo.

instância O que você obtém quando pede ao Python para criar uma classe.

def Como você define uma função dentro de uma classe.

self Dentro das funções em uma classe, self é uma variável para a instância/objeto sendo acessado.

herança O conceito de que uma classe pode herdar as características de outra classe, muito parecido com você e seus pais.

composição O conceito de que uma classe pode ser composta de outras classes como partes, muito parecido com um carro que tem rodas.

atributo Uma propriedade das classes, que vem da composição e geralmente é uma variável.

é-um (is-a) Uma frase para dizer que algo herda de outra coisa, como um "salmão" é um (is-a) "peixe".

tem-um (has-a) Uma frase para dizer que algo é composto de outras coisas ou tem uma característica, como em "um salmão tem uma (has-a) boca".

Reserve um tempo para criar fichas para esses termos e memorizá-los. Como sempre, não fará muito sentido até você ter terminado o exercício, mas é necessário saber as palavras básicas no início.

Exercícios de Frases

A seguir, tenho uma lista de fragmentos de código do Python à esquerda e frases para eles:

class X(Y) "Cria uma classe X que é-um Y."

class X(object): def __init__(self, J) "A classe X tem-um __init__ que recebe os parâmetros self e J."

class X(object): def M(self, J) "A classe X tem-uma função chamada M, que recebe os parâmetros self e J."

foo = X() "Define foo como uma instância da classe X."

foo.M(J) "A partir de foo, obtém a função M e chama-a com os parâmetros self, J."

foo.K = Q "A partir de foo, obtém o atributo K e define-o como Q."

Em cada caso, em que você vê X, Y, M, J, K, Q e foo, pode tratar como lacunas. Por exemplo, também posso escrever essas frases assim:

1. "Cria uma classe chamada ???, que é-um Y."
2. "A classe ??? tem-um __init__ que recebe os parâmetros self e ???."
3. "A classe ??? tem-uma função chamada ??? que recebe os parâmetros self e ???."
4. "Define ??? como uma instância da classe ???."
5. "A partir de ???, obtém a função ??? e chama-a com os parâmetros self=??? e ???."
6. "A partir de ???, obtém o atributo ??? e define-o como ???."

Novamente, anote isso em algumas fichas e pratique. Coloque o fragmento de código do Python na frente e a frase no verso. Você *deve* conseguir dizer a frase exatamente igual sempre que vir essa forma. Não parecido, e sim exatamente igual.

Exercícios Combinados

A preparação final é combinar os exercícios de palavras e frases. O que preciso que faça neste exercício é isto:

1. Pegue uma ficha e pratique.
2. Vire-a e leia a frase. Para cada palavra na frase que está nos exercícios de palavras, pegue uma ficha.
3. Pratique as palavras dessa frase.
4. Continue até cansar, faça uma pausa e volte a fazer.

Teste de Leitura

Agora, tenho um pequeno script do Python para treinar você infinitamente nessas palavras que você sabe. É um script simples, que você deve entender, e a única coisa que ele faz é usar uma biblioteca chamada `urllib` para baixar uma lista de palavras que tenho. Veja o script que você deve inserir no `oop_test.py` para trabalhar:

ex41.py

```
1   import random
2   from urllib.request import urlopen
3   import sys
4
5   WORD_URL = "http://learncodethehardway.org/words.txt"
6   WORDS = []
7
8   PHRASES = {
9       "class %%%(%%%):":
10          "Make a class named %%% that is-a %%%.",
11      "class %%%(object):\n\tdef __init__(self, ***)" :
12          "class %%% has-a __init__ that takes self and *** params.",
13      "class %%%(object):\n\tdef ***(self, @@@)":
14          "class %%% has-a function *** that takes self and @@@ params.",
15      "*** = %%%()":
16          "Set *** to an instance of class %%%.",
17      "***.***(@@@)":
18          "From *** get the *** function, call it with params self, @@@.",
19      "***.*** = '***'":
20          "From *** get the *** attribute and set it to '***'."
21  }
22
23  # quer treinar primeiro as frases ou os nomes?
24  if len(sys.argv) == 2 and sys.argv[1] == "english":
25      PHRASE_FIRST = True
26  else:
27      PHRASE_FIRST = False
28
29  # carregue as palavras do website
30  for word in urlopen(WORD_URL).readlines():
31      WORDS.append(str(word.strip(), encoding="utf-8"))
32
33
34  def convert(snippet, phrase):
35      class_names = [w.capitalize() for w in
36                      random.sample(WORDS, snippet.count("%%%"))]
37      other_names = random.sample(WORDS, snippet.count("***"))
38      results = []
39      param_names = []
40
```

```
41          for i in range(0, snippet.count("@@@")):
42              param_count = random.randint(1,3)
43              param_names.append(', '.join(
44                  random.sample(WORDS, param_count)))
45
46          for sentence in snippet, phrase:
47              result = sentence[:]
48
49              # nomes de classes falsos
50              for word in class_names:
51                  result = result.replace("%%%", word, 1)
52
53              # outros nomes falsos
54              for word in other_names:
55                  result = result.replace("***", word, 1)
56
57              # listas de parâmetros falsas
58              for word in param_names:
59                  result = result.replace("@@@", word, 1)
60
61              results.append(result)
62
63          return results
64
65
66  # continue executando até que seja digitado o CTRL-D (CTRL-C no Windows)
67  try:
68      while True:
69          snippets = list(PHRASES.keys())
70          random.shuffle(snippets)
71
72          for snippet in snippets:
73              phrase = PHRASES[snippet]
74              question, answer = convert(snippet, phrase)
75              if PHRASE_FIRST:
76                  question, answer = answer, question
77
78              print(question)
79
80              input("> ")
81              print(f"ANSWER: {answer}\n\n")
82  except EOFError:
83      print("\nBye")
```

Execute o script e tente traduzir as "frases escritas em código orientado a objetos" para as frases em inglês do dic PHRASES. É possível ver que o dic PHRASES tem as duas formas e que você só precisa inserir a correta.

Pratique Traduzir de Inglês para Código

Em seguida, você deve executar o script com a opção "english", para que pratique a operação inversa:

```
$ python oop_test.py english
```

Lembre que essas frases estão usando palavras sem sentido. Parte da aprendizagem para ler bem um código consiste em parar de colocar muito significado nos nomes usados para as variáveis e classes. Com muita frequência, as pessoas lerão uma palavra como "Cork" e ficarão desconcertadas porque a palavra irá confundi-las quanto ao significado. No exemplo, "Cork" é apenas um nome arbitrário escolhido para uma classe. Não coloque nenhum outro significado nele, simplesmente trate-o como os padrões dados.

Lendo Mais Código

Você agora partirá em uma nova aventura de ler ainda mais códigos, para conseguir ler as frases que acabou de aprender no código que você estiver lendo. Você irá procurar todos os arquivos com classes e fará o seguinte:

1. Para cada classe, forneça o nome dela e o que as outras classes herdam dela.
2. Abaixo, liste cada função que ela tem e os parâmetros requeridos.
3. Liste todos os atributos que ela usa no `self` dela.
4. Para cada atributo, escreva a classe a que pertence esse atributo.

O objetivo é percorrer um código real e começar a fazer "uma correspondência de padrões" entre as frases que acabou de aprender com o modo como são usadas. Se praticar o bastante, deverá começar a ver que esses padrões se destacam no código, ao passo que antes eles só pareciam lacunas vagas que você não conhecia.

Perguntas Comuns dos Alunos

O que `result = sentence[:]` faz? É um modo como o Python copia uma lista. Você está usando a sintaxe de fatiamento de lista `[:]` para criar uma fatia do primeiro elemento até o último.

Esse script é difícil de executar! Neste ponto, você deve conseguir digitar isto e fazer funcionar. Existem alguns pequenos truques aqui e acolá, mas nada muito complexo. Apenas faça toda as coisas que aprendeu até o momento para depurar os scripts. Digite cada linha, confirme se está *exatamente* como a minha e pesquise online qualquer coisa que não saiba.

Ainda é difícil demais! Você consegue. Faça bem devagar, caractere por caractere, se precisar, mas digite exatamente e descubra o que faz.

É-Um, Tem-Um, Objetos e Classes

Um conceito importante que você precisa entender é a diferença entre classe e objeto. O problema é que não há uma "diferença" real entre classe e objeto. São, de fato, a mesma coisa em pontos diferentes. Demonstrarei com uma frase Zen:

Qual é a diferença entre peixe e salmão?

Essa pergunta o confunde? Sente e pense sobre ela por um minuto. Quero dizer que um peixe e um salmão são diferentes, mas, espere, eles são a mesma coisa, certo? Um salmão é um *tipo* de peixe, portanto, não é diferente. Mas, ao mesmo tempo, um salmão é um *tipo* particular de peixe, então, é diferente dos outros peixes. É isso que o torna um salmão e não um halibute. Assim, um salmão e um peixe são iguais, mas diferentes. Estranho.

A pergunta é confusa porque a maioria das pessoas não pensa em coisas reais assim, mas as compreende de modo intuitivo. Você não precisa pensar na diferença entre peixe e salmão porque *sabe* como se relacionam. Sabe que um salmão é um *tipo* de peixe e que há outros tipos de peixe, sem precisar entender isso.

Vamos aprofundar mais. Digamos que você tenha um balde com três salmões e, como é uma pessoa boa, decidiu chamá-los Frank, Joe e Mary. Agora, pense nesta pergunta:

Qual é a diferença entre Mary e um salmão?

De novo, é uma pergunta estranha, porém é muito mais fácil do que a pergunta do peixe versus salmão. Você sabe que Mary é um salmão, portanto, realmente não é diferente. Ela é apenas uma "instância" específica de um salmão. Joe e Frank também são instâncias de salmão. O que quero dizer com instância? Significa que foram criados de algum outro salmão e, agora, representam algo real que tem os atributos do salmão.

Agora, a ideia desconcertante: peixe é uma classe, salmão é uma classe e Mary é um objeto. Pense por um segundo. Vamos analisar lentamente e ver se você entende.

Um peixe é uma classe, o que significa que não é algo *real*, mas uma palavra que anexamos às instâncias de coisas com atributos parecidos. Tem barbatanas? Guelras? Vive na água? Certo, provavelmente é um peixe.

Alguém com doutorado chega e diz: "Não, meu jovem, *esse* peixe é, na verdade, um *Salmo salar*, carinhosamente conhecido como salmão." Esse professor explicou ainda mais o peixe e criou uma nova classe chamada "Salmão", com mais atributos específicos. Nariz longo, carne avermelhada, grande, vive no oceano ou água doce, saboroso? Provavelmente é um salmão.

Finalmente, aparece um cozinheiro e diz ao doutor: "Não, veja este salmão aqui, vou chamá-lo de Mary e fazer um filé saboroso dele com um ótimo molho." Agora, você tem essa *instância* de salmão (que também é uma instância de peixe) chamado Mary, que se transformou em algo real que enche sua barriga. Tornou-se um objeto.

É isso: Mary é um tipo de salmão que é um tipo de peixe; objeto é uma classe que é uma classe.

Como Fica no Código

É um conceito estranho, mas, para ser honesto, você só precisa preocupar-se com isso quando criar novas classes e quando usar uma classe. Mostrarei dois truques para ajudá-lo a descobrir se algo é uma classe ou objeto.

Primeiro, você precisa aprender duas expressões: "é-um (is-a)" e "tem-um (has-a)". A expressão é-um é usada quando você fala sobre objetos e classes relacionados entre si por uma relação entre as classes. A expressão tem-um é usada quando se fala sobre objetos e classes relacionados apenas porque se *referenciam*.

Agora, percorra esse trecho de código e substitua cada comentário ##?? por um que informe se a próxima linha representa uma relação é-um ou tem-um e qual é a relação. No começo do código, coloquei alguns exemplos, portanto, você só precisa escrever o restante.

Lembre, é-um é a relação entre peixe e salmão, enquanto tem-um é a relação entre salmão e guelras.

ex42.py

```
1    ## Animal é-um object (sim, é meio confuso), veja o crédito extra
2    class Animal(object):
3        pass
4
5    ## ??
6    class Dog(Animal):
7
8        def __init__(self, name):
9            ## ??
10           self.name = name
11
12   ## ??
13   class Cat(Animal):
14
15       def __init__(self, name):
16           ## ??
17           self.name = name
18
19   ## ??
20   class Person(object):
21
```

```
22      def __init__(self, name):
23          ## ??
24          self.name = name
25
26          ## Person tem-um pet de algum tipo
27          self.pet = None
28
29  ## ??
30  class Employee(Person):
31
32      def __init__(self, name, salary):
33          ## ?? hmm, o que é essa mágica estranha?
34          super(Employee, self).__init__(name)
35          ## ??
36          self.salary = salary
37
38  ## ??
39  class Fish(object):
40      pass
41
42  ## ??
43  class Salmon(Fish):
44      pass
45
46  ## ??
47  class Halibut(Fish):
48      pass
49
50
51  ## rover é-um Dog
52  rover = Dog("Rover")
53
54  ## ??
55  satan = Cat("Satan")
56
57  ## ??
58  mary = Person("Mary")
59
60  ## ??
61  mary.pet = satan
62
63  ## ??
64  frank = Employee("Frank", 120000)
65
66  ## ??
67  frank.pet = rover
68
69  ## ??
70  flipper = Fish()
```

```
71
72   ## ??
73   crouse = Salmon()
74
75   ## ??
76   harry = Halibut()
```

Sobre class Name(object)

No Python 3, você não precisa adicionar (object) após o nome da classe, mas a comunidade Python acredita que "o explícito é melhor que o implícito", assim, eu e outros especialistas em Python decidimos incluí-lo. Você pode encontrar um código que não tem (object) depois de classes simples, e são perfeitamente legais e funcionarão com as classes criadas que não têm (object). Nesse ponto, é apenas uma documentação extra, sem nenhum impacto em como funcionam suas classes.

No Python 2, havia uma diferença entre os dois tipos de classes, mas, agora, não precisa se preocupar. A única parte complicada de usar (object) envolve a ginástica mental de dizer: "A classe Name é uma classe do tipo objeto." Isso pode parecer confuso agora, uma vez que é uma classe que é um objeto name que é uma classe, mas não se sinta mal por isso. Apenas pense em class Name(object) como dizendo: "Isto é uma classe simples e básica" e tudo bem.

Finalmente, no futuro, os estilos e tipos de programadores Python poderão mudar e esse uso explícito de (object) poderá ser visto como um sinal de que você é um mau programador. Se isso acontecer, basta parar de usar ou dizer: "O Python Zen afirma que explícito é melhor que implícito."

Exercícios Simulados

1. Pesquise por que o Python adicionou essa estranha classe object e o que isso significa.
2. É possível usar uma classe como se fosse um objeto?
3. Preencha os animais, peixes e pessoas neste exercício com funções, para que eles façam coisas. Veja o que acontece quando as funções estão em uma "classe base", como Animal versus, digamos, Dog.
4. Encontre códigos de outras pessoas e descubra todas as relações é-um e tem-um.
5. Crie algumas relações novas que sejam listas e dicionários, para que também possam ter relações "tem-muitos (has-many)".
6. Você acha que existe uma relação "é-muitos (is-many)"? Leia sobre "herança múltipla" e evite isso, se possível.

Perguntas Comuns dos Alunos

Para que servem os comentários ## ?? ? São comentários para "preencher a lacuna", que você deve usar para preencher com os conceitos é-um e tem-um corretos. Leia o exercício de novo e veja os outros comentários para saber o que significam.

Qual o objetivo de `self.pet = None`**?** Assegura que o atributo `self.pet` dessa classe seja definido por padrão como `None`.

O que `super(Employee, self).__init__(name)` **faz?** É como você pode executar o método `__init__` de uma classe-mãe com segurança. Pesquise "python3.6 super" e leia os vários conselhos sobre isso ser bom ou ruim.

Básico de Análise e Design Orientados a Objetos

EXERCÍCIO 43

Descreverei um processo para usar quando você quiser criar algo por meio do Python, especificamente com a programação orientada a objetos (OOP). "Processo" significa que darei um conjunto de etapas que você fará em ordem, mas não seguirá cegamente e pode nem sempre funcionar para todo problema. São apenas um bom ponto de partida para muitos problemas de programação e não devem ser considerados o *único* modo de resolvê-los. Esse processo é apenas um modo de fazer e que você pode seguir.

O processo é assim:

1. Escreva ou desenhe o problema.
2. Retire os conceitos-chave de 1 e pesquise.
3. Crie uma hierarquia de classes e um mapa de objetos para os conceitos.
4. Codifique as classes e um teste para executá-las.
5. Repita e refine.

O modo de ver o processo é "de cima para baixo", significando que ele começa de uma ideia vaga e muito abstrata e, lentamente, a aprimora até ela ficar sólida e se tornar algo que você possa codificar.

Eu começo escrevendo sobre o problema e tento pensar em tudo o que eu puder sobre ele. Talvez até desenhe um diagrama ou dois, algum tipo de mapa ou escreva para mim mesmo uma série de e-mails descrevendo o problema. Isso me proporciona uma maneira de expressar os conceitos-chave do problema e também de explorar o que já sei sobre ele.

Depois, analiso as anotações, desenhos e descrições e retiro os conceitos-chave. Há um truque simples: crio uma lista de todos os *substantivos* e *verbos* nos meus textos e desenhos, então, escrevo como eles estão relacionados. Isso me proporcionará uma boa lista de nomes para classes, objetos e funções na próxima etapa. Pego essa lista de conceitos e pesquiso qualquer um que eu não entendo, para poder refinar mais, se necessário.

Assim que tenho minha lista de conceitos, crio um resumo/árvore simples dos conceitos e como estão relacionados como classes. Em geral, posso pegar minha lista de substantivos e começar perguntando: "Este é como os outros substantivos de conceitos? Isso significa que eles têm uma classe-mãe comum, então, como ela é chamada?" Continuo fazendo isso até ter uma hierarquia de classes que seja uma lista de árvore simples ou um diagrama. Então, pego os *verbos* que tenho e vejo se são nomes de função para cada classe e coloco-os em minha árvore.

Com essa hierarquia de classes calculada, sento e escrevo a estrutura básica do código, que tem apenas as classes, suas funções e nada mais. Depois, escrevo um teste que executa o código e verifica se as classes criadas fazem sentido e funcionam corretamente. Algumas vezes, posso escrever o teste primeiro, outras, posso escrever um pequeno teste, pequeno código, pequeno teste, e assim por diante até construir tudo.

Finalmente, continuo fazendo esse processo, repetindo e aprimorando enquanto avanço e deixo-o do modo mais claro possível antes de fazer mais implementações. Se fiquei preso em alguma parte em particular por causa de um conceito ou problema que não antecipei, sento e começo o processo de novo nessa parte para descobrir mais antes de prosseguir.

Agora, analisarei o processo enquanto proponho um mecanismo de jogo e um jogo para o exercício.

Análise de um Mecanismo de Jogo Simples

O jogo que desejo criar é chamado de "Gothons from Planet Percal #25" e será um joguinho de aventura no espaço. Com apenas o conceito em mente, posso explorar a ideia e descobrir como dar vida ao jogo.

Escreva ou Desenhe o Problema

Escreverei um pequeno parágrafo para o jogo:

"Alienígenas invadiram a nave espacial e nosso herói precisa percorrer um labirinto de salas desmoronando para poder escapar em uma cápsula e ir para o planeta abaixo. O jogo será parecido com *Zork* ou *Adventure*, com saídas de texto e modos divertidos de morrer. Ele terá um mecanismo que executa um mapa cheio de salas ou cenas. Cada sala imprimirá sua própria descrição quando o jogador entrar e informará ao mecanismo qual executar em seguida no mapa."

Nesse ponto, tenho uma boa ideia do jogo e de como ele seria executado, portanto, agora, quero descrever cada cena:

Morte É quando o jogador morre e deve ser algo divertido.

Corredor Central É o ponto de partida e tem um Gothon lá, que os jogadores precisam derrotar com uma piada antes de continuar.

Arsenal de Armas Laser É onde o herói consegue uma bomba de nêutron para explodir a nave antes de entrar na cápsula. Tem um teclado numérico que o herói precisa adivinhar os números.

Ponte É outra cena de batalha com um Gothon, em que o herói coloca a bomba.

Cápsula É onde o herói escapa, mas só depois de adivinhar qual é a cápsula certa.

Nesse ponto, posso desenhar um mapa, talvez escrever mais descrições de cada sala, qualquer coisa que vier à mente na medida em que exploro o problema.

Extraia os Conceitos-chave e Pesquise

Agora, tenho informações suficientes para extrair alguns substantivos e analisar sua hierarquia de classes. Primeiramente, faço uma lista de todos:

- Alienígena
- Jogador
- Nave
- Labirinto
- Sala
- Cena
- Gothon
- Cápsula
- Planeta
- Mapa
- Mecanismo
- Morte
- Corredor Central
- Arsenal de Armas Laser
- Ponte

Possivelmente, eu também analisaria todos os verbos e veria se alguns seriam bons nomes de função, mas pularei isso agora.

Nesse ponto, também posso pesquisar cada um dos conceitos e qualquer coisa que não sei. Por exemplo, posso jogar alguns jogos desse tipo e verificar se sei como funcionam. Posso pesquisar como as naves são projetadas ou como as bombas funcionam. Talvez, pesquisarei algum problema técnico, por exemplo, como armazenar o estado do jogo em um banco de dados. Depois de terminar a pesquisa, posso reiniciar na etapa 1 com base nas novas informações que tenho, rescrever minha descrição e extrair novos conceitos.

Crie uma Hierarquia de Classes e um Mapa de Objetos para os Conceitos

Assim que termino, transformo em uma hierarquia de classes ao perguntar: "O que é semelhante?" Também pergunto: "O que é apenas outra palavra para outra coisa?"

Imediatamente vejo que "Sala" e "Cena" são basicamente a mesma coisa, dependendo de como desejo fazer as coisas. Usarei "Cena" neste jogo. Então, vejo que todas as salas específicas, como "Corredor Central", basicamente são apenas Cenas. Também noto que Morte é basicamente uma Cena, o que confirma minha escolha de "Cena" ao invés de "Sala", uma vez que é possível ter uma cena de morte, mas uma sala de morte é bem estranho. "Labirinto" e "Mapa" são praticamente iguais, portanto, ficarei com "Mapa", pois uso com mais frequência. Não quero fazer um sistema de batalhas, então, vou ignorar "Alienígena" e "Jogador", e deixar para mais tarde. O "Planeta" poderia também ser apenas outra cena, ao invés de algo específico.

Após todo esse processo de reflexão, começo a criar uma hierarquia de classes que fica assim em meu editor de texto:

```
* Map
* Engine
* Scene
    * Death
    * Central Corridor
    * Laser Weapon Armory
    * The Bridge
    * Escape Pod
```

Então, continuo e descubro quais ações são necessárias em cada item, com base nos verbos da descrição. Por exemplo, sei que vou precisar de um modo de "executar" o mecanismo, "ir para a próxima cena" no mapa, obter a "cena de abertura" e "entrar" em uma cena. Adicionarei isso assim:

```
* Map
    - next_scene
    - opening_scene
* Engine
    - play
* Scene
    - enter
    * Death
    * Central Corridor
    * Laser Weapon Armory
    * The Bridge
    * Escape Pod
```

Observe como coloquei -enter abaixo de Scene, porque sei que todas as cenas abaixo herdarão e terão que anulá-la depois.

Codifique as Classes e um Teste para Executá-las

No momento que tenho essa árvore de classes e algumas funções, abro um arquivo-fonte em meu editor e tento escrever o código. Em geral, apenas copio e colo a árvore no arquivo-fonte e, então, edito nas classes. Veja um pequeno exemplo de como isso fica no início, com um pequeno teste simples no final do arquivo.

ex43_classes.py
```
1   class Scene(object):
2
3       def enter(self):
4           pass
5
6
7   class Engine(object):
8
9       def __init__(self, scene_map):
10          pass
11
12      def play(self):
13          pass
14
15  class Death(Scene):
16
17      def enter(self):
18          pass
19
20  class CentralCorridor(Scene):
21
22      def enter(self):
23          pass
24
25  class LaserWeaponArmory(Scene):
26
27      def enter(self):
28          pass
29
30  class TheBridge(Scene):
31
32      def enter(self):
33          pass
34
35  class EscapePod(Scene):
36
37      def enter(self):
38          pass
39
40
41  class Map(object):
42
43      def __init__(self, start_scene):
```

```
44          pass
45
46      def next_scene(self, scene_name):
47          pass
48
49      def opening_scene(self):
50          pass
51
52
53  a_map = Map('central_corridor')
54  a_game = Engine(a_map)
55  a_game.play()
```

No arquivo, você pode notar que apenas repliquei a hierarquia desejada, então, acrescentei um pouco de código no final para executar e ver se tudo funciona na estrutura básica. Nas seções posteriores do exercício, você preencherá o resto do código e fará com que funcione para corresponder à descrição do jogo.

Repita e Refine

A última etapa em meu pequeno processo não é exatamente uma etapa, e sim um loop while. Você nunca faz isso como uma operação única. Em vez disso, deve repetir sempre o processo inteiro e o refinar com base nas informações aprendidas com as etapas posteriores. Algumas vezes, vou para a etapa 3 e percebo que preciso trabalhar mais em 1 e 2, então, paro, volto e trabalho nisso. Outras vezes, tenho uma inspiração e vou para o final para codificar a solução em minha cabeça enquanto lembro, mas volto e faço as etapas anteriores para assegurar que cobri todas as possibilidades.

A outra ideia nesse processo é que não é algo que você faz em um único nível, mas algo que você pode fazer em cada nível quando tem um problema em particular. Digamos que eu ainda não saiba como escrever o método `Engine.play`, posso parar e fazer o processo inteiro em *apenas* uma função para descobrir como escrevê-la.

De Cima para Baixo versus de Baixo para Cima

O processo, geralmente, é chamado "de cima para baixo" (top down) porque começa nos conceitos mais abstratos (o topo) e desce até a implementação real. Quero que você use esse processo que acabei de descrever ao analisar os problemas no livro a partir de agora, mas deve saber que há outro modo de resolver os problemas na programação, que inicia com o código e "sobe" até os conceitos abstratos. Esse outro modo é conhecido como "de baixo para cima" (bottom up). Veja as etapas gerais para fazer isso:

1. Pegue uma pequena parte do problema; crie algum código e faça com que ele execute minimamente.

2. Refine o código para algo mais formal, com classes e testes automáticos.

3. Extraia os principais conceitos que está usando e pesquise-os.
4. Escreva uma descrição sobre o que está realmente acontecendo.
5. Volte e refine o código, possivelmente descartando-o e começando de novo.
6. Repita, indo para outra parte do problema.

Acho esse processo melhor, uma vez que você esteja mais experiente na programação e já pense naturalmente nos problemas em termos de código. Esse processo é muito bom quando você conhece pequenas peças do quebra-cabeça geral, mas talvez ainda não tenha informações suficientes sobre o conceito geral. Dividir em pequenas partes e explorar com o código ajuda a estudar lentamente o problema até resolvê-lo. Contudo, lembre que a solução provavelmente será vaga e estranha, e é por isso que minha versão do processo envolve voltar e pesquisar, depois limpar as coisas com base no que aprendeu.

Código para "Gothons from Planet Percal #25"

Pare! Mostrarei minha solução final para o problema anterior, mas não quero que você apenas digite. Quero que use o esqueleto inicial do código que fiz e tente fazer com que funcione com base na descrição. Assim que tiver sua solução, poderá voltar e ver como fiz.

Dividirei o arquivo final, ex43.py, em seções e explicarei cada uma, ao invés de mostrar todo o código de uma vez.

ex43.py

```
1  from sys import exit
2  from random import randint
3  from textwrap import dedent
```

São apenas nossas importações básicas do jogo. A única coisa nova é a importação da função `dedent` do módulo `textwrap`. Essa pequena função nos ajudará a escrever nossas descrições das salas usando strings """ (aspas triplas). Simplesmente retira os espaços em branco à esquerda no início das linhas em uma string. Sem essa função, usar strings do tipo """ irá falhar porque elas são recuadas na *tela*, ficando no mesmo nível do código do *Python*.

ex43.py

```
1  class Scene(object):
2
3      def enter(self):
4          print("This scene is not yet configured.")
5          print("Subclass it and implement enter().")
6          exit(1)
```

Como é visto no esqueleto do código, tenho uma classe base para Scene com as coisas comuns que todas as cenas têm. Neste programa simples, elas não fazem muito, portanto, é mais uma demonstração de o que você faria para criar uma classe base.

ex43.py

```
1    class Engine(object):
2
3        def __init__(self, scene_map):
4            self.scene_map = scene_map
5
6        def play(self):
7            current_scene = self.scene_map.opening_scene()
8            last_scene = self.scene_map.next_scene('finished')
9
10           while current_scene != last_scene:
11               next_scene_name = current_scene.enter()
12               current_scene = self.scene_map.next_scene(next_scene_name)
13
14           # certifique-se de imprimir a última cena
15           current_scene.enter()
```

Também tenho uma classe `Engine` e você pode ver como estou usando os métodos para `Map.opening_scene` e `Map.next_scene`. Como fiz um planejamento, suponho que escreverei isso e usarei antes de escrever a classe `Map`.

ex43.py

```
1    class Death(Scene):
2
3        quips = [
4            "You died. You kinda suck at this.",
5            "Your Mom would be proud...if she were smarter.",
6            "Such a luser.",
7            "I have a small puppy that's better at this.",
8            "You're worse than your Dad's jokes."
9
10       ]
11
12       def enter(self):
13           print(Death.quips[randint(0, len(self.quips)-1)])
14           exit(1)
```

Minha primeira cena tem um nome estranho, `Death`, que apresenta o tipo mais simples de cena que você poderá escrever.

ex43.py

```
1    class CentralCorridor(Scene):
2
3        def enter(self):
4            print(dedent("""
5                The Gothons of Planet Percal #25 have invaded your ship and
6                destroyed your entire crew. You are the last surviving
```

```
            member and your last mission is to get the neutron destruct
            bomb from the Weapons Armory, put it in the bridge, and
            blow the ship up after getting into an escape pod.

            You're running down the central corridor to the Weapons
            Armory when a Gothon jumps out, red scaly skin, dark grimy
            teeth, and evil clown costume flowing around his hate
            filled body. He's blocking the door to the Armory and
            about to pull a weapon to blast you.
            """))

    action = input("> ")

    if action == "shoot!":
        print(dedent("""
                Quick on the draw you yank out your blaster and fire
                it at the Gothon. His clown costume isflowing and
                moving around his body, which throwsoff your aim.
                Your laser hits his costume butmisses him entirely.
                This completely ruins hisbrand new costume his mother
                bought him, which makes him fly into an insane rage and
                blast you repeatedly in the face until you are dead.
                Then he eats you.
                """))
        return 'death'

    elif action == "dodge!":
        print(dedent("""
                Like a world class boxer you dodge, weave, slip and
                slide right as the Gothon's blaster cranks a laser
                past your head. In the middle of your artful dodge
                your foot slips and you bang your head on the metal
                wall and pass out. You wake up shortly after only to
                die as the Gothon stomps on your head and eats you.
                """))
        return 'death'

    elif action == "tell a joke":
        print(dedent("""
                Lucky for you they made you learn Gothon insults in
                the academy. You tell the one Gothon joke you know:
                Lbhe zbgure vf fb sng, jura fur fvgf nebhaq gur ubhfr,
                fur fvgf nebhaq gur ubhfr. The Gothon stops, tries
                not to laugh, then busts out laughing and can't move.
                While he's laughing you run up and shoot him square in
                the head putting him down, then jump through the
                Weapon Armory door.
                """))
```

```
55                    return 'laser_weapon_armory'
56
57            else:
58                print("DOES NOT COMPUTE!")
59                return 'central_corridor'
```

Depois disso, criei `CentralCorridor`, que é o início do jogo. Estou fazendo as cenas do jogo antes de `Map` porque preciso referenciá-las depois. Você também deve notar como usei a função `dedent` na linha 4. Tente removê-la depois, para ver o que ela faz.

ex43.py

```
1    class LaserWeaponArmory(Scene):
2
3        def enter(self):
4            print(dedent("""
5                You do a dive roll into the Weapon Armory, crouch and scan
6                the room for more Gothons that might be hiding. It's dead
7                quiet, too quiet. You stand up and run to the far side of
8                the room and find the neutron bomb in its container.
9                There's a keypad lock on the box and you need the code to
10               get the bomb out. If you get the code wrong 10 times then
11               the lock closes forever and you can't get the bomb. The
12               code is 3 digits.
13               """))
14
15           code = f"{randint(1,9)}{randint(1,9)}{randint(1,9)}"
16           guess = input("[keypad]> ")
17           guesses = 0
18
19           while guess != code and guesses < 10:
20               print("BZZZZEDDD!")
21               guesses += 1
22               guess = input("[keypad]> ")
23
24           if guess == code:
25               print(dedent("""
26                   The container clicks open and the seal breaks, letting
27                   gas out. You grab the neutron bomb and run as fast as
28                   you can to the bridge where you must place it in the
29                   right spot.
30                   """))
31               return 'the_bridge'
32           else:
33               print(dedent("""
34                   The lock buzzes one last time and then you hear a
35                   sickening melting sound as the mechanism is fused
36                   together. You decide to sit there, and finally the
```

```
37                         Gothons blow up the ship from their ship and you die.
38                         """))
39                 return 'death'
40
41
42
43     class TheBridge(Scene):
44
45         def enter(self):
46             print(dedent("""
47                         You burst onto the Bridge with the netron destruct bomb
48                         under your arm and surprise 5 Gothons who are trying to
49                         take control of the ship. Each of them has an even uglier
50                         clown costume than the last. They haven't pulled their
51                         weapons out yet, as they see the active bomb under your
52                         arm and don't want to set it off.
53                         """))
54
55             action = input("> ")
56
57             if action == "throw the bomb":
58                 print(dedent("""
59                         In a panic you throw the bomb at the group of Gothons
60                         and make a leap for the door. Right as you drop it a
61                         Gothon shoots you right in the back killing you. As
62                         you die you see another Gothon frantically try to
63                         disarm the bomb. You die knowing they will probably
64                         blow up when it goes off.
65                         """))
66                 return 'death'
67
68             elif action == "slowly place the bomb":
69                 print(dedent("""
70                         You point your blaster at the bomb under your arm and
71                         the Gothons put their hands up and start to sweat.
72                         You inch backward to the door, open it, and then
73                         carefully place the bomb on the floor, pointing your
74                         blaster at it. You then jump back through the door,
75                         punch the close button and blast the lock so the
76                         Gothons can't get out. Now that the bomb is placed
77                         you run to the escape pod to get off this tin can.
78                         """))
79
80                 return 'escape_pod'
81             else:
82                 print("DOES NOT COMPUTE!")
83                 return "the_bridge"
84
```

```
85
86      class EscapePod(Scene):
87
88          def enter(self):
89              print(dedent("""
90                      You rush through the ship desperately trying to make it to
91                      the escape pod before the whole ship explodes. It seems
92                      like hardly any Gothons are on the ship, so your run is
93                      clear of interference. You get to the chamber with the
94                      escape pods, and now need to pick one to take. Some of
95                      them could be damaged but you don't have time to look.
96                      There's 5 pods, which one do you take?
97                      """))
98
99              good_pod = randint(1,5)
100             guess = input("[pod #]> ")
101
102
103             if int(guess) != good_pod:
104                 print(dedent("""
105                         You jump into pod {guess} and hit the eject button.
106                         The pod escapes out into the void of space, then
107                         implodes as the hull ruptures, crushing your body into
108                         jam jelly.
109                         """))
110                 return 'death'
111             else:
112                 print(dedent("""
113                         You jump into pod {guess} and hit the eject button.
114                         The pod easily slides out into space heading to the
115                         planet below. As it flies to the planet, you look
116                         back and see your ship implode then explode like a
117                         bright star, taking out the Gothon ship at the same
118                         time. You won!
119                         """))
120
121                 return 'finished'
122
123     class Finished(Scene):
124
125         def enter(self):
126             print("You won! Good job.")
127             return 'finished'
```

Este é o restante das cenas do jogo e, como sei que preciso delas e planejei como ficarão juntas, consigo codificá-las diretamente.

A propósito, eu não digitaria todo o código. Lembre que eu disse para experimentar e criar isso aos poucos, uma parte por vez. Estou apenas apresentando o resultado final.

```
                                                                ex43.py
1    class Map(object):
2
3        scenes = {
4            'central_corridor': CentralCorridor(),
5            'laser_weapon_armory': LaserWeaponArmory(),
6            'the_bridge': TheBridge(),
7            'escape_pod': EscapePod(),
8            'death': Death(),
9            'finished': Finished(),
10       }
11
12       def __init__(self, start_scene):
13           self.start_scene = start_scene
14
15       def next_scene(self, scene_name):
16           val = Map.scenes.get(scene_name)
17           return val
18
19       def opening_scene(self):
20           return self.next_scene(self.start_scene)
```

Depois, tenho a classe Map e você pode ver que ela está armazenando cada cena pelo nome em um dicionário, então, consulto esse dic com Map.scenes. Também é por isso que o mapa vem depois das cenas, pois, como o dicionário precisa referenciar as cenas, elas precisam existir.

```
                                                                ex43.py
1    a_map = Map('central_corridor')
2    a_game = Engine(a_map)
3    a_game.play()
```

Finalmente, tenho meu código que executa o jogo criando um Map, e, então, entrega esse mapa a Engine antes de chamar play para o jogo funcionar.

O que Você Deve Ver

Compreenda o jogo e perceba se tentou resolvê-lo sozinho primeiramente. Algo a fazer caso você fique confuso é colar um pouco lendo meu código e continuar tentando resolver sozinho.

Quando executo meu jogo, ele fica assim:

Sessão do Exercício 43

```
$ python3.6 ex43.py
The Gothons of Planet Percal #25 have invaded your ship and destroyed
```

your entire crew. You are the last surviving member and your last
mission is to get the neutron destruct bomb from the Weapons Armory, put
it in the bridge, and blow the ship up after getting into an escape pod.

You're running down the central corridor to the Weapons Armory when
a Gothon jumps out, red scaly skin, dark grimy teeth, and evil clown
costume flowing around his hate filled body. He's blocking the door
to the Armory and about to pull a weapon to blast you.

> dodge!

Like a world class boxer you dodge, weave, slip and slide right as
the Gothon's blaster cranks a laser past your head. In the middle
of your artful dodge your foot slips and you bang your head on the
metal wall and pass out. You wake up shortly after only to die as the
Gothon stomps on your head and eats you.

You're worse than your Dad's jokes.
```

## Exercícios Simulados

1. Mude! Talvez você odeie esse jogo. Ele pode ser violento demais ou você não gosta de ficção científica. Faça o jogo funcionar e, então, mude-o como quiser. O computador é seu, você faz o que quiser.

2. Tenho um erro no código. Por que a fechadura da porta é adivinhada 11 vezes?

3. Explique como funciona retornar a próxima sala.

4. Adicione macetes ao jogo para poder passar das salas mais difíceis. Posso fazer isso com duas palavras em uma linha.

5. Volte para minha descrição e análise, depois tente criar um pequeno sistema de combate para o herói e os vários Gothons que ele encontra.

6. É apenas uma pequena versão de algo chamado "máquina de estados finitos". Leia sobre isso. Pode não fazer sentido, mas experimente.

## Perguntas Comuns dos Alunos

**Onde posso encontrar histórias para meus próprios jogos?** É possível criá-las, como você contaria uma história a um amigo. Ou pode pegar cenas simples em um livro ou filme do qual gosta.
```

Herança versus Composição

Nos contos de fada sobre heróis que derrotam vilões, sempre há algum tipo de floresta negra. Pode ser uma caverna, floresta, outro planeta, enfim, um lugar aonde todos sabem que o herói não deve ir. Naturalmente, logo depois de o vilão ser apresentado, você descobre, sim, que o herói precisa ir a essa floresta idiota para matar o cara mau. Parece que o herói sempre entra em situações nas quais ele precisa arriscar a vida nessa floresta do mal.

Raramente você lê contos de fada sobre heróis que são espertos o bastante para evitar a situação. Um herói nunca diz: "Espere. Se eu parasse de ganhar uma fortuna em alto-mar, deixando a florzinha para trás, poderia morrer e ela se casaria com algum príncipe feio chamado Humperdink. Humperdink! Acho que ficarei aqui e abrirei um negócio." Se ele fizesse isso, não haveria pântano em chamas, agonia, reanimação, lutas de espada, gigantes ou nenhum tipo de história. Por isso, a floresta, nessas histórias, parece existir como um buraco negro que arrasta o herói, não importa o que ele faça.

Na programação orientada a objetos, a herança é a floresta do mal. Programadores experientes sabem evitar esse mal porque sabem que, nas profundezas da Herança da Floresta Negra, há a Herança de Múltiplas Rainhas do Mal. Ela gosta de comer software e programadores com os grandes dentes da complexidade, mastigando a carne dos decaídos. Mas a floresta é tão poderosa e tentadora, que praticamente todo programador precisa entrar, tentar sobreviver e voltar com a cabeça da Rainha do Mal antes de serem chamados de programadores de verdade. Você não consegue resistir ao chamado da Floresta de Herança, então, entra. Depois da aventura, aprende a ficar longe dessa floresta idiota e trazer um exército, caso seja forçado a entrar de novo.

Basicamente, esse é um modo divertido de dizer que ensinarei algo que você deve usar com cuidado, chamado *herança*. Os programadores que estão atualmente na floresta lutando com a Rainha, com certeza dirão que você precisa entrar. Eles dizem isso porque precisam de sua ajuda, pois o que criaram provavelmente é demais para eles lidarem. Mas você sempre deve lembrar o seguinte:

Grande parte dos usos da herança pode ser simplificada ou substituída pela composição, e a herança múltipla deve ser evitada a todo custo.

O que É Herança?

A herança é usada para indicar que uma classe obterá grande parte ou todos os recursos de uma classe-mãe. Isso acontece implicitamente sempre que você escreve class Foo(Bar), que informa: "Crie uma classe Foo que herda de Bar." Assim, a linguagem faz com que qualquer ação tomada nas instâncias de Foo também funcione como se fosse tomada em uma instância de Bar. Fazer isso permite colocar uma funcionalidade comum na classe Bar e especializar essa funcionalidade na classe Foo, quando necessário.

Ao fazer esse tipo de especialização, há três modos das classes mãe e filha interagirem:

1. As ações na filha implicam uma ação na mãe.
2. As ações na filha anulam a ação na mãe.
3. As ações na filha alteram a ação na mãe.

Agora, demonstrarei cada uma em ordem e mostrarei o código.

Herança Implícita

Primeiro, mostrarei as ações implícitas que ocorrem quando você define uma função na mãe, mas *não* na filha.

ex44a.py

```
1   class Parent(object):
2
3       def implicit(self):
4           print("PARENT implicit()")
5
6   class Child(Parent):
7       pass
8
9   dad = Parent()
10  son = Child()
11
12  dad.implicit()
13  son.implicit()
```

O uso de pass em class Child: é como você informa ao Python que deseja um bloco vazio. Isso cria uma classe chamada Child, mas informa que não há nada novo para definir nela. Ela herdará todo seu comportamento de Parent. Quando você executar o código, terá o seguinte:

Sessão do Exercício 44a

```
$ python3.6 ex44a.py
PARENT implicit()
PARENT implicit()
```

Observe que, embora eu esteja chamando son.implicit() na linha 13 e Child *não* tenha uma função implicit definida, ela ainda funciona e chama a definida em Parent. Isso mostra que, se você precisar colocar funções em uma classe base (ou seja, Parent), todas as subclasses (ou seja, Child) obterão automaticamente esses recursos. Muito útil para o código repetitivo necessário em muitas classes.

Sobrescreva Explicitamente

O problema de ter funções chamadas implicitamente é que, algumas vezes, você deseja que a filha se comporte de modo diferente. Nesse caso, deseja sobrescrever (override) a função na filha, de fato substituindo a funcionalidade. Para tanto, basta definir uma função com o mesmo nome em Child. Veja um exemplo:

ex44b.py

```
1   class Parent(object):
2
3       def override(self):
4           print("PARENT override()")
5
6   class Child(Parent):
7
8       def override(self):
9           print("CHILD override()")
10
11  dad = Parent()
12  son = Child()
13
14  dad.override()
15  son.override()
```

Neste exemplo, tenho uma função chamada override nas duas classes, portanto, vejamos o que acontece quando a executo.

Sessão do Exercício 44b

```
$ python3.6 ex44b.py
PARENT override()
CHILD override()
```

Como é possível ver, quando a linha 14 é executada, ela executa a função Parent.override porque essa variável (dad) é Parent. Mas quando a linha 15 é executada, imprime mensagens Child.override porque son é uma instância de Child, que sobrescreve essa função definindo sua própria versão.

Faça uma pausa agora e tente experimentar esses dois conceitos antes de continuar.

Altere Antes ou Depois

O terceiro modo de usar a herança é um caso especial de sobrescrição, no qual você deseja alterar o comportamento antes ou depois da versão da classe Parent ser executada. Primeiramente, você anula a função exatamente como no último exemplo, mas usa uma função embutida do Python chamada super para nomear a versão Parent. Veja um exemplo para entender a descrição:

ex44c.py

```
1    class Parent(object):
2
3        def altered(self):
4            print("PARENT altered()")
5
6    class Child(Parent):
7
8        def altered(self):
9            print("CHILD, BEFORE PARENT altered()")
10           super(Child, self).altered()
11           print("CHILD, AFTER PARENT altered()")
12
13   dad = Parent()
14   son = Child()
15
16   dad.altered()
17   son.altered()
```

As linhas importantes aqui são 9–11, nas quais, em `Child`, faço o seguinte quando `son.altered()` é chamada:

1. Como sobrescrevi `Parent.altered`, a versão `Child.altered` é executada e a linha 9 é executada como o esperado.

2. Nesse caso, quero fazer isso antes e depois, portanto, após a linha 9, desejo usar `super` para obter a versão `Parent.altered`.

3. Na linha 10, chamo `super(Child, self).altered()`, que reconhece a herança e obterá a classe `Parent`. Você deve ler isso como "chamar `super` com os argumentos `Child` e `self`, depois, chamar a função `altered` no que for retornado".

4. Nesse ponto, a versão `Parent.altered` da função é executada e isso imprime a mensagem `Parent`.

5. Finalmente, retorna de `Parent.altered` e a função `Child.altered` continua a imprimir a mensagem após.

Se você executar, deverá ver isto:

Sessão do Exercício 44c

```
$ python3.6 ex44c.py
PARENT altered()
CHILD, BEFORE PARENT altered()
PARENT altered()
CHILD, AFTER PARENT altered()
```

Os Três Combinados

Para demonstrar tudo, tenho uma versão final que apresenta cada tipo de interação a partir da herança em um arquivo:

ex44d.py

```
1   class Parent(object):
2
3       def override(self):
4           print("PARENT override()")
5
6       def implicit(self):
7           print("PARENT implicit()")
8
9       def altered(self):
10          print("PARENT altered()")
11
12  class Child(Parent):
13
14      def override(self):
15          print("CHILD override()")
16
17      def altered(self):
18          print("CHILD, BEFORE PARENT altered()")
19          super(Child, self).altered()
20          print("CHILD, AFTER PARENT altered()")
21
22  dad = Parent()
23  son = Child()
24
25  dad.implicit()
26  son.implicit()
27
28  dad.override()
29  son.override()
30
31  dad.altered()
32  son.altered()
```

Examine cada linha do código e escreva um comentário explicando o que ela faz e se é uma anulação ou não. Depois, execute-a e confirme se você obtém o esperado:

Sessão do Exercício 44d

```
$ python3.6 ex44d.py
PARENT implicit()
PARENT implicit()
```

```
PARENT override()
CHILD override()
PARENT altered()
CHILD, BEFORE PARENT altered()
PARENT altered()
CHILD, AFTER PARENT altered()
```

O Motivo de super()

Isso deveria parecer senso comum, mas, então, temos problemas com algo chamado herança múltipla. Isso ocorre quando você define uma classe que herda de uma ou *mais* classes, assim:

```
class SuperFun(Child, BadStuff):
    pass
```

É como dizer: "Crie uma classe chamada `SuperFun` que herda das classes `Child` e `BadStuff` ao mesmo tempo."

Nesse caso, sempre que você tem ações implícitas em qualquer instância `SuperFun`, o Python precisa pesquisar a possível função na hierarquia de classes para obter `Child` e `BadStuff`, mas tem que fazer isso em uma ordem consistente. Para tanto, ele usa a "ordem de resolução de métodos" (MRO) e um algoritmo chamado C3 para deixar claro.

Como o MRO é complexo e um algoritmo bem definido é usado, o Python não pode deixar que você tente resolver o MRO. Em vez disso, ele fornece a função `super()`, que lida com tudo isso nos lugares em que você precisa do tipo de ação de alteração de tipos, como fiz em `Child.altered`. Com `super()`, você não precisa preocupar-se em acertar isso e o Python encontrará a função certa para você.

Usando super() com __init__

O uso mais comum de `super()` está realmente nas funções `__init__` das classes base. Em geral, é o único lugar em que você precisa fazer algumas coisas em uma classe filha, e, então, concluir a inicialização na classe mãe. Veja um exemplo rápido em `Child`:

```
class Child(Parent):
    def init (self, stuff):
        self.stuff = stuff
        super(Child, self). init ()
```

É muito parecido com o exemplo `Child.altered` acima, exceto que estou definindo algumas variáveis em `__init__` antes de fazer `Parent` inicializar com `Parent.__init__`.

Composição

A herança é útil, mas outro modo de fazer exatamente isso é *usar* outras classes e módulos, ao invés de contar com a herança implícita. Se você olhar os três modos de explorar a herança, dois deles envolvem escrever um código novo para substituir ou alterar a funcionalidade. Isso pode ser replicado facilmente chamando as funções em um módulo. Veja um exemplo:

ex44e.py

```python
class Other(object):

    def override(self):
        print("OTHER override()")

    def implicit(self):
        print("OTHER implicit()")

    def altered(self):
        print("OTHER altered()")

class Child(object):

    def __init__(self):
        self.other = Other()

    def implicit(self):
        self.other.implicit()

    def override(self):
        print("CHILD override()")

    def altered(self):
        print("CHILD, BEFORE OTHER altered()")
        self.other.altered()
        print("CHILD, AFTER OTHER altered()")

son = Child()

son.implicit()
son.override()
son.altered()
```

Nesse código, estou usando o nome Parent, pois *não existe* uma relação é-um entre mãe e filha. É uma relação tem-um, na qual Child tem-um Other, que ela usa para fazer o trabalho. Quando executo isso, tenho a seguinte saída:

Sessão do Exercício 44e

```
$ python3.6 ex44e.py
OTHER implicit()
CHILD override()
CHILD, BEFORE OTHER altered()
OTHER altered()
CHILD, AFTER OTHER altered()
```

É possível ver que grande parte do código em `Child` e `Other` é igual para fazer a mesma coisa. A única diferença é que precisei definir uma função `Child.implicit` para fazer isso em uma ação. Seria possível perguntar a mim mesmo se preciso que `Other` seja uma classe e se eu não poderia fazer isso em um módulo chamado `other.py`?

Quando Usar a Herança ou a Composição

A questão da "herança versus composição" se resume a uma tentativa de resolver o problema do código reutilizável. Você não deseja ter um código duplicado no software, pois não é limpo nem eficiente. A herança resolve isso criando um mecanismo para que você tenha recursos implícitos nas classes base. A composição resolve fornecendo módulos e a capacidade de chamar funções em outras classes.

Se as duas soluções resolvem o problema da reutilização, então, qual é adequada em quais situações? A resposta é muito subjetiva, mas darei minhas três diretrizes para quando fizer qual:

1. Evite a herança múltipla a todo custo, pois é complexa demais para ser confiável. Se for inevitável, prepare-se para conhecer a hierarquia de classes e passar um tempo descobrindo de onde vem tudo.

2. Use a composição para colocar o código em módulos, que são usados em muitos lugares e situações diferentes e não relacionados.

3. Use a herança apenas quando houver partes de código reutilizáveis e claramente relacionadas que se encaixam em um conceito comum ou se precisar por causa de algo que está usando.

Não siga as regras cegamente. É necessário lembrar que a programação orientada a objetos é uma convenção inteiramente social, que os programadores criaram para reunir e compartilhar o código. Como é uma convenção social, mas uma que está codificada em Python, você pode ser forçado a evitar essas regras por causa das pessoas com quem trabalha. Nesse caso, descubra como elas usam as coisas e adapte-se à situação.

Exercícios Simulados

Há apenas um Exercício Simulado aqui porque é grande. Acesse e leia em http://www.python.org/dev/peps/pep-0008/ (conteúdo em inglês) e tente usar em seu código. Você notará que parte do código é diferente do que aprendeu neste livro, mas agora deve conseguir entender suas recomendações e usá-las em seu próprio código. O resto do código neste livro pode ou não seguir essas diretrizes, dependendo de isso tornar ou não o código mais confuso. Sugiro que você também faça isso, pois a compreensão é mais importante do que impressionar todos com seu conhecimento de regras de estilo complexas.

Perguntas Comuns dos Alunos

Como resolvo melhor os problemas que não vi antes? O único modo de resolver melhor os problemas é resolver o máximo que puder *sozinho*. Em geral, as pessoas veem um problema difícil e correm para encontrar uma resposta. Isso é bom quando você precisa fazer as coisas, mas, se tiver tempo para resolvê-lo sozinho, leve o tempo necessário. Pare e quebre a cabeça com o problema o tempo que precisar, experimentando cada possível coisa até resolver ou desistir. Depois disso, as respostas encontradas serão mais satisfatórias e você se tornará melhor em resolver os problemas.

Os objetos não são apenas cópias das classes? Em algumas linguagens (como JavaScript) é verdade. São chamados de linguagens de protótipo e não há muitas diferenças entre objetos e classes, exceto o uso. No Python, as classes agem como templates que "cunham" novos objetos, similar a como as moedas são cunhadas usando um molde (template).

EXERCÍCIO 45

Você Cria um Jogo

V ocê precisa aprender a andar sozinho. Felizmente, como estudou este livro, aprendeu que todas as informações necessárias estão na internet. Basta pesquisar. Apenas faltavam as palavras certas e o que procurar quando pesquisar. Agora que você deve ter uma ideia, é hora de experimentar um grande projeto e fazê-lo funcionar.

Veja os requisitos:

1. Crie um jogo diferente do meu.
2. Use mais de um arquivo, aproveitando `import` para utilizá-lo. Verifique se sabe o que é.
3. Use *uma classe por sala* e nomeie-as segundo suas finalidades (como `GoldRoom`, `KoiPondRoom`).
4. Seu corredor precisará conhecer as salas, portanto, desenvolva uma classe que as executa e as conheça. Há muitos modos de fazer isso, mas considere fazer com que cada sala retorne qual é a próxima ou defina uma variável da próxima sala.

Fora isso, é com você. Passe uma semana inteira e crie o melhor jogo que puder. Use classes, funções, dics, listas, qualquer coisa que puder para tornar bom o jogo. A finalidade da lição é ensiná-lo a estruturar as classes que precisam de outras classes dentro de outros arquivos.

Lembre-se, não vou dizer *exatamente* como fazer porque você precisa fazer sozinho. Descubra. Programar é resolver problemas e isso significa tentar meios, experimentar, jogar fora seu trabalho e tentar de novo. Quando não sair do lugar, peça ajuda e mostre seu código às pessoas. Se elas tratarem mal você, ignore e foque aquelas que não fazem isso e se oferecem para ajudar. Continue trabalhando e corrigindo até ficar bom, depois mostre para outras pessoas.

Boa sorte e vejo você em uma semana com seu jogo.

Avaliando o Jogo

Neste exercício, você avaliará o jogo que criou. Talvez tenha entrado por um caminho e ficou preso. Conseguiu que funcionasse parcialmente. De qualquer modo, veremos por muitas coisas que você deveria conhecer agora e verificar se tratou delas no seu jogo. Estudaremos como formatar corretamente uma classe, as convenções comuns, ao usar as classes e muitos conhecimentos "teóricos".

Por que eu faria você experimentar isso sozinho e depois mostraria como fazer do modo certo? De agora em diante no livro, tentarei fazer com que você se torne autossuficiente. Venho segurando sua mão na maior parte do tempo e não posso mais fazer isso. Agora, ao invés de lhe dar coisas para fazer, você irá fazê-las sozinho e direi como melhorar o que fez.

No início, será uma luta e provavelmente você ficará frustrado, mas continue e finalmente conseguirá resolver os problemas. Você começará a encontrar soluções criativas para os problemas, ao invés de apenas copiar as soluções dos manuais.

Estilo de Função

Todas as outras regras que ensinei sobre como criar uma bela função aplicam-se aqui, mas acrescente isto:

- Por vários motivos, os programadores chamam de "métodos" as funções que fazem parte das classes. Em grande parte é marketing, mas saiba que sempre que você diz "função", será irritantemente corrigido para dizer "método". Se ficar chato demais, peça para alguém demonstrar a matemática que determina como um "método" é diferente de uma "função" e faça a pessoa calar a boca.

- Quando se trabalha com classes, grande parte do tempo é gasto falando sobre como fazer a classe "fazer coisas". Ao invés de nomear uma função segundo o que ela faz, nomeie como se fosse um comando que você está dando à classe. Por exemplo, `pop` informa: "Ei lista, use `pop` nisso." Não se chama `remove_from_end_of_list` porque, mesmo que seja o que ela faz, não é um *comando* para uma lista.

- Mantenha as funções pequenas e simples. Por algum motivo, quando as pessoas começam a aprender sobre classes, elas esquecem disso.

Estilo de Classe

- Sua classe deve usar "camelcase" como em `SuperGoldFactory`, ao invés do "formato com sublinhado" como em `super_gold_factory`.

- Tente não fazer muita coisa em suas funções `__init__`. Elas ficam mais difíceis de usar.

- Suas outras funções devem usar o formato com sublinhado, portanto, escreva `my_awesome_hair` e não `myawesomehair` ou `MyAwesomeHair`.

- Seja consistente no modo de organizar os argumentos da função. Se sua classe precisar lidar com usuários, cães e gatos, mantenha essa ordem, a menos que realmente não faça sentido. Se tiver uma função que recebe (`dog`, `cat`, `user`) e a outra recebe (`user`, `cat`, `dog`), será difícil de usar.

- Tente não usar variáveis que vêm do módulo ou de globais. As classes devem ser bem independentes.
- Uma consistência ruim é o pesadelo das mentes limitadas. Consistência é bom, mas seguir estupidamente um mantra idiota porque outras pessoas o utilizam é um estilo ruim. Pense por si mesmo.
- Sempre, *sempre* use o formato `class Name(object)`, ou terá problemas.

Estilo de Código

- Dê a seu código um espaço vertical para as pessoas poderem ler. Você encontrará programadores muito ruins que conseguem escrever um código razoável, mas que não acrescentam *nenhum* espaço. É um estilo inadequado em qualquer linguagem, porque os olhos e o cérebro das pessoas usam o espaço e o alinhamento vertical para percorrer e separar os elementos visuais. Não ter espaço é o mesmo que dar ao código uma camuflagem terrível.
- Se você não consegue ler em voz alta, provavelmente é difícil de ler. Se tiver problemas para criar algo fácil de usar, experimente ler em voz alta. Não só o força a ir devagar e realmente ler, como também ajuda a encontrar as passagens difíceis e as coisas que precisam ser alteradas para ficar legível.
- Tente fazer o que as outras pessoas estão fazendo no Python até encontrar seu próprio estilo.
- Assim que encontrar seu estilo, não seja imbecil. Trabalhar com o código de outras pessoas faz parte de ser programador e os outros têm um gosto muito ruim. Acredite, provavelmente você terá um gosto muito ruim também e nem vai perceber.
- Se encontrar alguém que escreve código no estilo que você gosta, tente escrever algo que imite esse estilo.

Bons Comentários

- Os programadores dirão que seu código precisa ser legível o suficiente a ponto de não precisar de comentários. Então eles dirão com voz pomposa: "Logo, nunca se escreve comentários nem documentação. CQD." Esses programadores ou são consultores que serão melhor remunerados se outras pessoas não puderem usar o código deles ou são incompetentes que tendem a nunca trabalhar com outras pessoas. Ignore-os e escreva comentários.
- Quando escrever comentários, descreva *por que* está fazendo o que faz. O código já informa como, portanto, por que você fez de tal modo é mais importante.

- Ao escrever comentários de documentação para suas funções, faça a documentação para alguém que precisará usar seu código. Não exagere, mas uma pequena frase sobre o que alguém pode fazer com a função ajudará muito.
- Embora comentários sejam bons, o excesso é ruim e você precisa mantê-los. Deixe comentários relativamente curtos e objetivos, e, se você mudar uma função, analise o comentário para verificar se ainda está correto.

Avalie Seu Jogo

Agora, quero que você finja ser eu. Adote uma visão muito severa, imprima seu código, pegue uma caneta vermelha e marque cada erro encontrado, inclusive qualquer coisa deste exercício e das diretrizes lidas até o momento. Assim que terminar de marcar o código, quero que corrija tudo que você encontrou. Então, repita isso algumas vezes, procurando qualquer coisa que possa ficar melhor. Use todos os truques que eu dei para dividir seu código na menor análise que puder.

A finalidade do exercício é treinar sua atenção aos detalhes nas classes. Logo que terminar com este pequeno código, pegue o código de outra pessoa e faça o mesmo. Analise uma cópia impressa de alguma parte dele e indique todos os erros e problemas de estilo encontrados. Depois, corrija e veja se suas correções podem ser feitas sem corromper o programa.

Quero que você não faça nada além de avaliar e corrigir códigos por uma semana; seu próprio código e o de outra pessoa. Será um trabalho bem difícil, mas, quando terminar, seu cérebro estará super alerta.

EXERCÍCIO 46

Esqueleto do Projeto

Aqui você começará a aprender como configurar um bom diretório do "esqueleto" do projeto. Esse diretório terá todos os fundamentos necessários para começar a trabalhar com o projeto. Ele terá o layout do projeto, testes automáticos, módulos e scripts de instalação. Quando você for criar um novo projeto, basta copiar o diretório com um novo nome e editar os arquivos para iniciar.

Configuração do macOS/Linux

Antes de iniciar o exercício, você precisa instalar o software para o Python usando uma ferramenta chamada pip3.6 (ou apenas pip) para instalar os novos módulos. O comando pip3.6 deve ser incluído na instalação do python3.6. Você desejará verificar isso usando este comando:

```
$ pip3.6 list
pip (9.0.1)
setuptools (28.8.0)
$
```

É possível ignorar qualquer aviso de descontinuação (deprecation) se vir um. Também poderá ver outras ferramentas instaladas, mas a base deve ser o pip e setuptools. Assim que tiver verificado isso, poderá instalar o virtualenv:

```
$ sudo pip3.6 install virtualenv
Password:
Collecting virtualenv
  Downloading virtualenv-15.1.0-py2.py3-none-any.whl (1.8MB)
    100% |||||||||||||||||||||||||||||||| 1.8MB 1.1MB/s
Installing collected packages: virtualenv
Successfully installed virtualenv-15.1.0
$
```

Isso é para os sistemas Linux ou macOS. Se você estiver usando o Linux/macOS, desejará executar o seguinte comando para usar o virtualenv correto:

```
$ whereis virtualenv
/Library/Frameworks/Python.framework/Versions/3.6/bin/virtualenv
```

Deve ser exibido algo como as linhas acima no macOS, mas o Linux irá variar. No Linux, você pode ter um comando virtualenv3.6 real ou pode ser melhor instalar um pacote para ele a partir do sistema de gerenciamento de pacotes.

Assim que tiver instalado o virtualenv, poderá usá-lo para criar uma instalação "falsa" do Python, que facilita gerenciar as versões de seus pacotes para diferentes projetos. Primeiro, execute este comando e explicarei o que ele faz:

```
$ mkdir ~/.venvs
$ virtualenv --system-site-packages ~/.venvs/lpthw
$ . ~/.venvs/lpthw/bin/activate
(lpthw) $
```

Veja o que acontece linha por linha:

1. Você cria um diretório chamado .venvs em HOME ~/ para armazenar todos os ambientes virtuais.

2. Executa virtualenv e o informa para incluir os pacotes dos locais do sistema (--system-site- packages), depois o instrui para criar o ambiente virtual em ~/.venvs/lpthw.

3. Então, "origina" o ambiente virtual lpthw usando o operador . no bash, seguido pelo script ~/.venvs/lpthw/bin/activate.

4. Finalmente, seu prompt muda para incluir (lpthw), para que saiba que está usando esse ambiente virtual.

Agora, é possível ver onde as coisas estão instaladas:

```
(lpthw) $ which python
/Users/zedshaw/.venvs/lpthw/bin/python
(lpthw) $ python
Python 3.6.0rc2 (v3.6.0rc2:800a67f7806d, Dec 16 2016, 14:12:21)
[GCC 4.2.1 (Apple Inc. build 5666) (dot 3)] on darwin
Type "help", "copyright", "credits" or "license" for more information.
>>> quit()
(lpthw) $
```

Você pode ver que o python executado está instalado no diretório /Users/zedshaw/.venvs/lpthw/bin/python, ao invés do local original. Isso também resolve o problema de precisar digitar python3.6, uma vez que ambos estão instalados:

```
$ which python3.6
/Users/zedshaw/.venvs/lpthw/bin/python3.6
(lpthw) $
```

A mesma coisa acontecerá com os comandos virtualenv e pip. A etapa final nessa configuração é instalar nose, um framework de testes que usaremos no exercício:

```
$ pip install nose
Collecting nose
  Downloading nose-1.3.7-py3-none-any.whl (154kB)
    100% |!!!!!!!!!!!!!!!!!!!!!!!!!!!!!!!!| 163kB 3.2MB/s
Installing collected packages: nose
Successfully installed nose-1.3.7
(lpthw) $
```

Configuração do Windows 10

A instalação no Windows 10 é um pouco mais simples do que no Linux ou no macOS, mas apenas se você tiver *uma* versão do Python instalada. Se tiver o Python 3.6 e Python 2.7 instalados, será por sua conta, pois é muito mais difícil gerenciar várias instalações. Se você acompanhou no livro até agora e tem apenas o Python 3.6, veja o que fazer. Primeiro, mude para seu diretório pessoal e confirme se está executando a versão certa do python:

```
> cd ~
> python
Python 3.6.0 (v3.6.0:41df79263a11, Dec 23 2016, 08:06:12)
    [MSC v.1900 64 bit (AMD64)] on win32
Type "help", "copyright", "credits" or "license" for more information.
>>> quit()
```

Então, desejará executar o `pip` para confirmar se tem uma instalação básica:

```
> pip list
pip (9.0.1)
setuptools (28.8.0)
```

É possível ignorar com segurança qualquer aviso de descontinuação (deprecation) e está tudo bem se você tiver outros pacotes instalados. Em seguida, você instalará o `virtualenv` para configurar os ambientes virtuais simples para o resto do livro:

```
> pip install virtualenv
Collecting virtualenv
    Using cached virtualenv-15.1.0-py2.py3-none-any.whl
Installing collected packages: virtualenv
Successfully installed virtualenv-15.1.0
```

Assim que terminar a instalação de `virtualenv`, precisará criar um diretório .venvs e preenchê-lo com um ambiente virtual:

```
> mkdir .venvs
> virtualenv —system-site-packages .venvs/lpthw
Using base prefix
    'c:\\users\\zedsh\\appdata\\local\\programs\\python\\python36'
New python executable in
    C:\Users\zedshaw\.venvs\lpthw\Scripts\python.exe
Installing setuptools, pip, wheel...done.
```

Esses dois comandos criam uma pasta .venvs para armazenar diferentes ambientes virtuais e geram o primeiro, chamado `lpthw`. Um ambiente virtual (virtualenv) é um lugar "falso" para instalar o software, assim você pode ter diferentes versões de diferentes pacotes para cada projeto no qual estiver trabalhando. Logo que tiver virtualenv configurado, precisará ativá-lo:

```
> .\.venvs\lpthw\Scripts\activate
```

Isso executará o script `activate` do PowerShell, que configura o ambiente virtual `lpthw` para o shell atual. Sempre que você quiser usar o software do livro, executará esse comando. Você notará no próximo comando que agora há um (`lpthw`) adicionado ao prompt do PowerShell que mostra qual `virtualenv` você está usando. Finalmente, só é necessário instalar `nose` para executar os testes mais tarde:

```
(lpthw) > pip install nose
Collecting nose
  Downloading nose-1.3.7-py3-none-any.whl (154kB)
     100% |!!!!!!!!!!!!!!!!!!!!!!!!!!!!!!!!| 163kB 1.2MB/s
Installing collected packages: nose
Successfully installed nose-1.3.7
(lpthw) >
```

Você notará que isso instala o `nose`, exceto que o `pip` o instalará no seu ambiente virtual `.venvs\lpthw`, ao invés de no diretório de pacotes do sistema principal. Isso permite instalar versões conflitantes de pacotes Python para cada projeto no qual você estiver trabalhando sem afetar a configuração do sistema principal.

Criando o Diretório de Esqueletos de Projetos

Primeiro, crie a estrutura do diretório com esses comandos:

```
$ mkdir projects
$ cd projects/
$ mkdir skeleton
$ cd skeleton
$ mkdir bin NAME tests docs
```

Uso um diretório chamado `projects` para armazenar várias coisas nas quais estou trabalhando. Dentro do diretório, tenho um `skeleton`, no qual coloco a base dos meus projetos. O diretório NAME será renomeado com qualquer título dado ao módulo principal do projeto quando você usar o esqueleto.

Em seguida, precisamos configurar alguns arquivos iniciais. Veja como fazer isso no Linux/macOS:

```
$ touch NAME/__init__.py
$ touch tests/__init__.py
```

Veja o mesmo no PowerShell do Windows:

```
$ new-item -type file NAME/__init__.py
$ new-item -type file tests/__init__.py
```

Isso cria um diretório de módulos Python vazio, no qual podemos colocar nosso código. Então, é necessário criar um arquivo `setup.py` que possamos usar para instalar nosso projeto mais tarde, se quisermos.

setup.py

```
1   try:
2       from setuptools import setup
3   except ImportError:
4       from distutils.core import setup
5   
6   config = {
7       'description': 'My Project',
8       'author': 'My Name',
9       'url': 'URL to get it at.',
10      'download_url': 'Where to download it.',
11      'author_email': 'My email.',
12      'version': '0.1',
13      'install_requires': ['nose'],
14      'packages': ['NAME'],
15      'scripts': [],
16      'name': 'projectname'
17  }
18  
19  setup(**config)
```

Edite esse arquivo para que ele tenha suas informações de contato e esteja pronto para quando você copiá-lo.

Finalmente, crie um arquivo de esqueleto simples chamado `tests/NAME_tests.py`:

NAME_tests.py

```
1   from nose.tools import *
2   import NAME
3   
4   def setup():
5       print("SETUP!")
6   
7   def teardown():
8       print("TEAR DOWN!")
9   
10  def test_basic():
11      print("I RAN!")
```

Estrutura Final do Diretório

Quando terminar de configurar tudo, seu diretório deverá ficar como o meu aqui:

```
skeleton/
    NAME/
        __init__.py
```

```
bin/
docs/
setup.py
tests/
    NAME_tests.py
    __init__.py
```

E, de agora em diante, você deverá executar seus comandos nesse diretório. Se não conseguir, use `ls -R` e, se não vir a mesma estrutura, está no lugar errado. Por exemplo, as pessoas, em geral, vão para o diretório `tests/` e tentam executar arquivos nele, o que não funcionará. Para executar os testes do seu aplicativo, você precisa estar *acima de* `tests/` e é este o local que tenho acima. Então, se tentar:

```
$ cd tests/#          ERRADO! ERRADO! ERRADO!
$ nosetests
```

Ran 0 tests in 0.000s

OK

Está *errado*! Você precisa estar acima de `tests/`. Então, supondo que você cometeu esse erro, iria corrigi-lo fazendo isso:

```
$ cd ..   # saia de tests/
$ ls      # CORRETO! agora está no lugar certo
NAME        bin         docs        setup.py    tests
$ nosetests
.
```

Ran 1 test in 0.004s

OK

Lembre disso, porque as pessoas cometem esse erro com muita frequência.

AVISO! Na época da publicação deste livro, descobri que o projeto nose foi abandonado e poderia não funcionar bem. Se você notar erros estranhos de sintaxe quando executar `nosetests`, veja a saída do erro. Se ele se referir a "python2.7" na saída, há chances de serem os `nosetests` tentando executar a versão 2.7 do Python no computador. A solução é executar `nose` usando `python3.6 -m "nose"` no Linux ou macOS. No Windows pode não haver esse problema, mas usar `python -m "nose"` resolverá, se acontecer.

Testando a Configuração

Depois de ter tudo instalado, você deve conseguir fazer isto:

```
$ nosetests
.
--------------------------------------------------
Ran 1 test in 0.007s

OK
```

Explicarei o que `nosetests` está fazendo no próximo exercício, mas agora, se você não vir isso, provavelmente algo deu errado. Verifique se colocou os arquivos `__init__.py` nos diretórios NAME e tests, e veja se o `tests/NAME_tests.py` está correto.

Usando o Esqueleto

Agora, você terminou grande parte da enrolação. Sempre que quiser iniciar um novo projeto, faça isto:

1. Crie uma cópia do diretório do esqueleto. Nomeie-o de acordo com seu novo projeto.
2. Renomeie (mova) o diretório NAME para ter o nome do seu projeto ou o que quiser como nome do seu módulo raiz.
3. Edite seu `setup.py` para ter todas as informações do projeto.
4. Renomeie `tests/NAME_tests.py` para também ter o nome do seu módulo.
5. Verifique com atenção se tudo funciona usando `nosetests` novamente.
6. Comece a codificar.

Teste Requerido

Este Exercício não tem Simulados; veja um teste que você deve fazer:

1. Leia sobre como usar todas as coisas que você instalou.
2. Leia sobre o arquivo `setup.py` e tudo que ele oferece. Aviso: não é uma parte do software bem escrita, portanto, será muito estranho utilizá-lo.
3. Crie um projeto e comece a colocar código no módulo, depois faça o módulo funcionar.
4. Coloque um script no diretório `bin` que você possa executar. Leia sobre como é possível criar um script do Python que seja executável em seu sistema.

5. Mencione o script `bin` criado em `setup.py` para que ele seja instalado.

6. Use `setup.py` para instalar seu próprio módulo e garanta que ele funcione. Depois, use `pip` para desinstalá-lo.

Perguntas Comuns dos Alunos

Essas instruções funcionam no Windows? Deveriam, mas, dependendo da versão do Windows, você pode precisar lidar um pouco com a configuração para que funcione. Apenas continue pesquisando e tentando até conseguir ou veja se pode pedir ajuda a um amigo experiente que usa o Python+Windows.

O que eu coloco no dicionário config em `setup.py`? Leia a documentação de `distutils` em http://docs.python.org/distutils/setupscript.html (conteúdo em inglês).

Não consigo carregar o módulo `NAME` e tenho um `ImportError`. Verifique se você criou o arquivo `NAME/__init__.py`. Se estiver no Windows, verifique se não o nomeou como `NAME/__init__.py.txt` sem querer, o que acontece por padrão com alguns editores.

Por que preciso de uma pasta `bin/`? É apenas um local padrão para colocar os scripts executados na linha de comando, não um lugar para colocar os módulos.

Meus `nosetests` executados mostram apenas um teste em execução. Está certo? Sim, é isso que minha saída apresenta também.

Teste Automático

EXERCÍCIO 47

Precisar sempre digitar comandos no jogo para verificar se ele está funcionando é chato. Não seria melhor escrever pequenas partes de código que o testam? Assim, quando você fizesse uma alteração ou adicionasse algo novo ao programa, bastaria "executar seus testes" e eles verificariam se as coisas ainda funcionam. Esses testes automáticos não pegam todos os erros, mas reduzirão o tempo gasto digitando e executando repetidamente seu código.

Os exercícios depois deste não terão uma seção *O que Você Deve Ver*, mas *O que Você Deve Testar*. Você escreverá testes automáticos para todo código, começando agora, e isso irá torná-lo um programador ainda melhor.

Não tentarei explicar por que você deve escrever testes automáticos. Direi apenas que está tentando ser um programador e os programadores automatizam as tarefas chatas e entediantes. Testar uma parte do software realmente é chato e entediante, e você pode escrever um pequeno código para fazer isso.

Essa deve ser toda a explicação necessária por que *o* motivo para escrever testes de unidade é fortalecer seu cérebro. Você passou este livro escrevendo códigos para fazer atividades. Agora, dará um salto e escreverá um código que conhece outro código que você escreveu. Esse processo de escrever um teste que executa um código escrito *força-o* a entender claramente o que acabou de escrever. Consolida em seu cérebro exatamente o que ele faz e por que funciona, dando um novo nível de atenção aos detalhes.

Escrevendo um Caso de Teste

Destacaremos uma parte do código muito simples e escreveremos um teste básico também. Esse pequeno teste terá como base um novo projeto do esqueleto.

Primeiramente, crie um projeto `ex47` a partir do esqueleto. Veja as etapas que você deve executar. Darei essas instruções ao invés de mostrar como digitar para que *você* as descubra.

1. Copie `skeleton` para `ex47`.
2. Renomeie tudo com `NAME` como `ex47`.
3. Mude a palavra `NAME` em todos os arquivos para `ex47`.
4. Finalmente, remova todos os arquivos `*.pyc`, para verificar se está claro.

Consulte o Exercício 46 se não conseguir e, se não puder fazer com facilidade, pratique algumas vezes.

AVISO! Lembre que você executou o comando `nosetests` para rodar os testes. É possível executá-los com `python3.6 ex47_tests.py`, mas não funcionará com facilidade e será necessário fazer isso em cada arquivo de teste.

Em seguida, crie um arquivo simples, `ex47/game.py`, no qual pode colocar o código para testar. Será uma classe pequena e boba que desejamos testar com o código:

game.py

```
1   class Room(object):
2
3       def __init__(self, name, description):
4           self.name = name
5           self.description = description
6           self.paths = {}
7
8       def go(self, direction):
9           return self.paths.get(direction, None)
10
11      def add_paths(self, paths):
12          self.paths.update(paths)
```

Assim que tiver o arquivo, mude o esqueleto do teste de unidade para isto:

ex47_tests.py

```
1   from nose.tools import *
2   from ex47.game import Room
3
4
5   def test_room():
6       gold = Room("GoldRoom",
7                   """This room has gold in it you can grab. There's a
8                   door to the north.""")
9       assert_equal(gold.name, "GoldRoom")
10      assert_equal(gold.paths, {})
11
12  def test_room_paths():
13      center = Room("Center", "Test room in the center.")
14      north = Room("North", "Test room in the north.")
15      south = Room("South", "Test room in the south.")
16
17      center.add_paths({'north': north, 'south': south})
18      assert_equal(center.go('north'), north)
19      assert_equal(center.go('south'), south)
20
```

```
21    def test_map():
22        start = Room("Start", "You can go west and down a hole.")
23        west = Room("Trees", "There are trees here, you can go east.")
24        down = Room("Dungeon", "It's dark down here, you can go up.")
25
26        start.add_paths({'west': west, 'down': down})
27        west.add_paths({'east': start})
28        down.add_paths({'up': start})
29
30        assert_equal(start.go('west'), west)
31        assert_equal(start.go('west').go('east'), start)
32        assert_equal(start.go('down').go('up'), start)
```

Esse arquivo importa a classe Room criada no módulo ex47.game para que você possa fazer testes nela. Há um conjunto de testes que são funções, começando com test_. Dentro de cada caso de teste, há um pouco de código que gera uma sala ou conjunto de salas e, então, verifica se elas funcionam como você espera. Ele testa os recursos básicos da sala, depois os caminhos e depois experimenta um mapa inteiro.

As funções importantes aqui são assert_equal, que se asseguram de que as variáveis definidas ou os caminhos criados em Room sejam realmente o que você pensa. Se houver um resultado errado, nosetests imprimirá uma mensagem de erro para que você possa entender.

Diretrizes do Teste

Siga este flexível conjunto de diretrizes ao fazer os testes:

1. Os arquivos de teste ficam em tests/ e são nomeados como BLAH_tests.py, do contrário, nosetests não irá executá-los. Isso também impede que seus testes entrem em conflito com outro código.

2. Escreva um arquivo de teste para cada módulo criado.

3. Mantenha seus casos de teste (funções) pequenos, mas não se preocupe se ficarem um pouco confusos. Os casos de teste, em geral, são assim.

4. Mesmo que eles sejam confusos, tente mantê-los claros e remova qualquer código repetido. Crie funções auxiliares que se livram do código duplicado. Você me agradecerá mais tarde quando fizer uma mudança e tiver que alterar seus testes. O código duplicado tornará mais difícil alterar seus testes.

5. Enfim, não fique muito preso a seus testes. Algumas vezes, o melhor modo de recriar algo é simplesmente apagar e começar de novo.

O que Você Deve Ver

Sessão do Exercício 47

```
$ nosetests
...
```

```
Ran 3 tests in 0.008s

OK
```

É isso que você deverá ver se tudo funcionar bem. Tente criar um erro para ver como fica, depois corrija.

Exercícios Simulados

1. Leia mais sobre `nosetests` e sobre as alternativas.
2. Aprenda sobre os "doc tests" do Python e veja se gosta mais deles.
3. Torne a sala mais avançada e use-a para reconstruir seu jogo de novo, mas, desta vez, use o teste de unidade durante o processo.

Perguntas Comuns dos Alunos

Recebo um erro de sintaxe quando executo `nosetests`. Se você viu isso, então, olhe o que o erro informa e corrija essa linha de código ou as linhas acima. Ferramentas como `nosetests` estão executando o seu código e seu código de teste, portanto, elas encontrarão erros de sintaxe do mesmo modo que a execução do Python.

Não consigo importar `ex47.game`. Crie o arquivo `ex47/__init__.py`. Consulte o Exercício 46 de novo para ver como é feito. Se o problema não for esse, faça isso no macOS/Linux:

    export `PYTHONPATH=.`

E no Windows:

    `$env:PYTHONPATH = "$env:PYTHONPATH;."`

Finalmente, verifique se você está executando os testes com `nosetests`, não apenas com o Python.

Vejo `UserWarning` **quando executo** `nosetests`. Provavelmente você tem duas versões instaladas do Python ou não está usando `distribute`. Volte e instale `distribute` ou `pip`, como descrito no Exercício 46.

EXERCÍCIO 48

Entrada Avançada do Usuário

Nos últimos jogos, você lidou com a entrada do usuário simplesmente esperando strings definidas. Se o usuário digitasse "correr", exatamente "correr", o jogo funcionaria. Se ele digitasse frases parecidas, como "correr rápido", falharia. O que precisamos é de um dispositivo que permita aos usuários digitar frases de vários modos e converter isso em algo que o computador entenda. Por exemplo, gostaríamos que essas frases em inglês funcionassem igualmente:

- open door
- open the door
- go THROUGH the door
- punch bear
- Punch The Bear in the FACE

Não deveria haver problemas se um usuário escrevesse algo parecido com inglês para o jogo e o jogo tivesse que descobrir o que aquilo significa. Para tanto, você escreverá um módulo que faz isso. Ele terá algumas classes que funcionam juntas para lidar com a entrada do usuário e convertê-la em algo com que o jogo possa trabalhar com segurança.

Uma versão simplificada do idioma inglês poderia incluir os seguintes elementos:

- Palavras separadas por espaços
- Frases compostas por palavras
- Gramática que estrutura as frases em um significado

Isso indica que o melhor lugar para começar é descobrindo como obter as palavras do usuário e quais são esses tipos de palavras.

Léxico do Jogo

No jogo, temos que criar uma lista de palavras permitidas, chamada "léxico":

- Palavras de direção: north, south, east, west, down, up, left, right, back
- Verbos: go, stop, kill, eat
- Palavras vazias: the, in, of, from, at, it
- Substantivos: door, bear, princess, cabinet
- Números: qualquer string de 0 a 9

Quanto aos substantivos, temos um pequeno problema, uma vez que cada sala pode ter um conjunto diferente de substantivos, mas vamos escolher este conjuntinho para trabalhar agora e melhorar depois.

Dividindo uma Frase

Assim que tivermos o léxico, precisamos de um modo de dividir as frases para descobrir o que são. Em nosso caso, definimos uma frase como "palavras separadas por espaços", portanto, precisamos apenas fazer isto:

```
stuff = input('> ')
words = stuff.split()
```

Por enquanto, isso é tudo com o que vamos nos preocupar, mas funcionará muito bem por um bom tempo.

Tuplas do Léxico

Logo que soubermos como dividir uma frase em palavras, só precisamos percorrer a lista e descobrir de qual "tipo" elas são. Para tanto, usaremos uma pequena estrutura útil do Python, chamada "tupla". Uma tupla nada mais é que uma lista que não pode ser modificada. É criada colocando dados entre parênteses com uma vírgula, como uma lista:

```
first_word = ('verb', 'go')
second_word = ('direction', 'north')
third_word = ('direction', 'west')
sentence = [first_word, second_word, third_word]
```

Isso cria um par (TIPO, PALAVRA) que permite ver a palavra e fazer coisas com ela.

É apenas um exemplo, mas é basicamente o resultado final. Você deseja pegar a entrada bruta do usuário, colocá-la em palavras com `split`, analisar as palavras para identificar os tipos e, finalmente, criar uma frase com elas.

Examinando a Entrada

Agora, você está pronto para escrever sua varredura. Ela pegará uma string de entrada bruta do usuário e retornará uma frase composta por uma lista de tuplas com os emparelhamentos (TOKEN, PALAVRA). Se uma palavra não fizer parte do léxico, deverá ainda retornar a PALAVRA, mas definir TOKEN para um erro. Esses tokens de erro informarão aos usuários que eles erraram.

Aqui está a diversão. Não contarei como fazer. Irei escrever um "teste de unidade" e você escreverá a varredura para o teste funcionar.

Exceções e Números

Há uma pequena coisa em que ajudarei primeiro, a conversão dos números. Para tanto, iremos trapacear e usar exceções. Exceção é um erro que você recebe de alguma função executada. O que acontece é que sua função "gera" uma exceção quando encontra um erro e, então, você precisa lidar com ela. Por exemplo, se você digitar isso no Python, terá uma exceção:

Sessão Python do Exercício 48

```
Python 3.6.0 (default, Feb 2 2017, 12:48:29)
[GCC 4.2.1 Compatible Apple LLVM 7.0.2 (clang-700.1.81)] on darwin
Type "help", "copyright", "credits" or "license" for more information.
>>> int("hell")
Traceback (most recent call last):
  File "<stdin>", line 1, in <module>
ValueError: invalid literal for int() with base 10: 'hell'
```

Esse ValueError é uma exceção que a função int() gerou porque o que você passou para int() não é um número. A função int()) poderia ter retornado um valor para informar que havia um erro, mas, como só retorna inteiros, teve problemas para fazer isso. Não é possível retornar -1 porque é um número. Ao invés de tentar descobrir o que retornar quando há um erro, a função int() gera uma exceção ValueError e você lida com ela.

Lida-se com uma exceção usando as palavras-chave try e except:

ex48_convert.py

```
1  def convert_number(s):
2      try:
3          return int(s)
4      except ValueError:
5          return None
```

Você coloca o código que deseja "tentar" dentro do bloco try, depois, coloca o código a executar para o erro dentro de except. Nesse caso, queremos "tentar" chamar int() em algo que pode ser um número. Se isso tiver um erro, iremos "obtê-lo" e retornar None.

Na varredura que você vai escrever, deve usar essa função para testar se algo é um número. Também precisa fazer isso como a última coisa a verificar antes de declarar essa palavra como um erro.

Desafio do Teste Primeiro

O teste primeiro é uma tática de programação na qual você escreve um teste automático fingindo que o código funciona, depois, escreve o código que faz o teste realmente funcionar. Esse método funciona quando você não consegue visualizar como o código é implementado, mas pode imaginar como precisa trabalhar com ele. Por exemplo, se você souber como é necessário usar uma nova classe em outro módulo, mas não sabe bem como implementar essa classe, escreva o teste primeiro.

Você pegará o teste fornecido por mim e usará ele para escrever o código que o faz funcionar. Para o exercício, siga este procedimento:

1. Crie uma pequena parte do teste fornecido.
2. Garanta que ele seja executado e *falhe* para saber que o teste realmente confirma que um recurso funciona.
3. Vá para o arquivo-fonte, `lexicon.py`, e escreva o código que faz esse teste ter êxito.
4. Repita até ter implementado tudo no teste.

Quando chegar na etapa 3, também será bom combinar nosso outro método de escrita do código:

1. Crie a função ou classe "esqueleto" necessária.
2. Escreva comentários descrevendo como essa função trabalha.
3. Escreva o código que faz o que os comentários descrevem.
4. Remova qualquer comentário que simplesmente repita o código.

Esse método de escrever o código é chamado de "pseudocódigo" e funciona bem se você não sabe como implementar algo, mas pode descrever com suas próprias palavras.

Combinando o "teste primeiro" com a tática do "pseudocódigo", temos este processo simples para programar:

1. Escreva um pequeno teste que falhe.
2. Escreva a função/módulo/classe esqueleto que o teste necessita.
3. Preencha o esqueleto com comentários, usando suas próprias palavras e explicando como ele funciona.
4. Substitua os comentários por código até o teste ter êxito.
5. Repita.

Neste exercício, você irá praticar o método de trabalho fazendo com que o teste fornecido seja executado no módulo `lexicon.py`.

O que Você Deve Testar

Veja o caso do teste, tests/lexicon_tests.py, que você deve usar, mas *não digite ainda*:

lexicon_tests.py
```
 1  from nose.tools import *
 2  from ex48 import lexicon
 3
 4
 5  def test_directions():
 6      assert_equal(lexicon.scan("north"), [('direction', 'north')])
 7      result = lexicon.scan("north south east")
 8      assert_equal(result, [('direction', 'north'),
 9                            ('direction', 'south'),
10                            ('direction', 'east')])
11
12  def test_verbs():
13      assert_equal(lexicon.scan("go"), [('verb', 'go')])
14      result = lexicon.scan("go kill eat")
15      assert_equal(result, [('verb', 'go'),
16                            ('verb', 'kill'),
17                            ('verb', 'eat')])
18
19
20  def test_stops():
21      assert_equal(lexicon.scan("the"), [('stop', 'the')])
22      result = lexicon.scan("the in of")
23      assert_equal(result, [('stop', 'the'),
24                            ('stop', 'in'),
25                            ('stop', 'of')])
26
27
28  def test_nouns():
29      assert_equal(lexicon.scan("bear"), [('noun', 'bear')])
30      result = lexicon.scan("bear princess")
31      assert_equal(result, [('noun', 'bear'),
32                            ('noun', 'princess')])
33
34  def test_numbers():
35      assert_equal(lexicon.scan("1234"), [('number', 1234)])
36      result = lexicon.scan("3 91234")
37      assert_equal(result, [('number', 3),
38                            ('number', 91234)])
39
40
```

```
41    def test_errors():
42        assert_equal(lexicon.scan("ASDFADFASDF"),
43                     [('error', 'ASDFADFASDF')])
44        result = lexicon.scan("bear IAS princess")
45        assert_equal(result, [('noun', 'bear'),
46                              ('error', 'IAS'),
47                              ('noun', 'princess')])
```

Crie um novo projeto usando o esqueleto, como fiz no Exercício 47. Depois, precisará criar esse caso de teste e o arquivo `lexicon.py` que ele usará. Veja no início do caso para saber como está sendo importado e descobrir onde fica.

Agora, siga o procedimento dado e escreva um pequeno caso de teste. Por exemplo, veja como eu faria:

1. Escreva a importação no início. Faça com que funcione.

2. Crie uma versão vazia do primeiro caso de teste `test_directions`. Verifique se funciona.

3. Escreva a primeira linha do caso de teste `test_directions`. Faça com que falhe.

4. Vá para o arquivo `lexicon.py` e crie uma função `scan` vazia.

5. Execute o teste e verifique se `scan` está em execução, mesmo que falhe.

6. Crie os comentários de pseudocódigo sobre como `scan` deve funcionar para que `test_directions` tenha êxito.

7. Escreva o código que atenda aos comentários até `test_directions` ter êxito.

8. Volte para `test_directions` e escreva o restante das linhas.

9. Volte para `scan` em `lexicon.py` e trabalhe para que o novo código de teste tenha êxito.

10. Assim que terminar, terá seu primeiro teste bem-sucedido e irá para o próximo.

Contanto que continue seguindo esse procedimento uma parte por vez, poderá transformar com sucesso um grande problema em pequenos problemas que podem ser resolvidos. É como escalar uma montanha transformando-a em várias pequenas colinas.

Exercícios Simulados

1. Melhore o teste de unidade para experimentar mais do léxico.

2. Adicione ao léxico e atualize o teste de unidade.

3. Verifique se sua varredura lida com a entrada do usuário tendo letras maiúsculas e minúsculas. Atualize o teste para garantir que isso realmente funciona.

4. Encontre outro modo de converter o número.

5. Minha solução ficou com 37 linhas. A sua é maior? Menor?

Perguntas Comuns dos Alunos

Por que continuo vendo `ImportErrors`? Os erros de importação geralmente são causados por quatro coisas: 1. Você não criou `__init__.py` em um diretório com módulos. 2. Você está no diretório errado. 3. Está importando o módulo errado porque escreveu errado. 4. PYTHONPATH não está definido para ., portanto, não é possível carregar os módulos de seu diretório atual.

Qual é a diferença entre `try-except` **e** `if-else`? A construção `try-except` é usada apenas para lidar com as exceções que os módulos podem gerar. *Nunca* deve ser usada como uma alternativa para `if-else`.

Há um modo de manter o jogo em execução enquanto o usuário espera para digitar? Suponho que você queira que um monstro ataque os usuários, caso eles não reajam com rapidez. É possível, mas envolve módulos e técnicas que estão fora do domínio deste livro.

EXERCÍCIO 49

Criando Frases

O que devemos conseguir do varredor de léxico do nosso joguinho é uma lista como esta:

Sessão Python do Exercício 49

```
Python 3.6.0 (default, Feb 2 2017, 12:48:29)
[GCC 4.2.1 Compatible Apple LLVM 7.0.2 (clang-700.1.81)] on darwin
Type "help", "copyright", "credits" or "license" for more information.
>>> from ex48 import lexicon
>>> lexicon.scan("go north")
[('verb', 'go'), ('direction', 'north')]
>>> lexicon.scan("kill the princess")
[('verb', 'kill'), ('stop', 'the'), ('noun', 'princess')]
>>> lexicon.scan("eat the bear")
[('verb', 'eat'), ('stop', 'the'), ('noun', 'bear')]
```

Isso funcionará também nas frases maiores, como `lexicon.scan("open the door and smack the bear in the nose")`.

Agora, vamos transformar isso em algo com o qual o jogo possa trabalhar, que seria um tipo de classe Sentence. Se você lembra do ensino fundamental, uma frase pode ser uma estrutura simples como:

Sujeito Verbo Objeto

Obviamente, fica mais complexo que isso e com certeza você viu muitos diagramas chatos com frases nas aulas de Português. O que desejamos é transformar as listas de tuplas anteriores em um belo objeto Sentence que tenha sujeito, verbo e objeto.

Combine e Olhe

Para tanto, precisamos de cinco ferramentas:

1. Um modo de fazer um loop na lista de palavras escaneadas. É fácil.
2. Um modo de "combinar" diferentes tipos de tuplas que esperamos em nossa configuração Sujeito Verbo Objeto.
3. Um modo de "olhar" uma tupla em potencial para podermos tomar algumas decisões.
4. Um modo de "pular" as coisas que não precisamos, como as palavras vazias.
5. Um objeto Sentence no qual colocar os resultados.

Colocaremos essas funções em um módulo chamado `ex48.parser` em um arquivo denominado `ex48/parser.py` para testá-lo. Usamos a função peek para dizer: "Veja o próximo elemento na lista de tuplas e combine para tirar um e trabalhar com ele."

Gramática da Frase

Antes de escrever o código, você precisa entender como funciona a gramática básica. Em nosso analisador, queremos produzir um objeto `Sentence` que tem três atributos:

- **Sentence.subject** É o sujeito de qualquer frase, mas poderia ter como padrão "jogador" na maior parte das vezes, pois uma frase "corre para o norte" implica em "jogador corre para o norte". Isso será um substantivo.
- **Sentence.verb** É ação da frase. Em "corre para o norte", seria "corre". Isto será um verbo.
- **Sentence.object** É outro substantivo que se refere àquilo no qual o verbo se realiza. Em nosso jogo, separamos as direções, que também seriam objetos. Em "corre para o norte", a palavra "norte" seria o objeto. Em "socar o urso", a palavra "urso" seria o objeto.

Nosso analisador precisa usar as funções descritas, dada uma frase escaneada, e convertê-la em uma `List` de objetos `Sentence` que combinam com a entrada.

Uma Observação sobre as Exceções

Você aprendeu rapidamente sobre as exceções, mas não como gerá-las. Este código demonstra como fazer isso com `ParserError` no início. Observe que são usadas classes para fornecer o tipo de `Exception`. Observe também o uso da palavra-chave `raise` para gerar a exceção.

Em seus testes, você desejará trabalhar com essas exceções, e mostrarei como.

Código do Analisador

Se você quiser um desafio extra, pare agora e tente escrever isto com base apenas em minha descrição. Se não conseguir, poderá voltar e ver como eu fiz, mas tentar implementar o analisador sozinho é uma boa prática. Agora, passarei devagar pelo código para que você possa digitá-lo em seu `ex48/parser.py`. Iniciamos o analisador com a exceção necessária para um erro de análise:

parser.py

```
1   class ParserError(Exception):
2       pass
```

É como você cria sua própria classe de exceção ParserError, que pode ser lançar. Em seguida, precisamos do objeto Sentence que criaremos:

parser.py

```
1   class Sentence(object):
2
3       def __init__(self, subject, verb, obj):
4           # lembre que recebemos tuplas ('noun','princess') e as convertemos
5           self.subject = subject[1]
6           self.verb = verb[1]
7           self.object = obj[1]
```

Não há nada especial no código até agora. Apenas estamos criando classes simples.

Na descrição do problema, precisamos de uma função que possa ver uma lista de palavras e retornar o tipo dela:

parser.py

```
1   def peek(word_list):
2       if word_list:
3           word = word_list[0]
4           return word[0]
5       else:
6           return None
```

Precisamos dessa função porque teremos que tomar decisões sobre o tipo de frase que estamos lidando com base em qual é a próxima palavra. Então, podemos chamar outra função para usar a palavra e continuar.

Para utilizar uma palavra, usamos a função match, que confirma se a palavra esperada é do tipo certo, retira-a da lista e a retorna.

parser.py

```
1   def match(word_list, expecting):
2       if word_list:
3           word = word_list.pop(0)
4
5           if word[0] == expecting:
6               return word
7           else:
8               return None
9       else:
10          return None
```

Novamente, isso é bem simples, mas certifique-se de compreender o código. Também compreenda *por que* estou fazendo assim. Preciso ver as palavras na lista para decidir com qual tipo de frase estou lidando e preciso combinar as palavras para criar minha Sentence.

A última coisa que necessito é de um modo de pular as palavras que não são úteis na Sentence. São as palavras rotuladas como "palavras vazias" (tipo 'stop'), por exemplo, "the", "and" e "a".

parser.py

```
1   def skip(word_list, word_type):
2       while peek(word_list) == word_type:
3           match(word_list, word_type)
```

Lembre que skip não pula uma palavra, pula todas as palavras daquele tipo encontradas. Isso faz com que, se alguém digitar "scream at the bear", você obtenha "scream" e "bear".

Esse é nosso conjunto básico de funções de análise e, com isso, podemos realmente analisar praticamente qualquer texto desejado. Nosso analisador é muito simples, portanto, as funções restantes são curtas.

Primeiramente, podemos lidar com a análise de um verbo:

parser.py

```
1   def parse_verb(word_list):
2       skip(word_list, 'stop')
3
4       if peek(word_list) == 'verb':
5           return match(word_list, 'verb')
6       else:
7           raise ParserError("Expected a verb next.")
```

Pulamos qualquer palavra vazia e olhamos adiante na lista para assegurar que a próxima palavra seja do tipo "verbo". Se não, geramos um ParserError para informar o motivo. Se for um "verbo", combine e retire da lista. Uma função parecida lida com os objetos da frase:

parser.py

```
1   def parse_object(word_list):
2       skip(word_list, 'stop')
3       next_word = peek(word_list)
4
5       if next_word == 'noun':
6           return match(word_list, 'noun')
7       elif next_word == 'direction':
8           return match(word_list, 'direction')
9       else:
10          raise ParserError("Expected a noun or direction next.")
```

Novamente, pule as palavras vazias, olhe adiante e decida se a frase está correta com base no que existir ali. Porém, na função `parse_object`, precisamos lidar com as palavras do tipo "noun" e "direction" como possíveis objetos. Novamente, os sujeitos são parecidos, mas, como queremos lidar com o substantivo "jogador" implícito, temos que usar `peek`:

parser.py

```
1   def parse_subject(word_list):
2       skip(word_list, 'stop')
3       next_word = peek(word_list)
4
5       if next_word == 'noun':
6           return match(word_list, 'noun')
7       elif next_word == 'verb':
8           return ('noun', 'player')
9       else:
10          raise ParserError("Expected a verb next.")
```

Com tudo isso fora do caminho e pronto, nossa função `parse_sentence` final é muito simples:

parser.py

```
1   def parse_sentence(word_list):
2       subj = parse_subject(word_list)
3       verb = parse_verb(word_list)
4       obj = parse_object(word_list)
5
6       return Sentence(subj, verb, obj)
```

Lidando com o Analisador

Para ver como funciona, você pode experimentar assim:

Sessão Python do Exercício 49a

```
Python 3.6.0 (default, Feb 2 2017, 12:48:29)
[GCC 4.2.1 Compatible Apple LLVM 7.0.2 (clang-700.1.81)] on darwin
Type "help", "copyright", "credits" or "license" for more information.
>>> from ex48.parser import *
>>> x = parse_sentence([('verb', 'run'), ('direction', 'north')])
>>> x.subject
'player'
>>> x.verb
'run'
>>> x.object
'north'
>>> x = parse_sentence([('noun', 'bear'), ('verb', 'eat'), ('stop', 'the'),
...                    ('noun', 'honey')])
>>> x.subject
```

```
'bear'
>>> x.verb
'eat'
>>> x.object
'honey'
```

Procure mapear as frases aos pares corretos em uma sentença. Por exemplo, como você diria: "the bear run south"?

O que Você Deve Testar

Para o Exercício 49, escreva um teste completo que confirme se tudo nesse código está funcionando. Coloque-o em `tests/parser_tests.py`, parecido com o arquivo de teste do último exercício. Isso inclui gerar exceções dando ao analisador frases ruins.

Verifique uma exceção usando a função `assert_raises` da documentação de nose. Descubra como usar isso para escrever um teste que *deve* falhar, o que é muito importante ao testar. Aprenda sobre a função (e outras) lendo a documentação de nose.

Quando terminar, deverá saber como esse pequeno código funciona e como escrever um teste para o código de outras pessoas, mesmo que elas não queiram. Acredite, é uma habilidade muito útil.

Exercícios Simulados

1. Altere os métodos `parse_` e tente colocá-los em uma classe, ao invés de usá-los como métodos. De qual design você mais gosta?
2. Torne o analisador mais resistente a erros para não chatear seus usuários, caso eles digitem palavras que o léxico não compreende.
3. Melhore a gramática lidando com mais coisas, como números.
4. Pense em como é possível usar a classe `Sentence` em seu jogo para fazer mais coisas divertidas com a entrada do usuário.

Perguntas Comuns dos Alunos

Não consigo fazer `assert_raises` funcionar corretamente. Verifique se está escrevendo (exception, callable, parameters) e *não* assert_raises(exception, callable(parameters)). Observe como a segunda forma está chamando a função e passando o resultado para `assert_raises`, que está *errado*. Você precisa passar a função para chamar *e* seus argumentos para `assert_raises`.

EXERCÍCIO 50

Seu Primeiro Website

Estes três exercícios finais serão muito difíceis e é necessário que você reserve um tempo para eles. No primeiro, você criará uma versão web simples de um de seus jogos. Antes de tentar o exercício, você *deve* concluir o Exercício 46 com sucesso, ter um `pip` funcional instalado — para que possa acrescentar os pacotes — e saber como criar um diretório do esqueleto do projeto. Se não lembra como fazer isso, volte ao Exercício 46 e faça-o novamente.

Instalando o flask

Antes de criar seu primeiro aplicativo web, primeiramente você precisará instalar o "framework web", chamado `flask`. O termo "framework" geralmente significa "algum pacote que facilita fazer algo". No mundo dos aplicativos web, as pessoas criam "frameworks web" para compensar os problemas difíceis encontrados ao criar seus próprios sites. Elas compartilham essas soluções comuns na forma de um pacote que você pode baixar para auxiliar seus próprios projetos.

No nosso caso, usaremos o framework `flask`, mas há muitos, *muitos* outros que você pode escolher. Por enquanto, aprenda sobre o `flask`, depois pode escolher outro framework quando estiver pronto (ou continue usando o `flask`, porque é muito bom).

Usando o `pip`, instale o `flask`:

```
$ sudo pip install flask
[sudo] password for zedshaw:
Downloading/unpacking flask
  Running setup.py egg_info for package flask

Installing collected packages: flask
  Running setup.py install for flask

Successfully installed flask
Cleaning up...
```

Isso funcionará nos computadores Linux e macOS, mas, no Windows, retire a parte `sudo` do comando `pip install` e deverá funcionar. Se não, volte ao Exercício 46 e verifique se pode fazê-lo com confiança.

Crie um Projeto "Hello World" Simples

Agora, você criará um aplicativo web "Hello World" inicial muito simples e um diretório de projetos usando o `flask`. Primeiramente, desenvolva o diretório:

```
$ cd projects
$ mkdir gothonweb
$ cd gothonweb
$ mkdir bin gothonweb tests docs templates
$ touch gothonweb/__init__.py
$ touch tests/__init__.py
```

Você pegará o jogo do Exercício 43 e irá transformá-lo em um aplicativo web, e é por isso que está o chamando de `gothonweb`. Antes de fazer isso, precisamos criar o aplicativo `flask` mais básico possível. Aplique o seguinte código em `app.py`:

ex50.py

```
1    from flask import Flask
2    app = Flask(__name__)
3
4    @app.route('/')
5    def hello_world():
6        return 'Hello, World!'
7
8    if __name__ == "__main__":
9        app.run()
```

Então, execute o aplicativo:

```
(lpthw) $ python3.6 app.py
 * Running on http://127.0.0.1:5000/ (Press CTRL+C to quit)
```

Finalmente, use o navegador web, vá para `http://localhost:5000/` e deverá notar duas coisas. Primeiro, no navegador, verá `Hello, world!`. Segundo, verá seu Terminal com uma nova saída, como essa:

```
(lpthw) $ python3.6 app.py
 *Running on http://127.0.0.1:5000/ (Press CTRL+C to quit)
127.0.0.1 - - [22/Feb/2017 14:28:50] "GET / HTTP/1.1" 200 -
127.0.0.1 - - [22/Feb/2017 14:28:50] "GET /favicon.ico HTTP/1.1" 404 -
127.0.0.1 - - [22/Feb/2017 14:28:50] "GET /favicon.ico HTTP/1.1" 404 -
```

São mensagens de log que o `flask` imprime para você conseguir ver que o servidor está funcionando e o que o navegador está fazendo internamente. As mensagens de log ajudam a depurar e descobrir quando há problemas. Por exemplo, ela está informando que seu navegador tentou obter `/favicon.ico`, mas o arquivo não existe, portanto, retornou o código de status `404 Not Found`.

Ainda não expliquei como funcionam *nenhuma* dessas funcionalidades da web, porque quero que você configure e fique pronto para eu poder explicar melhor nos dois exercícios a seguir. Para tanto, preciso que você corrompa seu aplicativo flask de vários modos e reestruture-o, dessa maneira saberá como ele é configurado.

O que Está Acontecendo?

Veja o que está acontecendo quando seu navegador acessa o aplicativo:

1. O navegador faz uma conexão de rede com seu próprio computador, chamado de localhost, e é o modo padrão de informar: "Qualquer nome que meu próprio computador tenha na rede." Ele também usa a porta 5000.

2. Logo que ele conecta, faz uma solicitação HTTP para o aplicativo app.py e solicita a / URL, que normalmente é a primeira URL em qualquer website.

3. Dentro de app.py, você obtém uma lista de URLs e das funções correspondentes. A única que temos é o mapeamento '/', 'index'. Isso significa que, sempre que alguém for para / com um navegador, o flask encontrará def index e irá executá-lo para lidar com a solicitação.

4. Agora que o flask descobriu def index, ele o chama para lidar com a solicitação. Essa função é executada e apenas retorna uma string para aquilo que o flask deve enviar para o navegador.

5. Finalmente, o flask lidou com a solicitação e envia a resposta para o navegador, que é o que você está vendo.

Verifique se realmente entende isso. Desenhe um diagrama de como as informações fluem do seu navegador para o flask, depois para def index e de volta para o navegador.

Corrigindo os Erros

Primeiramente, apague a linha 8, em que você atribui a variável greeting, depois atualize seu navegador. Então, use CTRL-C para encerrar o flask e reinicie. Assim que ele estiver novamente em execução, atualize seu navegador e deverá ver um "Internal Server Error". Volte para o Terminal e verá isto ([VENV], é o caminho para seu diretório .venvs/):

```
(lpthw) $ python3.6 app.py
 *Running on http://127.0.0.1:5000/ (Press CTRL+C to quit)
[2017-02-22 14:35:54,256] ERROR in app: Exception on / [GET]
Traceback (most recent call last):
  File "[VENV]/site-packages/flask/app.py",
    line 1982, in wsgi_app
    response = self.full_dispatch_request()
```

```
        File "[VENV]/site-packages/flask/app.py",
          line 1614, in full_dispatch_request
            rv = self.handle_user_exception(e)
        File "[VENV]/site-packages/flask/app.py",
          line 1517, in handle_user_exception
            reraise(exc_type, exc_value, tb)
        File "[VENV]/site-packages/flask/_compat.py",
          line 33, in reraise
            raise value
        File "[VENV]/site-packages/flask/app.py",
          line 1612, in full_dispatch_request
            rv = self.dispatch_request()
        File "[VENV]/site-packages/flask/app.py",
          line 1598, in dispatch_request
            return self.view_functions[rule.endpoint](**req.view_args)
        File "app.py", line 8, in index
            return render_template("index.html", greeting=greeting)
    NameError: name 'greeting' is not defined
    127.0.0.1 - - [22/Feb/2017 14:35:54] "GET / HTTP/1.1" 500 -
```

Isso funciona bem, mas também é possível executar o flask no "modo debugger". Desse modo, será fornecida uma página de erro melhor, com informações mais úteis. O problema do modo debugger é que ele não é seguro de executar na internet, portanto, você deve ativá-lo explicitamente assim:

```
(lpthw) $ export FLASK_DEBUG=1
(lpthw) $ python3.6 app.py
 * Running on http://127.0.0.1:5000/ (Press CTRL+C to quit)
 * Restarting with stat
 * Debugger is active!
 * Debugger pin code: 222-752-342
```

Depois, atualize seu navegador e terá uma página muito mais detalhada, com informações que poderá usar para debugar o aplicativo. Também terá um console dinâmico para trabalhar, que permitirá descobrir mais coisas.

AVISO! É o console de debug dinâmico do flask e a saída aperfeiçoada que tornam o modo de debug tão perigoso na internet. Com essas informações, um invasor pode controlar totalmente sua máquina de modo remoto. Se você gerar seu aplicativo web na internet, *não* ative o modo debugger. Na verdade, eu evitaria tornar o FLASK_DEBUG fácil de ativar. É tentador simplesmente pular essa inicialização para economizar uma etapa durante o desenvolvimento, mas isso entrará no servidor web e se transformará em uma exploração real, não apenas algo que você fez por preguiça em uma noite, quando estava cansado.

Crie Templates Básicos

É possível corromper seu aplicativo `flask`, mas notou que "Hello World" não é uma página HTML muito boa? É um aplicativo web e, como tal, precisa de uma devida resposta HTML. Desse modo, você criará um template simples que diz "Hello World" em uma fonte grande e verde.

A primeira etapa é criar um arquivo `templates/index.html` assim:

index.html
```
<html>
  <head>
    <title>Gothons Of Planet Percal #25</title>
  </head>
<body>

{% if greeting %}
    I just wanted to say
    <em style="color: green; font-size: 2em;">{{ greeting }}</em>.
{% else %}
    <em>Hello</em>, world!
{% endif %}

</body>
</html>
```

Se você sabe o que é HTML, então, isso parecerá muito familiar. Caso não saiba, pesquise sobre e tente escrever algumas páginas web à mão, para conhecer como funciona. Esse arquivo HTML é um *template*, ou seja, o `flask` preencherá as "lacunas" no texto dependendo das variáveis passadas. Todo lugar em que vir $greeting, será uma variável que você passará para o template que altera seu conteúdo.

Para seu `app.py` fazer isso, você precisa adicionar um código que informa ao `flask` onde carregar o template e apresentá-lo. Pegue o arquivo e altere-o assim:

app.py
```
1   from flask import Flask
2   from flask import render_template
3
4   app = Flask(__name__)
5
6   @app.route("/")
7   def index():
8       greeting = "Hello World"
9       return render_template("index.html", greeting=greeting)
10
11  if __name__ == "__main__":
12      app.run()
```

Preste muita atenção na nova variável `render` e como eu mudei a última linha de `index.GET` para ela retornar `render.index()`, passando sua variável `greeting`.

Assim que isso estiver feito, recarregue a página web no navegador, que provavelmente exibirá uma mensagem diferente em verde. Também deverá ter `View Source` na página do navegador, para ver que é um HTML válido.

Pode ter fluído muito rápido, portanto, deixe-me explicar como funciona um template:

1. Em `app.py`, você importou uma nova função, chamada `render_template`, no início.

2. Essa função `render_template` sabe como carregar os arquivos `.html` do diretório `templates/`, porque é a configuração mágica padrão de um aplicativo `flask`.

3. Depois, no código, quando o navegador acessa `def index` ao invés de apenas retornar a string `greeting`, você chama `render_template` e passa a saudação como uma variável.

4. Esse método `render_template` carrega o arquivo `templates/index.html` (mesmo que você não informe explicitamente `templates`) e o processa.

5. No arquivo `templates/index.html`, você tem o que parece ser um HTML normal, mas há um "código" entre dois tipos de marcadores. Um é {% %}, que marca as partes do "código executável" (instruções if, loops for etc.). O outro é {{ }}, que marca as variáveis convertidas em texto e que são colocadas na saída HTML. O código executável {% %}não aparece no HTML. Para aprender mais sobre a linguagem do template, leia a documentação do Jinja2.

Para se aprofundar mais, mude a variável greeting e o HTML para ver o efeito. Também crie outro template chamado `templates/foo.html` e apresente como antes.

Exercícios Simulados

1. Leia a documentação em http://flask.pocoo.org/docs/0.12/ (conteúdo em inglês), que é igual ao do projeto `flask`.
2. Experimente tudo que você puder encontrar, inclusive o código de exemplo.
3. Leia sobre HTML5 e CSS3 e crie alguns arquivos .html e .css para praticar.
4. Se tiver um amigo que conhece o Django e quer ajudá-lo, considere fazer os Exercícios 50, 51 e 52 no Django para ver como é.

Perguntas Comuns dos Alunos

Não consigo conectar http://localhost:5000/. Experimente http://127.0.0.1:5000/.

Qual é a diferença entre flask **e** web.py? Nenhuma. Eu apenas "forneci" web.py em uma versão particular para que fosse consistente para os alunos, depois nomeei como flask. As versões posteriores de web.py podem ser diferentes desta.

Não consigo encontrar index.html **(ou quase nada).** Provavelmente você está usando cd bin/ primeiro e depois tentando trabalhar com o projeto. Não faça isso. Todos os comandos e instruções supõem que você está um diretório acima de bin/, então, se não puder digitar python3.6 app.py, está no diretório errado.

Por que atribuímos greeting=greeting **quando chamamos o template?** Você não está atribuindo greeting. Está definindo um parâmetro nomeado para fornecer ao template. É um tipo de atribuição, mas só afeta a chamada para a função do template.

Não consigo usar a porta 5000 em meu computador. É provável que você tenha um programa antivírus instalado que está usando tal porta. Experimente uma diferente.

Após instalar flask, **vejo** ImportError "No module named web". Com certeza você tem diversas versões do Python instaladas e está usando a errada, ou não fez a instalação corretamente por causa de uma antiga versão do pip. Procure desinstalar o flask e reinstalar. Se não funcionar, verifique com muita atenção se está usando a versão certa do Python.

Obtendo Entrada de um Navegador

Embora seja incrível ver o navegador exibir "Hello World", é ainda mais excitante deixar que o usuário envie texto para seu aplicativo por meio de um formulário. Neste exercício, melhoraremos nosso aplicativo inicial usando formulários e armazenando as informações sobre os usuários em suas "seções".

Como Funciona a Web

Hora da parte chata. É necessário que você entenda um pouco mais sobre como a web funciona antes de poder criar um formulário. Essa descrição não está completa, mas é precisa e irá ajudá-lo a descobrir o que pode estar dando errado em seu aplicativo. E mais: criar formulários será mais fácil se você souber o que eles fazem.

Começarei com um diagrama simples que apresenta as diferentes partes de uma solicitação web e como as informações fluem:

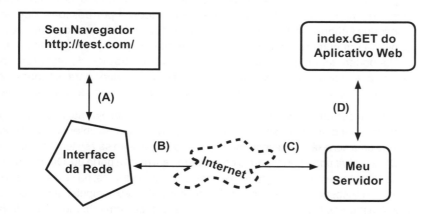

Identifiquei as linhas com letras para guiá-lo através de um processo de solicitação normal:

1. Você digita a url http://test.com// no navegador e isso envia a solicitação na linha (A) para a interface de rede do seu computador.
2. Sua solicitação vai para a internet na linha (B), depois, para o computador remoto na linha (C), em que meu servidor a aceita.

3. Logo que meu computador a aceita, meu aplicativo web a obtém na `linha` (D) e o código Python executa a sub-rotina `index.GET`.

4. A resposta sai do servidor Python quando eu a retorno com `return` e volta para o navegador pela `linha` (D) novamente.

5. O servidor que executa o site pega a resposta da `linha` (D) e envia-a de volta na internet na `linha` (C).

6. A resposta do servidor sai da internet na `linha` (B) e a interface de rede do seu computador envia-a para seu navegador na `linha` (A).

7. Finalmente, o navegador exibe a resposta.

Nessa descrição, existem alguns termos que você precisa conhecer para ter um vocabulário comum com o qual trabalhar ao debater sobre seu aplicativo web:

Navegador O software que provavelmente você usa todo dia. A maioria das pessoas não sabe o que realmente faz um navegador. Apenas os chamam de "internet". Seu trabalho é obter os endereços (como http://test.com/) digitados na barra da URL e usar essas informações para fazer solicitações ao servidor nesse endereço.

Endereço Normalmente, é uma URL (Localizador Uniforme de Recursos) como http://test.com/, e indica para onde um navegador deve ir. A primeira parte, `http`, indica o protocolo que você deseja usar, neste caso, "Protocolo de Transferência de Hipertexto". Também é possível experimentar ftp://ibiblio.org/ [conteúdo em inglês] para ver como o "Protocolo de Transferência de Arquivos" funciona. A parte http://test.com/ é o "hostname", um endereço legível por pessoas, que você consegue lembrar e que é mapeado para um número chamado de endereço IP, similar a um número de telefone para computador na internet. Finalmente, as URLs podem ter um `path` à direita, como a parte `/book/` de http://test.com/book/, que indica um arquivo ou algum recurso *no* servidor para recuperar com uma solicitação. Existem muitas outras partes, mas essas são as principais.

Conexão Assim que um navegador sabe qual protocolo você deseja usar (http), com qual servidor quer comunicar-se (http://test.com/) e qual recurso obter nesse servidor, ele faz uma conexão. O navegador simplesmente pede ao seu sistema operacional (SO) para abrir uma "porta" para o computador, em geral a porta 80. Quando funciona, o SO retorna para o programa algo como um arquivo, mas, na verdade, está enviando e recebendo bytes nas conexões de rede entre seu computador e o outro, em http://test.com/. Isso é semelhante ao que acontece com http://localhost:8080/, mas, nesse caso, você está informando ao navegador para conectar seu próprio computador (localhost) e usar a porta 8080, ao invés do padrão 80. Também seria possível usar http://test.com:80/ e ter o mesmo resultado, exceto que você está informando explicitamente para usar a porta 80, e não o padrão.

Solicitação (Request) Seu navegador é conectado usando o endereço dado. Agora, ele precisa solicitar o recurso que deseja (ou você deseja) no servidor remoto. Se você forneceu `/book/` no final da URL, tenciona o arquivo (recurso) em `/book/` e a maioria dos servidores usará o arquivo `/book/index.html` real, mas finja que ele não existe. O que o navegador faz para obter esse recurso é enviar uma *solicitação* para o servidor. Você não saberá exatamente como ele faz isso, mas entenda que ele precisa enviar algo para consultar o servidor quanto à solicitação. A parte interessante é que esses "recursos" não precisam ser arquivos. Por exemplo, quando o navegador em seu aplicativo faz uma solicitação, o servidor retorna algo que o código do Python gerou.

Servidor É o computador no final de uma conexão do navegador, que sabe como responder às solicitações de arquivos/recursos do seu navegador. A maioria dos servidores web apenas envia arquivos e isso é grande parte do tráfego. Mas você está criando um servidor no Python que sabe como receber solicitações para obter recursos e retornar as strings criadas usando o Python. Quando faz isso, *você* está fingindo ser um arquivo para o navegador, mas realmente é apenas código. Como se pode ver no Exercício 50, também não é necessário muito código para criar uma resposta.

Resposta É o HTML (CSS, JavaScript ou imagens) que seu servidor deseja retornar para o navegador como a resposta para a solicitação dele. No caso dos arquivos, eles são lidos no disco e enviados para o navegador, mas colocam o conteúdo do disco em um "cabeçalho" especial para que o navegador saiba o que está obtendo. No caso do seu aplicativo, você ainda está enviando a mesma coisa, inclusive o cabeçalho, mas gera esses dados de modo dinâmico com o código do Python.

Esse é o curso completo mais rápido sobre como um navegador web acessa as informações nos servidores na internet. Deve funcionar muito bem para você entender o exercício, mas, se não, leia o máximo que puder até entender. Uma boa maneira de fazer isso é estudar o diagrama e separar as diferentes partes do aplicativo web feitas no Exercício 50. Se conseguir separar seu aplicativo web nos possíveis modos usando o diagrama, começará a entender como funciona.

Como os Formulários Funcionam

O melhor modo de lidar com os formulários é escrever um código que aceita dados e descobrir o que você consegue fazer. Pegue o arquivo `app.py` e deixe-o assim:

form_test.py
```
1   from flask import Flask
2   from flask import render_template
3   from flask import request
4
5   app = Flask(__name__)
6
7   @app.route("/hello")
8   def index():
9       name = request.args.get('name', 'Nobody')
10
11      if name:
```

```
12            greeting = f"Hello, {name}"
13        else:
14            greeting = "Hello World"
15
16        return render_template("index.html", greeting=greeting)
17
18    if __name__ == "__main__":
19        app.run()
```

Reinicie-o (pressione CTRL-C e execute-o novamente) para verificar se ele carrega de novo, depois, utilizando o navegador, acesse http://localhost:5000/hello, que deverá exibir: "I just wanted to say Hello, Nobody". Em seguida, mude a URL em seu navegador para http://localhost:5000/hello?name=Frank e verá: "Hello, Frank." Enfim, mude a parte name=Frank para seu nome. Agora está dizendo olá para você.

Vamos dividir as alterações que fiz no script.

1. Ao invés de ter apenas uma string para greeting, agora estou usando request. args para obter os dados do navegador. É um dic simples que contém os valores do formulário como pares de chave=valor.

2. Depois, construo greeting a partir do novo nome, que deverá ser muito familiar agora.

3. Todo o resto é como antes.

Você também não está limitado a apenas um parâmetro na URL. Mude este exemplo para fornecer duas variáveis: http://localhost:5000/hello?name=Frank&greet=Hola. Depois, mude o código para obter name e greet:

```
greet = request.args.get('greet', 'Hello')
greeting = f"{greet}, {name}"
```

Você também deve tentar *não* fornecer os parâmetros greet e name na URL. Apenas enviará seu navegador para http://localhost:5000/hello e verá que index agora tem como padrão "Nobody" para name e "Hello" para greet.

Criando Formulários HTML

Passar parâmetros na URL funciona, mas é feio e não é fácil de usar para as pessoas comuns. O que você realmente deseja é um "formulário POST", que é um arquivo HTML especial com uma tag <form>. Esse formulário coletará as informações do usuário e irá enviá-las para seu aplicativo web, como foi feito acima.

Vamos criar um rapidamente, para você saber como funciona. Veja o novo arquivo HTML que precisa criar em templates/hello_form.html:

hello_form.html

```html
<html>
   <head>
      <title>Sample Web Form</title>
   </head>
<body>

<h1>Fill Out This Form</h1>
<form action="/hello" method="POST">
   A Greeting: <input type="text" name="greet">
   <br/>
   Your Name: <input type="text" name="name">
   <br/>
   <input type="submit">
</form>

</body>
</html>
```

Você deve mudar app.py para ficar assim:

app.py

```
1    from flask import Flask
2    from flask import render_template
3    from flask import request
4
5    app = Flask(__name__)
6
7    @app.route("/hello", methods=['POST', 'GET'])
8    def index():
9        greeting = "Hello World"
10
11       if request.method == "POST":
12           name = request.form['name']
13           greet = request.form['greet']
14           greeting = f"{greet}, {name}"
15           return render_template("index.html", greeting=greeting)
16       else:
17           return render_template("hello_form.html")
18
19
20   if __name__ == "__main__":
21       app.run()
```

Logo que escrever, basta reiniciar o aplicativo web novamente e acessá-lo com seu navegador como antes.

Desta vez, verá um formulário com: "A Greeting" e "Your Name". Quando pressionar o botão Submit, terá a mesma saudação que normalmente vê, mas, desta vez, note a URL no navegador. Perceba que é http://localhost:5000/hello, mesmo que você tenha enviado parâmetros.

A parte do arquivo hello_form.html que faz isso funcionar é a linha com <form action="/hello" method="POST">. Ela pede ao navegador para:

1. Coletar os dados do usuário por meio dos campos dentro do formulário.
2. Enviá-los para o servidor usando um tipo de solicitação POST, que é apenas outra solicitação do navegador que "oculta" os campos do formulário.
3. Enviar a solicitação para a URL /hello (como mostrado na parte action="/hello").

É possível notar como as duas tags <input> correspondem aos nomes das variáveis em seu novo código. Perceba também que, ao invés de apenas um método GET dentro de class index, tenho outro método, POST. Esse novo aplicativo funciona como a seguir:

1. Sua solicitação vai para index() normalmente, exceto que agora há uma instrução if que verifica request.method quanto aos métodos "POST" ou "GET". É como o navegador informa ao script app.py que uma solicitação é um envio do formulário ou parâmetros da URL.
2. Se request.method for "POST", você processará o formulário como se ele estivesse preenchido e enviado, retornando a devida saudação.
3. Se request.method for outra coisa, simplesmente retornará hello_form.html para o usuário preencher.

Como exercício, acesse o arquivo templates/index.html e adicione um link *de volta* para /hello para poder continuar preenchendo o formulário e vendo os resultados. Verifique se consegue explicar como esse link funciona e como ele permite que você circule entre templates/index.html e templates/hello_form.html, e o que está sendo executado dentro desse último código do Python.

Criando um Template do Layout

Quando trabalhar em seu jogo no próximo exercício, será necessário criar pequenas páginas HTML. Escrever uma página web completa é sempre muito chato. Felizmente, é possível criar um template de "layout" ou um tipo de shell que integrará todas as suas outras páginas com cabeçalhos e rodapés comuns. Os bons programadores tentam reduzir a repetição, portanto, os layouts são essenciais para ser um bom programador.

Mude templates/index.html para ficar assim:

OBTENDO ENTRADA DE UM NAVEGADOR   **235**

index_laid_out.html

```
{% extends "layout.html" %}

{% block content %}

{% if greeting %}
    I just wanted to say
    <em style="color: green; font-size: 2em;">{{ greeting }}</em>.
{% else %}
    <em>Hello</em>, world!
{% endif %}

{% endblock %}
```

Depois, mude `templates/hello_form.html` para ficar assim:

hello_form_laid_out.html

```
{% extends "layout.html" %}

{% block content %}
<h1>Fill Out This Form</h1>

<form action="/hello" method="POST">
    A Greeting: <input type="text" name="greet">
    <br/>
    Your Name: <input type="text" name="name">
    <br/>
    <input type="submit">
</form>

{% endblock %}
```

Tudo que estamos fazendo é retirar o "código repetitivo" no início e no fim, que sempre existe em cada página. Colocaremos de volta em um arquivo `templates/layout.html`, que cuidará disso para nós de agora em diante.

Assim que fizer essas alterações, crie um arquivo `templates/layout.html` com isso:

layout.html

```
<html>
<head>
    <title>Gothons From Planet Percal #25</title>
</head>
<body>

{% block content %}

{% endblock %}

</body>
</html>
```

Esse arquivo parece um template normal, exceto que receberá o *conteúdo* de outros templates e será usado para *integrá-los*. Qualquer coisa colocada aqui não precisa estar em outros templates. Seus outros templates HTML serão inseridos na seção {% block content %}. O flask sabe usar esse layout.html como o layout porque você colocou {% extends "layout.html" %} no topo dos templates.

Escrevendo Testes Automáticos para Formulários

É fácil testar um aplicativo web com seu navegador apenas atualizando, mas, por favor, somos programadores aqui. Por que fazer uma tarefa repetitiva se podemos escrever um código para testar nosso aplicativo? O que você fará agora é escrever um pequeno teste para o formulário do aplicativo web com base no que aprendeu no Exercício 47. Se não lembra do Exercício 47, leia novamente.

Crie um novo arquivo chamado tests/app_tests.py com isto:

app_tests.py
```
1  from nose.tools import *
2  from app import app
3
4  app.config['TESTING'] = True
5  web = app.test_client()
6
7  def test_index():
8      rv = web.get('/', follow_redirects=True)
9      assert_equal(rv.status_code, 404)
10
11     rv = web.get('/hello', follow_redirects=True)
12     assert_equal(rv.status_code, 200)
13     assert_in(b"Fill Out This Form", rv.data)
14
15     data = {'name': 'Zed', 'greet': 'Hola'}
16     rv = web.post('/hello', follow_redirects=True, data=data)
17     assert_in(b"Zed", rv.data)
18     assert_in(b"Hola", rv.data)
```

Finalmente, use nosetests para executar a configuração e testar o aplicativo web:

```
$ nosetests
.
‾‾‾‾‾‾‾‾‾‾‾‾‾‾‾‾‾‾‾‾‾‾‾‾‾‾‾‾‾‾‾‾‾‾‾‾‾‾‾‾‾‾‾‾‾‾‾‾‾‾
Ran 1 test in 0.059s

OK
```

O que estou fazendo aqui é *importar* o aplicativo inteiro do módulo app.py e, então, executá-lo manualmente. O framework flask tem uma API muito simples para processar as solicitações, que fica assim:

```
data = {'name': 'Zed', 'greet': 'Hola'}
rv = web.post('/hello', follow_redirects=True, data=data)
```

Isso significa que você pode enviar uma solicitação POST usando o método post() e fornecer os dados do formulário como um dic. O restante funciona igual a testar as solicitações web.get().

No teste automático tests/app_tests.py, primeiro garanto que /URL retorna uma resposta "404 Not Found", porque realmente não existe. Depois, verifico se /hello funciona com os formulários GET e POST. Seguir o teste deve ser bem simples, mesmo que você talvez não saiba completamente o que está acontecendo.

Reserve um tempo para estudar esse último aplicativo, especialmente como funciona o teste automático. Compreenda como importei o aplicativo de app.py e execute-o diretamente para o teste automático. É um truque importante que gera mais aprendizado.

Exercícios Simulados

1. Leia mais sobre HTML e melhore o layout do formulário simples. Ajuda se você desenhar no papel o que deseja fazer para *então* implementar isso com o HTML.
2. É difícil, mas tente descobrir como você faria um formulário para upload de arquivo para que você possa fazer o upload de uma imagem e salvá-la no disco.
3. Isso é ainda mais monótono, mas encontre o HTTP RFC (o documento que descreve como o HTTP funciona) e leia o máximo que puder. É muito chato, mas útil de vez em quando.
4. Isso também será muito difícil, mas tente encontrar alguém para ajudar a configurar um servidor web como o Apache, Nginx ou thttpd. Procure servir alguns arquivos .html e .css com ele só para ver se consegue. Não se preocupe caso não consiga. Os servidores web são meio ruins.
5. Faça uma pausa depois disso e tente criar o máximo de aplicativos web diferentes que puder.

Corrompendo

Este é um ótimo lugar para corromper os aplicativos web. Você deve experimentar o seguinte:

1. Quanto dano você consegue provocar com a configuração FLASK_DEBUG ativa? Cuidado para não apagar tudo ao fazer isso.

2. Digamos que você não tenha parâmetros padrão para os formulários. O que poderia dar errado?
3. Você está verificando POST e "outras coisas". É possível usar a ferramenta da linha de comando curl para gerar diferentes tipos de solicitação. O que acontece?

EXERCÍCIO 52

O Início do Seu Jogo da Web

Estamos chegando ao final do livro e, neste exercício, você será realmente desafiado. Quando terminar, será um iniciante em Python muito competente. Ainda precisará ver mais livros e escrever alguns outros projetos, mas terá habilidade para concluí-los. Os únicos obstáculos serão tempo, motivação e recursos.

Neste exercício, não criaremos um jogo completo, mas um "engine" que pode executar o jogo do Exercício 47 no navegador. Isso envolverá reformular o Exercício 43, misturando a estrutura do Exercício 47, acrescentando testes automáticos e, finalmente, criando um web engine que pode executar os jogos.

O exercício será *enorme* e imagino que você pode levar de uma semana a meses nele antes de prosseguir. É melhor exercitar aos poucos e de noite, reservando um tempo para fazer tudo funcionar antes de prosseguir.

Refatorando o Jogo do Exercício 43

Você alterou o projeto `gothonweb` em dois exercícios e fará isso mais uma vez. A habilidade aprendida se chama "refatorar" ou, como gosto de chamá-la, "corrigir coisas". Refatorar é um termo que os programadores usam para descrever o processo de pegar o antigo código e alterá-lo para que tenha novos recursos ou apenas limpá-lo. Você fez isso sem saber, pois é instintivo ao criar um software.

O que você fará nesta parte é pegar a ideia do Exercício 47 de um "mapa" de Salas testável e a ideia do jogo do Exercício 43, combinando-as para criar uma nova estrutura. Terá o mesmo conteúdo, só que "refatorada" para ter uma estrutura melhor.

A primeira etapa é pegar o código do `ex47/game.py`, copiá-lo para `gothonweb/planisphere.py`, copiar o arquivo `tests/ex47_tests.py` para `tests/planisphere_tests.py` e executar `nosetests` novamente para verificar se continua funcionando. A palavra "planisphere" (planisfério) é um sinônimo de "mapa", que evita a função `map` predefinida do Python. O tesauro é seu amigo.

AVISO! De agora em diante, não apresentarei a saída da execução do teste. Apenas suponha que você deve fazê-lo e que será como a anterior, a menos que tenha um erro.

Assim que tiver o código do Exercício 47 copiado, será hora de refatorá-lo para aplicar nele o mapa do Exercício 43. Começarei fazendo o layout da estrutura básica, então, você terá que criar os arquivos planisphere.py e planisphere_tests.py completos.

Faça o layout da estrutura básica do mapa usando a classe Room como está agora:

planisphere.py

```
1   class Room(object):
2
3       def __init__(self, name, description):
4           self.name = name
5           self.description = description
6           self.paths = {}
7
8       def go(self, direction):
9           return self.paths.get(direction, None)
10
11      def add_paths(self, paths):
12          self.paths.update(paths)
13
14
15  central_corridor = Room("Central Corridor",
16  """
17  The Gothons of Planet Percal #25 have invaded your ship and destroyed
18  your entire crew. You are the last surviving member and your last
19  mission is to get the neutron destruct bomb from the Weapons Armory, put
20  it in the bridge, and blow the ship up after getting into an escape pod.
21
22  You're running down the central corridor to the Weapons Armory when a
23  Gothon jumps out, red scaly skin, dark grimy teeth, and evil clown
24  costume flowing around his hate filled body. He's blocking the door to
25  the Armory and about to pull a weapon to blast you.
26  """)
27
28
29  laser_weapon_armory = Room("Laser Weapon Armory",
30  """
31  Lucky for you they made you learn Gothon insults in the academy. You
32  tell the one Gothon joke you know: Lbhe zbgure vf fb sng, jura fur fvgf
33  nebhaq gur ubhfr, fur fvgf nebhaq gur ubhfr. The Gothon stops, tries
34  not to laugh, then busts out laughing and can't move. While he's
35  laughing you run up and shoot him square in the head putting him down,
36  then jump through the Weapon Armory door.
37
38  You do a dive roll into the Weapon Armory, crouch and scan the room for
39  more Gothons that might be hiding. It's dead quiet, too quiet. You
40  stand up and run to the far side of the room and find the neutron bomb
```

```
41      in its container. There's a keypad lock on the box and you need the
42      code to get the bomb out. If you get the code wrong 10 times then the
43      lock closes forever and you can't get the bomb. The code is 3 digits.
44      """)
45
46
47      the_bridge = Room("The Bridge",
48      """
49      The container clicks open and the seal breaks, letting gas out. You
50      grab the neutron bomb and run as fast as you can to the bridge where you
51      must place it in the right spot.
52
53      You burst onto the Bridge with the netron destruct bomb under your arm
54      and surprise 5 Gothons who are trying to take control of the ship. Each
55      of them has an even uglier clown costume than the last. They haven't
56      pulled their weapons out yet, as they see the active bomb under your arm
57      and don't want to set it off.
58      """)
59
60
61      escape_pod = Room("Escape Pod",
62      """
63      You point your blaster at the bomb under your arm and the Gothons put
64      their hands up and start to sweat. You inch backward to the door, open
65      it, and then carefully place the bomb on the floor, pointing your
66      blaster at it. You then jump back through the door, punch the close
67      button and blast the lock so the Gothons can't get out. Now that the
68      bomb is placed you run to the escape pod to get off this tin can.
69
70      You rush through the ship desperately trying to make it to the escape
71      pod before the whole ship explodes. It seems like hardly any Gothons
72      are on the ship, so your run is clear of interference. You get to the
73      chamber with the escape pods, and now need to pick one to take. Some of
74      them could be damaged but you don't have time to look. There's 5 pods,
75      which one do you take?
76      """)
77
78
79      the_end_winner = Room("The End",
80      """
81      You jump into pod 2 and hit the eject button. The pod easily slides out
82      into space heading to the planet below. As it flies to the planet, you
83      look back and see your ship implode then explode like a bright star,
84      taking out the Gothon ship at the same time. You won!
85      """)
86
87
88      the_end_loser = Room("The End",
```

```
 89      """
 90      You jump into a random pod and hit the eject button. The pod escapes
 91      out into the void of space, then implodes as the hull ruptures, crushing
 92      your body into jam jelly.
 93      """
 94  )
 95
 96  escape_pod.add_paths({
 97      '2': the_end_winner,
 98      '*': the_end_loser
 99  })
100
101  generic_death = Room("death", "You died.")
102
103  the_bridge.add_paths({
104      'throw the bomb': generic_death,
105      'slowly place the bomb': escape_pod
106  })
107
108  laser_weapon_armory.add_paths({
109      '0132': the_bridge,
110      '*': generic_death
111  })
112
113  central_corridor.add_paths({
114      'shoot!': generic_death,
115      'dodge!': generic_death,
116      'tell a joke': laser_weapon_armory
117  })
118
119  START = 'central_corridor'
120
121  def load_room(name):
122      """
123      There is a potential security problem here.
124      Who gets to set name? Can that expose a variable?
125      """
126      return globals().get(name)
127
128  def name_room(room):
129      """
130      Same possible security problem. Can you trust room?
131      What's a better solution than this globals lookup?
132      """
133      for key, value in globals().items():
134          if value == room:
135              return key
```

Você notará que há alguns problemas em nossa classe Room e no mapa:

1. Precisamos colocar o texto que estava nas cláusulas if-else e que foi impresso *antes* de entrar em uma sala como parte dela. Isso significa que não é possível mudar o planisfério de posição, o que seria ótimo. Você corrigirá isso no exercício.
2. Há partes no jogo original nas quais executamos o código que determinava coisas, como o código do teclado numérico da bomba ou a cápsula correta. Neste jogo, apenas pegamos alguns padrões e usamos; mais tarde, você receberá Exercícios Simulados para fazer isso funcionar novamente.
3. Criei um final generic_death para todas as decisões ruins, que você precisará terminar para mim. Será necessário voltar, adicionar todos os términos originais e verificar se funcionam.
4. Tenho um novo tipo de transição denominada "*", que será usada para uma ação "catch-all" no engine.

Assim que terminar de escrever isso, aqui tem o novo teste automático, tests/planisphere_test.py, que você deverá ter para iniciar:

planisphere_tests.py

```
from nose.tools import *
from gothonweb.planisphere import *

def test_room():
    gold = Room("GoldRoom",
                """This room has gold in it you can grab. There's a
                door to the north.""")
    assert_equal(gold.name, "GoldRoom")
    assert_equal(gold.paths, {})

def test_room_paths():
    center = Room("Center", "Test room in the center.")
    north = Room("North", "Test room in the north.")
    south = Room("South", "Test room in the south.")

    center.add_paths({'north': north, 'south': south})
    assert_equal(center.go('north'), north)
    assert_equal(center.go('south'), south)

def test_map():
    start = Room("Start", "You can go west and down a hole.")
    west = Room("Trees", "There are trees here, you can go east.")
    down = Room("Dungeon", "It's dark down here, you can go up.")

    start.add_paths({'west': west, 'down': down})
```

```
26          west.add_paths({'east': start})
27          down.add_paths({'up': start})
28
29          assert_equal(start.go('west'), west)
30          assert_equal(start.go('west').go('east'), start)
31          assert_equal(start.go('down').go('up'), start)
32
33      def test_gothon_game_map():
34          start_room = load_room(START)
35          assert_equal(start_room.go('shoot!'), generic_death)
36          assert_equal(start_room.go('dodge!'), generic_death)
37
38          room = start_room.go('tell a joke')
39          assert_equal(room, laser_weapon_armory)
```

Sua tarefa nesta parte do exercício é concluir o mapa e fazer com que o teste automático valide totalmente o mapa inteiro. Isso inclui corrigir todos os objetos `generic_death` para serem términos reais. Verifique se funciona bem e se seu teste está o mais completo possível, porque mudaremos o mapa depois e você usará os testes para verificar se ele continua funcionando.

Criando um Engine

Seu mapa do jogo deve estar funcionando e deve ter um bom teste de unidade. Agora, quero que crie um engine de jogo pequeno e simples que executará as salas, coletará a entrada do jogador e controlará onde ele está no jogo. Usaremos as sessões que você acabou de aprender para criar um engine de jogo simples, que fará o seguinte:

1. Inicia um novo jogo para novos usuários.
2. Apresenta a sala ao usuário.
3. Obtém a entrada do usuário.
4. Executa a entrada do usuário no jogo.
5. Exibe os resultados e continua até o usuário morrer.

Para tanto, você pegará o `app.py` confiável que vem modificando e criará um engine de jogo com base em sessões totalmente funcional. A condição é que vou criar um engine muito pequeno com arquivos *HTML básicos* e caberá a você completá-lo. Veja o engine base:

app.py

```
1   from flask import Flask, session, redirect, url_for, escape, request
2   from flask import render_template
3   from gothonweb import planisphere
4
```

```
 5      app = Flask(__name__)
 6
 7      @app.route("/")
 8      def index():
 9          # isso é usado para "configurar" a seção com valores iniciais
10          session['room_name'] = planisphere.START
11          return redirect(url_for("game"))
12
13      @app.route("/game", methods=['GET', 'POST'])
14      def game():
15          room_name = session.get('room_name')
16
17          if request.method == "GET":
18              if room_name:
19                  room = planisphere.load_room(room_name)
20                  return render_template("show_room.html", room=room)
21              else:
22                  # por que isso está aqui? você precisa disso?
23                  return render_template("you_died.html")
24          else:
25              action = request.form.get('action')
26
27              if room_name and action:
28                  room = planisphere.load_room(room_name)
29                  next_room = room.go(action)
30
31                  if not next_room:
32                      session['room_name'] = planisphere.name_room(room)
33                  else:
34                      session['room_name'] = planisphere.name_room(next_room)
35
36              return redirect(url_for("game"))
37
38
39      # VOCÊ DEVE ALTERAR ISSO SE COLOCAR NA INTERNET
40      app.secret_key = 'A0Zr98j/3yX R~XHH!jmN]LWX/,?RT'
41
42      if __name__ == "__main__":
43          app.run()
```

Existem ainda mais coisas novas no script, mas o incrível é ser um engine de jogo inteiro com base na web em um pequeno arquivo. Antes de executar o app.py, é necessário mudar a variável ambiente PYTHONPATH. Não sabe o que é? Eu sei, é uma bobagem, mas você precisa aprender isso para executar até os programas Python básicos: é como as pessoas que usam o Python gostam das coisas.

No Terminal, digite:

```
export PYTHONPATH=$PYTHONPATH:.
```

No PowerShell do Windows:

```
$env:PYTHONPATH = "$env:PYTHONPATH;."
```

Você só precisa fazer uma vez por sessão do shell, mas, se tiver um erro de importação, provavelmente será necessário fazer isso ou você fez do modo errado.

Em seguida, deve excluir `templates/hello_form.html` e `templates/index.html`, e criar os dois templates mencionados no código anterior. Veja um `templates/show_room.html` *muito* simples:

show_room.html
```
{% extends "layout.html" %}

{% block content %}

<h1> {{ room.name }} </h1>
<pre>
{{ room.description }}
</pre>

{% if room.name in ["death", "The End"] %}
    <p><a href="/">Play Again?</a></p>
{% else %}
    <p>
    <form action="/game" method="POST">
        - <input type="text" name="action"> <input type="SUBMIT">
    </form>
    </p>
{% endif %}


{% endblock %}
```

Esse é o template que exibe uma sala quando você percorre o jogo. Depois, é necessário um para informar à pessoa que ela morreu, caso ela chegue ao final do mapa por acidente, que é `templates/you_died.html`:

you_died.html
```
<h1>You Died!</h1>

<p>Looks like you bit the dust.</p>
<p><a href="/">Play Again</a></p>
```

Agora você deve conseguir fazer o seguinte:

1. Faça o teste `tests/app_tests.py` funcionar novamente para testar o jogo. Você não conseguirá fazer muita coisa além de alguns cliques no jogo, por causa das sessões, mas deverá ser capaz de fazer o básico.
2. Execute o script `python3.6 app.py` e teste o jogo.

É provável que você consiga atualizar e corrigir o jogo normalmente. Também deve conseguir trabalhar com o HTML e o engine do jogo até que ele faça todas as atividades que deseja.

Seu Exame Final

Achou que recebeu muita informação de uma só vez? Bom, quero que você tenha algo para experimentar enquanto desenvolve suas habilidades. Para concluir o exercício, darei um conjunto final de tarefas para completar sozinho. Você notará que o que escreveu até agora não está muito bem feito; é apenas uma primeira versão do código. Agora, seu trabalho é tornar o jogo mais completo fazendo isto:

1. Corrija todos os erros mencionados no código e qualquer um que eu não mencionei. Se encontrar novos erros, me avise.

2. Melhore todos os testes automáticos para testar mais o aplicativo, até o ponto de usar um teste ao invés de seu navegador para verificar o aplicativo enquanto trabalha.

3. Melhore a aparência do HTML.

4. Pesquise sobre logins e crie um sistema de identificação para o aplicativo, de modo que as pessoas possam ter logins e altas pontuações.

5. Conclua o mapa do jogo, tornando-o maior e mais completo de recursos.

6. Forneça um sistema de "ajuda" às pessoas, permitindo que elas perguntem o que podem fazer em cada sala no jogo.

7. Acrescente outros recursos que conseguir pensar para o jogo.

8. Crie diversos "mapas" e deixe que as pessoas escolham o jogo que desejam executar. Seu engine `app.py` deve conseguir efetuar qualquer mapa de salas dado, para que você possa suportar vários jogos.

9. Finalmente, use o que aprendeu nos Exercícios 48 e 49 para criar um processador de entrada melhor. Você tem grande parte código necessário; só precisa melhorar a gramática e conectá-la ao formulário de entrada e ao `GameEngine`.

Boa sorte!

Perguntas Comuns dos Alunos

Estou usando `sessions` em meu jogo e não consigo testar com nose-tests. Leia a Documentação de Teste do Flask sobre "Other Testing Tricks" (http://flask.pocoo.org/docs/0.12/testing/#other-testing-tricks — conteúdo em inglês) para obter informações sobre como criar sessões falsas dentro de seus testes.

Vejo um `ImportError`. Pode ser uma das seguintes opções ou outras: diretório errado, versão errada do Python, PYTHONPATH não definido, nenhum arquivo `__init__.py` e/ou erro de ortografia na importação.

Próximas Etapas

Você ainda não é um programador. Gosto de pensar que este livro lhe dá sua "faixa preta da programação". Você sabe o suficiente para iniciar outro livro sobre programação e lidar com ele muito bem. Este livro deve ter proporcionado a você as ferramentas mentais e atitude necessárias para experimentar a maioria dos livros sobre Python e realmente aprender algo. Pode até ter facilitado.

Recomendo que você verifique estes projetos e tente criar algo com eles:

- Learn Ruby the Hard Way (https://learnrubythehardway.org — conteúdo em inglês): você aprenderá mais sobre programação quando conhecer outras linguagens, portanto, tente estudar sobre o Ruby também.
- The Django Tutorial (https://docs.djangoproject.com/en/1.11/intro/ — conteúdo em inglês): desenvolva um aplicativo web com o framework web do Django.
- SciPy (https://www.scipy.org — conteúdo em inglês): acesse isso se você gosta de Ciência, Matemática e Engenharia.
- PyGame (http://www.pygame.org — conteúdo em inglês): crie um jogo com imagens gráficas e som.
- Pandas (http://pandas.pydata.org — conteúdo em inglês): utilize para fazer manipulação de dados e análise.
- Natural Language Toolkit (http://www.nltk.org — conteúdo em inglês): use para analisar texto escrito e grafe coisas como filtros de spam e robôs de bate-papo.
- TensorFlow (https://www.tensorflow.org — conteúdo em inglês): acesse para o aprendizado de máquina e visualização.
- Requests (http://docs.python-requests.org — conteúdo em inglês): aprenda sobre o lado cliente do HTTP e a web.
- ScraPy (https://scrapy.org — conteúdo em inglês): experimente entrar em alguns sites web para obter informações.
- Kivy (https://kivy.org — conteúdo em inglês): crie interfaces do usuário em desktops e plataformas de celular.
- Learn C the Hard Way (https://learncodethehardway.org — conteúdo em inglês): depois de se familiarizar com o Python, procure estudar sobre o C e os algoritmos com meu outro livro. Vá com calma; o C é diferente, mas será muito bom aprender.

Escolha um dos recursos anteriores e examine os tutoriais e a documentação. Ao examinar a documentação com código, *digite todo o código* e faça com que funcione. É assim que atuo. É assim que todo programador faz. Ler a documentação da programação não é suficiente para aprender; é necessário fazer. Depois de examinar o tutorial e qualquer outra documentação, crie algo. Qualquer coisa, mesmo que seja algo que outra pessoa já escreveu. Apenas crie.

Simplesmente entender qualquer coisa que você escreva provavelmente será chato. Tudo bem; sou ruim com toda linguagem de programação no início. Ninguém escreve algo perfeito quando é iniciante e qualquer pessoa que diz ter conseguido, é um grande mentiroso.

Como Aprender Qualquer Linguagem de Programação

Agora, ensinarei como aprender a maioria das linguagens de programação que você pode querer adquirir no futuro. A organização deste livro é baseada em como eu e muitos outros programadores aprendemos novas linguagens. O processo que geralmente sigo é este:

1. Pegue um livro ou algum texto introdutório sobre a linguagem.
2. Examine o livro e digite todo o código, de modo que todo o código consiga ser executado.
3. Leia o livro enquanto trabalha no código, fazendo anotações.
4. Use a linguagem para implementar um pequeno conjunto de programas, com o qual você esteja familiarizado em outra linguagem.
5. Leia o código de outras pessoas na linguagem e tente copiar os padrões.

Neste livro, fiz você passar por esse processo bem devagar e em pequenas partes. Outros livros não são organizados do mesmo modo e isso significa que você precisará extrapolar de como eu coordenei você a fazer isso para como o conteúdo deles está organizado. A melhor maneira é ler o livro superficialmente e criar uma lista de todas as seções principais de código. Então, transforme essa lista em um conjunto de exercícios fundamentados nos capítulos e, depois, basta realizá-los em ordem, um por vez.

O método anterior também funciona para as novas tecnologias, supondo que elas tenham livros que você possa ler. Para qualquer coisa sem livro, realize o processo acima, mas use a documentação online ou código-fonte como sua introdução inicial.

Cada linguagem nova aprendida o torna um programador melhor e, quando você aprende mais linguagens, elas ficam mais fáceis. Na terceira ou quarta linguagem, você deverá conseguir captar as que são parecidas em uma semana, com as mais estranhas levando mais tempo. Agora que você conhece Python, pode aprender o Ruby e JavaScript bem rápido por comparação. É porque muitas linguagens compartilham conceitos semelhantes e, assim que se aprende os conceitos em uma, eles funcionam nas outras.

A parte final a ser lembrada sobre aprender uma nova linguagem é: não seja um turista idiota. Tal pessoa é alguém que vai para outro país e reclama que a comida não é como a de casa ("Por que não consigo um bom hambúrguer neste país idiota?!"). Quando você está aprendendo uma nova linguagem, pense que o que ela faz não é idiota, é apenas diferente. Adote-a para poder conhecer.

Depois de entender a linguagem, não seja um escravo dela. Algumas vezes, as pessoas que usam uma linguagem realmente fazem coisas muito bobas sem nenhum motivo, apenas "é como sempre fizemos". Se você gosta mais do seu estilo e sabe como os outros fazem, sinta-se à vontade para quebrar as regras deles se isso melhorar as coisas.

Eu realmente gosto de aprender novas linguagens de programação. Eu me considero um "programador antropólogo" e penso nelas como pequenas ideias sobre o grupo de programadores que as utilizam. Estou aprendendo uma linguagem que todos usam para se comunicar por meio de computadores e acho isso fascinante. Mais uma vez, sou um tipo estranho, portanto, só aprenda linguagens de programação se quiser.

Aproveite! É muito divertido.

Conselhos de um Velho Programador

Você terminou o livro e decidiu continuar programando. Talvez seja sua profissão, talvez um passatempo. Você precisará de alguns conselhos para continuar no caminho certo e tirar o máximo de proveito da atividade que acabou de escolher.

Programo há muito tempo. Há tanto tempo que é muito chato para mim. Quando escrevi este livro, conhecia cerca de 20 linguagens de programação e podia aprender novas em cerca de um dia ou uma semana, dependendo de ser muito diferente. Com o tempo, ficou chato e não tive mais interesse. Isso não significa que acho a programação entendiante ou que *você* achará que é, apenas *eu* a considero desinteressante neste ponto em minha jornada.

O que descobri após essa jornada de aprendizado é que não são as linguagens que importam, mas o que você faz com elas. Na verdade, sempre soube disso, mas fiquei distraído com as linguagens e esqueci. Agora, nunca esqueço e você não deve esquecer também.

Não importa qual linguagem de programação você aprende e usa. *Não* seja arrastado pela crença em torno das linguagens de programação, pois isso só irá cegá-lo quanto à verdadeira finalidade de ser sua ferramenta para fazer coisas interessantes.

Programar, como uma atividade intelectual, é a *única* forma de arte que permite criar uma arte interativa. Você consegue desenvolver projetos que as outras pessoas podem experimentar e poderá conversar com elas indiretamente. Nenhuma outra forma de arte é tão interativa. Os filmes chegam até o público em uma direção. As pinturas não se movem. O código segue em ambas as direções.

Programar como profissão é bem interessante. Pode ser bom, mas você poderá ganhar o mesmo e ser mais feliz administrando um fast-food. Você será muito melhor usando o código como sua arma secreta em outra profissão.

Os profissionais capazes de codificar no mundo das empresas tecnológicas ganham pouquíssimo e não são respeitados. Já os que conseguem codificar nas áreas da Biologia, Medicina, Governo, Sociologia, Física, História e Matemática são respeitados e podem fazer coisas incríveis para promover essas disciplinas.

Naturalmente, todo esse conselho é inútil. Se você gostou de aprender a escrever softwares com este livro, deve tentar usá-lo para melhorar sua vida como puder. Saia e explore essa nova atividade intelectual estranha e maravilhosa que poucas pessoas nos últimos 50 anos conseguiram explorar. É melhor aproveitar enquanto pode.

Finalmente, direi que aprender a criar softwares muda você e o torna diferente. Nem melhor nem pior, apenas diferente. Você pode descobrir que as pessoas o tratam com grosseria porque você é capaz de criar softwares, talvez usando palavras como "nerd".

Talvez, descobrirá que, como consegue dissecar a lógica delas, elas odeiam argumentar com você. Pode até descobrir que simplesmente saber como um computador funciona o torna chato e estranho para esses indivíduos.

Para isso, apresento apenas um conselho: os outros vão para o inferno. O mundo precisa de mais pessoas estranhas que sabem como as coisas funcionam e que adoram descobrir tudo. Quando elas tratarem você assim, lembre que a jornada é *sua*, não delas. Não é um crime ser diferente e as pessoas que dizem ser, têm ciúmes por você ter escolhido uma habilidade que elas nunca serão capazes de adquirir, nem em seus sonhos mais loucos.

Você pode codificar. Elas não. Isso é muito legal.

APÊNDICE

Curso Rápido da Linha de Comando

E ste apêndice é um curso super-rápido sobre como usar a linha de comando. Deve ser feito rapidamente, em um dia ou dois, não é para ensinar o uso avançado do shell.

Introdução: Boca Calada e Shell

Este apêndice é um curso rápido sobre como usar a linha de comando para fazer seu computador executar tarefas. Como curso rápido, não é tão detalhado ou extenso quanto meus outros livros. É apenas para que você seja capaz de começar a usar seu computador como um programador real. Quando terminar o apêndice, conseguirá utilizar a maioria dos comandos básicos que todo usuário do shell acessa diariamente. Você entenderá os fundamentos dos diretórios e alguns outros.

O único conselho que darei é este:

> Cale a boca e digite tudo isso.

Desculpe, mas é isso que você precisa fazer. Se tiver um medo irracional da linha de comando, o único modo de vencê-lo é calar a boca e superar.

Você não destruirá o computador. Não ficará preso no fundo do campus Redmond da Microsoft. Seus amigos não rirão de você por ser um nerd. Apenas ignore qualquer motivo idiota para ter medo da linha de comando.

Por quê? Porque, se você quiser aprender a codificar, precisa aprender isso. As linguagens de programação são maneiras avançadas de controlar seu computador com linguagem. A linha de comando é o caçulinha das linguagens de programação. Conhecer a linha de comando ensina a controlar o computador usando linguagem. Assim que superar isso, poderá começar a escrever o código e sentir que realmente é dono da máquina que acabou de comprar.

Como Usar o Apêndice

O melhor modo de utilizar este apêndice é fazer o seguinte:

- Pegue um bloquinho de anotação e caneta.
- Comece no início do apêndice e faça cada exercício exatamente como for informado.

- Quando ler algo que não faz sentido ou não entende, *anote no bloquinho*. Deixe um espaço em branco para escrever a resposta.

- Depois de terminar o exercício, volte para o bloquinho e reveja as perguntas que anotou. Tente respondê-las pesquisando online e perguntado aos amigos que podem saber a resposta.

Não pare de fazer os exercícios, anotar as perguntas, voltar e responder aquelas que existem. Quando terminar, realmente saberá muito mais do que pensa sobre como usar a linha de comando.

Você Irá Memorizar as Coisas

Estou avisando previamente que você precisará decorar as coisas agora. É o modo mais rápido de conseguir algo, mas, para algumas pessoas, a memorização é um problema. Esforce-se e faça. É uma habilidade importante para o aprendizado, portanto, você deve superar sua insegurança.

Veja como memorizar:

- Diga a si mesmo que *fará* isso. Não tente encontrar truques ou modos fáceis, sente e faça.

- Escreva o que deseja decorar em algumas fichas. Coloque a metade do que precisa aprender em um lado e a outra metade no verso.

- Todo dia, por cerca de 15 a 30 minutos, treine com as fichas, procurando lembrar cada uma. Coloque aquelas que não acertou em uma pilha diferente, treine com elas até ficar entediado, depois, experimente a pilha inteira e saiba se melhorou.

- Antes de ir para a cama, treine com as fichas que errou por cerca de 5 minutos, depois, vá dormir.

Há outras técnicas, como escrever o que você precisa aprender em uma folha de papel, cortar e colar na parede do banheiro. Durante o banho, treine o conhecimento sem olhar e, quando não conseguir, olhe para refrescar a memória.

Se fizer isso todo dia, conseguirá memorizar a maioria das coisas que peço em uma semana ou um mês. Logo que conseguir, quase todo o resto será mais fácil e claro, que é a finalidade da memorização. Não é ensinar conceitos abstratos, mas impregnar-se com os fundamentos para que sejam fáceis e não precisar pensar neles. Assim que tiver decorado o básico, isso deixará de ser um obstáculo que o impede de aprender os conceitos abstratos mais avançados.

Configuração

Neste apêndice, você terá que realizar três coisas:

- Executar algumas coisas no shell (linha de comando, Terminal, PowerShell).
- Aprender sobre o que acabou de fazer.
- Fazer mais coisas sozinho.

No primeiro exercício, você deverá fazer seu Terminal funcionar para trabalhar no restante do apêndice.

Faça Isto

Deixe seu Terminal, shell ou PowerShell operando para poder acessá-lo rapidamente e saber se funciona.

macOS

Para o macOS:

- Pressione a tecla command e a barra de espaço.
- Uma barra de pesquisa aparecerá.
- Digite: Terminal
- Clique no aplicativo Terminal que parece uma caixa preta.
- Isso abrirá o Terminal.
- Agora, você pode ir para a barra de tarefas e pressionar CTRL-clique para abrir o menu, depois, selecionar Options → Keep In dock.

Agora o Terminal está aberto e posicionado na barra de tarefas para poder acessá-lo.

Linux

Suponho que, se você tem o Linux, já sabe como acessar seu Terminal. Examine o menu do gerenciador de janelas para encontrar o "Shell" ou o "Terminal".

Windows

No Windows, você usará o PowerShell. As pessoas costumavam trabalhar com um programa chamado `cmd.exe`, mas ele não é tão útil como o PowerShell. Se tiver o Windows 7 ou posterior:

- Clique em Iniciar.
- Em "Pesquisar programas e arquivos", digite "powershell".
- Pressione Enter.

Se não tiver o Windows 7, deverá considerar *seriamente* fazer um upgrade. Se ainda insistir em não fazer, poderá tentar instalar o PowerShell do centro de download da Microsoft. Pesquise online para encontrar "powershell downloads" para sua versão do Windows. Mas é por sua conta, pois não tenho o Windows XP, mas espero que a experiência com o PowerShell seja semelhante.

Você Aprendeu Isto

Você aprendeu a abrir seu Terminal para poder trabalhar no restante do apêndice.

> **AVISO!** Se tiver um amigo muito esperto que já conhece o Linux, ignore quando ele disser para usar algo diferente do Bash. Estou ensinando o Bash. É isso. Ele dirá que o zsh aumentará seu QI em 30 pontos e você ganhará milhões em ações. Ignore. Seu objetivo é ser capaz e, nesse nível, não importa qual shell é usado. O próximo aviso é evitar o IRC ou outros lugares em que os "hackers" se encontram. Eles acham divertido fornecer comandos que podem destruir seu computador. O comando `rm -rf /` é um clássico que você *nunca deve digitar*. Evite. Se precisar de ajuda, veja se ela vem de alguém que você confia, não dos idiotas por aí na internet.

Faça Mais

Este exercício tem uma parte "Faça Mais" grande. Os outros não são tão complicados quanto este, mas estou preparando seu cérebro para o restante do apêndice, fazendo a memorização. Confie: isso tornará as coisas muito simples depois.

Linux/macOS

Use esta lista de comandos e crie fichas com os nomes em um lado e as definições no outro. Treine todo dia enquanto continua com as lições no apêndice.

pwd   imprimir diretório de trabalho

hostname   nome de rede do meu computador

mkdir   criar diretório

cd   mudar de diretório

ls   listar diretório

rmdir   remover diretório

pushd   salvar diretório

popd   restaurar diretório

cp   copiar um arquivo ou diretório

mv   mover um arquivo ou diretório

less   paginar um arquivo

cat   imprimir o arquivo inteiro

xargs   executar argumentos

find   encontrar arquivos

grep   encontrar coisas dentro dos arquivos

man   ler uma página do manual

apropos   encontrar qual página do manual é adequada

env   ver seu ambiente

echo   imprimir alguns argumentos

export   exportar/definir uma nova variável ambiente

exit   sair do shell

sudo   PERIGO! tornar-se o superusuário root PERIGO!

Windows

Se estiver usando o Windows, esta será sua lista de comandos:

pwd   imprimir diretório de trabalho

hostname   nome de rede do meu computador

mkdir   criar diretório

cd   mudar de diretório

ls   listar diretório

rmdir   remover diretório

pushd   salvar diretório

popd   restaurar diretório

cp   copiar um arquivo ou diretório

robocopy   cópia robusta

mv   mover um arquivo ou diretório

more   paginar um arquivo

type   imprimir o arquivo inteiro

forfiles   executar um comando em muitos arquivos

dir -r   encontrar arquivos

select-string   encontrar coisas dentro dos arquivos

help   ler uma página do manual

helpctr   encontrar qual página do manual é adequada

echo   imprimir alguns argumentos

set   exportar/definir uma nova variável ambiente

exit   sair do shell

runas   PERIGO! tornar-se o superusuário root PERIGO!

Treine, treine, treine! Treine até dizer essas frases rapidamente quando vir a palavra. Depois, treine o inverso para que leia a frase e saiba o que o comando fará. Você está desenvolvendo seu vocabulário ao fazer isso, mas não passe tanto tempo a ponto de enlouquecer e ficar entediado.

Caminhos, Pastas, Diretórios (pwd)

Neste exercício, você aprenderá a imprimir seu diretório de trabalho com o comando pwd.

Faça Isto

Vou ensiná-lo a ler as "sessões" mostradas. Você não precisa digitar tudo que listo aqui, apenas algumas partes:

- Você *não* digita $ (Unix) nem > (Windows). Isso apenas mostra minha sessão para que possa ver o que tenho.

- Você digita o que vem depois de $ ou > e, então, pressiona Enter. Portanto, se eu tiver $ pwd, você digitará apenas pwd e pressionará Enter.
- É possível ver o que tenho na saída após outro prompt $ ou >. Esse conteúdo é a saída e você deve ver uma igual.

Vamos fazer um primeiro comando simples para você entender:

Linux/macOS

Sessão do Exercício 2

```
$ pwd
/Users/zedshaw
$
```

Windows

Sessão Windows do Exercício 2

```
PS C:\Users\zed> pwd

Path
----
C:\Users\zed
PS C:\Users\zed>
```

AVISO! Neste apêndice, preciso economizar espaço para que você foque os detalhes importantes dos comandos. Para tanto, vou cortar a primeira parte do prompt (a parte PS C:\Users\zed acima) e deixar apenas >. Isto significa que seu prompt não será exatamente igual, mas não se preocupe. Lembre que, de agora em diante, você só terá > para informar que é o prompt. Farei a mesma coisa nos prompts do Unix, mas eles são tão variados que a maioria das pessoas se acostumou com $ significando "apenas o prompt".

Você Aprendeu Isto

Seu prompt será diferente do meu. Talvez você tenha o nome de usuário antes de $ e o nome do computador. No Windows, provavelmente, será diferente também. O principal é ver o seguinte padrão:

- Há um prompt.
- Você digita um comando nele. Neste caso, é pwd.
- Algo é impresso.
- Repita.

Você acabou de aprender o que pwd faz, o significado de "imprimir o diretório de trabalho". O que é diretório? É uma pasta. Pasta e diretório são a mesma coisa e são usados alternadamente. Quando você abre o navegador de arquivos no computador para encontrar graficamente os arquivos, está percorrendo pastas. Essas pastas são os "diretórios" com os quais estamos trabalhando.

Faça Mais

- Digite pwd 20 vezes e, a cada vez, ele informará "imprimir diretório de trabalho".
- Anote o caminho que o comando fornece. Encontre-o com seu gerenciador de arquivos gráfico.
- Não, falo a sério, digite 20 vezes e diga em voz alta. Sssh. Faça.

Se Ficar Perdido

Ao percorrer essas instruções, você pode ficar perdido. Pode não saber onde está ou onde fica um arquivo, não tendo ideia sobre como continuar. Para resolver o problema, ensinarei os comandos a digitar e parar de se perder.

Sempre que ficar perdido, provavelmente é porque estava digitando os comandos e não tem ideia de onde acabou chegando. O que deve fazer é digitar pwd para *imprimir seu diretório atual*. Isso informará onde você está.

O próximo recurso que precisa ter é um modo de voltar para onde estava seguro, seu home (o diretório pessoal). Para tanto, digite cd ~ e voltará para home.

Isso significa que, se você ficar perdido, digite:

```
pwd
cd ~
```

O primeiro comando, pwd, informa onde você está. O segundo, cd ~, leva-o para home para poder tentar novamente.

Faça Isto

Agora, descubra onde você está e volte para home usando pwd e cd ~. Isso assegura que sempre estará no lugar certo.

Você Aprendeu Isto

Como voltar para home caso fique perdido.

Crie um Diretório (mkdir)

Neste exercício, você aprenderá a criar um novo diretório (pasta) usando o comando mkdir.

Faça Isto

Lembre-se! *Você precisa voltar para home primeiro!* Use pwd e cd ~ antes de fazer o exercício. Antes de fazer *todos* os exercícios no apêndice, sempre volte para home inicialmente!

Linux/macOS

Sessão do Exercício 4

```
$ pwd
$ cd ~
$ mkdir temp
$ mkdir temp/stuff
$ mkdir temp/stuff/things
$ mkdir -p temp/stuff/things/orange/apple/pear/grape
$
```

Windows

Sessão Windows do Exercício 4

```
> pwd
> cd ~
> mkdir temp


    Directory: C:\Users\zed


Mode                LastWriteTime    Length Name
----                -------------    ------ ----
d----          12/17/2011   9:02 AM         temp

> mkdir temp/stuff


    Directory: C:\Users\zed\temp


Mode                LastWriteTime    Length Name
----                -------------    ------ ----
d----          12/17/2011   9:02 AM         stuff

> mkdir temp/stuff/things
```

```
Directory: C:\Users\zed\temp\stuff


Mode                LastWriteTime      Length Name
-----               -------------      ------ ----
d-----              12/17/2011  9:03 AM         things

> mkdir temp/stuff/things/orange/apple/pear/grape

Directory: C:\Users\zed\temp\stuff\things\orange\apple\pear


Mode                LastWriteTime      Length Name
-----               -------------      ------ ----
d-----              12/17/2011  9:03 AM         grape

>
```

Esta é a única vez que você listará os comandos `pwd` e `cd ~`. Eles são sempre esperados nos exercícios. Use-os o tempo todo.

Você Aprendeu Isto

Agora, vamos digitar mais de um comando. São modos diferentes de executar `mkdir`. O que faz `mkdir`? Ele cria diretórios. Por que está perguntando? Você devia estar fazendo suas fichas e memorizar os comandos. Se não souber que "`mkdir` cria diretórios", continue trabalhando nas fichas.

O que significa criar um diretório? Você pode chamar os diretórios de "pastas". São a mesma coisa. Tudo que você fez acima foi criar diretórios dentro de diretórios dentro de mais diretórios. Isso é chamado de "caminho" e é um modo de dizer "primeiro temp, depois algo, então coisas e é aí onde quero isso". É um conjunto de instruções para o computador de onde você deseja colocar algo na árvore de pastas (diretórios) que compõe o disco rígido do seu computador.

AVISO! Neste apêndice, estou usando o caractere / (barra) para todos os caminhos, uma vez que funcionam igual em todos os computadores agora. Contudo, os usuários do Windows precisam saber que também é possível usar o caractere \ (barra invertida) e outros usuários geralmente esperam isso.

Faça Mais

- O conceito de "caminho" pode ser confuso neste ponto. Não se preocupe. Faremos muito mais com eles e você entenderá.
- Elabore mais 20 diretórios dentro do diretório temp, em vários níveis. Veja-os com um gerenciador de arquivos gráfico.
- Crie um diretório com um espaço no nome colocando aspas: `mkdir "I Have Fun"`.
- Se o diretório `temp` já existir, você terá um erro. Use `cd` para mudar para um diretório de trabalho que possa controlar e experimente nele. No Windows, Desktop é um bom lugar.

Mude o Diretório (cd)

Neste exercício, você aprenderá a mudar de um diretório para outro usando o comando cd.

Faça Isto

Darei instruções para estas sessões mais uma vez:

- Você *não* digita $ (Unix) nem > (Windows).
- Digita o que está depois e, então, pressiona Enter. Se eu tiver `$ cd temp`, você só digitará `cd temp` e pressionará Enter.
- A saída vem depois de pressionar Enter, seguida de outro prompt $ ou >.
- Sempre volte para home! Use `pwd` e `cd ~` para voltar ao ponto de partida.

Linux/macOS

Sessão do Exercício 5

```
$ cd temp
$ pwd
~/temp
$ cd stuff
$ pwd
~/temp/stuff
$ cd things
$ pwd
~/temp/stuff/things
$ cd orange/
$ pwd
~/temp/stuff/things/orange
$ cd apple/
```

```
$ pwd
~/temp/stuff/things/orange/apple
$ cd pear/
$ pwd
~/temp/stuff/things/orange/apple/pear
$ cd grape/
$ pwd
~/temp/stuff/things/orange/apple/pear/grape
$ cd ..
$ cd ..
$ pwd
~/temp/stuff/things/orange/apple
$ cd ..
$ cd ..
$ pwd
~/temp/stuff/things
$ cd ../../..
$ pwd
~/
$ cd temp/stuff/things/orange/apple/pear/grape
$ pwd
~/temp/stuff/things/orange/apple/pear/grape
$ cd ../../../../../../../
$ pwd
~/
$
```

Windows

Sessão Windows do Exercício 5

```
> cd temp
> pwd

Path
----
C:\Users\zed\temp


> cd stuff
> pwd

Path
----
C:\Users\zed\temp\stuff


> cd things
> pwd

Path
----
C:\Users\zed\temp\stuff\things
```

```
> cd orange
> pwd

Path
----
C:\Users\zed\temp\stuff\things\orange


> cd apple
> pwd

Path
----
C:\Users\zed\temp\stuff\things\orange\apple


> cd pear
> pwd

Path
----
C:\Users\zed\temp\stuff\things\orange\apple\pear


> cd grape
> pwd

Path
----
C:\Users\zed\temp\stuff\things\orange\apple\pear\grape


> cd ..
> cd ..
> cd ..
> pwd

Path
----
C:\Users\zed\temp\stuff\things\orange


> cd ../..
> pwd

Path
----
C:\Users\zed\temp\stuff


> cd ..
> cd ..
```

```
> cd temp/stuff/things/orange/apple/pear/grape
> cd ../../../../../../../
> pwd

Path
----
C:\Users\zed


>
```

Você Aprendeu Isto

Você criou todos esses diretórios no último exercício e, agora, pode se mover dentro deles com o comando cd. Em minha sessão acima, também uso pwd para verificar onde estou, portanto, lembre de não digitar a saída que pwd imprime. Por exemplo, na linha 3, você vê ~/temp, mas isso é a saída de pwd do prompt acima. *Não digite*.

Também é possível ver como uso .. para "subir" na árvore e no caminho.

Faça Mais

Uma parte muito importante do aprendizado para usar a interface da linha de comando (CLI) em um computador com uma interface gráfica do usuário (GUI) é descobrir como funcionam juntas. Quando comecei a usar computadores, não havia GUI e tudo era feito com o prompt do DOS (a CLI). Mais tarde, quando os computadores ficaram poderosos a ponto de todos poderem ter imagens gráficas, foi simples para mim combinar os diretórios da CLI com as janelas e pastas da GUI.

Hoje, a maioria das pessoas não entende a CLI, caminhos e diretórios. Na verdade, é muito difícil ensinar isso e o único modo de aprender é trabalhar constantemente com a CLI até que, um dia, você percebe que as coisas que faz na GUI aparecem na CLI.

O modo de fazer isso é passar um tempo buscando diretórios com seu navegador de arquivos GUI e acessando-os com a CLI. É isso que você fará em seguida.

- Use cd para mudar para o diretório apple com um comando.
- Use cd para voltar para temp com um comando, mas não suba mais.
- Descubra como mudar com cd para seu "diretório pessoal" com um comando.
- Mude com cd para o diretório Documentos e encontre-o com o navegador de arquivos GUI (Finder, Windows Explorer etc.).
- Mude com cd para o diretório Downloads e encontre-o com seu navegador de arquivos.

- Encontre outro diretório com o navegador e mude para ele com `cd`.
- Lembra quando colocou aspas em um diretório com espaços? É possível fazer isso com qualquer comando. Por exemplo, se você tiver um diretório I Have Fun, poderá usar: `cd "I Have Fun"`.

Liste o Diretório (ls)

Neste exercício, você aprenderá a listar o conteúdo de um diretório com o comando `ls`.

Faça Isto

Antes de iniciar, volte com `cd` para o diretório acima de `temp`. Se não tiver ideia de onde está, use `pwd` para descobrir e siga desse ponto.

Linux/macOS

Sessão do Exercício 6

```
$ cd temp
$ ls
stuff
$ cd stuff
$ ls
things
$ cd things
$ ls
orange
$ cd orange
$ ls
apple
$ cd apple
$ ls
pear
$ cd pear
$ ls
$ cd grape
$ ls
$ cd ..
$ ls
grape
$ cd ../../../
$ ls
orange
$ cd ../../
$ ls
stuff
$
```

Windows

Sessão Windows do Exercício 6

```
> cd temp
> ls


    Directory: C:\Users\zed\temp


Mode                LastWriteTime     Length Name
----                -------------     ------ ----
d-----         12/17/2011   9:03 AM          stuff
> cd stuff
> ls


    Directory: C:\Users\zed\temp\stuff


Mode                LastWriteTime     Length Name
----                -------------     ------ ----
d-----         12/17/2011   9:03 AM          things

> cd things
> ls


    Directory: C:\Users\zed\temp\stuff\things


Mode                LastWriteTime     Length Name
----                -------------     ------ ----
d-----         12/17/2011   9:03 AM          orange

> cd orange
> ls


    Directory: C:\Users\zed\temp\stuff\things\orange


Mode                LastWriteTime     Length Name
----                -------------     ------ ----
d-----         12/17/2011   9:03 AM          apple

> cd apple
> ls
```

```
    Directory: C:\Users\zed\temp\stuff\things\orange\apple


Mode                LastWriteTime     Length Name
----                -------------     ------ ----
d-----           12/17/2011  9:03 AM         pear

> cd pear
> ls

    Directory: C:\Users\zed\temp\stuff\things\orange\apple\pear


Mode                LastWriteTime     Length Name
----                -------------     ------ ----
d-----           12/17/2011  9:03 AM         grape

> cd grape
> ls
> cd ..
> ls

    Directory: C:\Users\zed\temp\stuff\things\orange\apple\pear


Mode                LastWriteTime     Length Name
----                -------------     ------ ----
d-----           12/17/2011  9:03 AM         grape

> cd ..
> ls

    Directory: C:\Users\zed\temp\stuff\things\orange\apple


Mode                LastWriteTime     Length Name
----                -------------     ------ ----
d-----           12/17/2011  9:03 AM         pear

> cd ../../..
> ls

    Directory: C:\Users\zed\temp\stuff
```

```
    Mode                LastWriteTime     Length Name
    ----                -------------     ------ ----
    d-----           12/17/2011   9:03 AM        things

> cd ..
> ls

    Directory: C:\Users\zed\temp

    Mode                LastWriteTime     Length Name
    ----                -------------     ------ ----
    d-----           12/17/2011   9:03 AM        stuff

>
```

Você Aprendeu Isto

O comando `ls` lista o conteúdo do diretório no qual você está atualmente. É possível me ver usando `cd` para mudar para diretórios diferentes e listar o que há neles para saber para qual ir em seguida.

Há muitas opções para o comando `ls`, mas você aprenderá a obter ajuda mais tarde, quando cobrirmos o comando `help`.

Faça Mais

- *Digite cada comando!* Você realmente precisa digitar para aprender. Apenas ler *não* é suficiente. Vou parar de gritar agora.
- No Unix, experimente o comando `ls -lR` quando estiver em `temp`.
- No Windows, faça o mesmo com `dir -R`.
- Use `cd` para ir para outros diretórios em seu computador e use `ls` para ver o que existe neles.
- Atualize suas anotações com novas perguntas. Certamente você tem algumas porque não estou cobrindo tudo sobre esse comando.
- Lembre que, se ficar perdido, use `ls` e `pwd` para descobrir onde está e vá para onde precisa com `cd`.

Remova o Diretório (`rmdir`)

Neste exercício, você aprenderá a remover um diretório vazio.

Faça Isto

Linux/macOS

Sessão do Exercício 7

```
$ cd temp
$ ls
stuff
$ cd stuff/things/orange/apple/pear/grape/
$ cd ..
$ rmdir grape
$ cd ..
$ rmdir pear
$ cd ..
$ ls
apple
$ rmdir apple
$ cd ..
$ ls
orange
$ rmdir orange
$ cd ..
$ ls
things
$ rmdir things
$ cd ..
$ ls
stuff
$ rmdir stuff
$ pwd
~/temp
$
```

AVISO! Se você tentar usar `rmdir` no macOS e ele se recusar a remover o diretório, mesmo que tenha *certeza* que ele está vazio, realmente há um arquivo nele chamado `.DS_Store`. Nesse caso, digite `rm -rf <dir>` (substitua `<dir>` pelo nome do diretório).

Windows

Sessão Windows do Exercício 7

```
> cd temp
> ls

    Directory: C:\Users\zed\temp
```

```
Mode                LastWriteTime     Length Name
----                -------------     ------ ----
d----          12/17/2011   9:03 AM          stuff

> cd stuff/things/orange/apple/pear/grape/
> cd ..
> rmdir grape
> cd ..
> rmdir pear
> cd ..
> rmdir apple
> cd ..
> rmdir orange
> cd ..
> ls


    Directory: C:\Users\zed\temp\stuff


Mode                LastWriteTime     Length Name
----                -------------     ------ ----
d----          12/17/2011   9:14 AM          things

> rmdir things
> cd ..
> ls


    Directory: C:\Users\zed\temp


Mode                LastWriteTime     Length Name
----                -------------     ------ ----
d----          12/17/2011   9:14 AM          stuff

> rmdir stuff
> pwd

Path
----
C:\Users\zed\temp


> cd ..
>
```

Você Aprendeu Isto

Agora, estou misturando os comandos, portanto, digite-os exatamente e preste atenção. Sempre que você comete um erro, é porque não está prestando atenção. Se estiver cometendo muitos, faça uma pausa ou pare por um dia. Sempre terá amanhã para tentar de novo.

Neste exemplo, você aprenderá a remover um diretório. É fácil. Basta ir para o diretório logo acima e digitar rmdir <dir>, substituindo <dir> pelo nome do diretório a remover.

Faça Mais

- Crie outros 20 diretórios e remova todos.
- Crie um caminho simples de diretórios com 10 níveis de profundidade e remova-os, um por vez, como fiz antes.
- Se tentar remover um diretório com conteúdo, terá um erro. Mostrarei como remover isso nos exercícios posteriores.

Movendo-se (pushd, popd)

Neste exercício, você aprenderá a salvar seu local atual e ir para um novo com pushd. Então, aprenderá a voltar para o local salvo com popd.

Faça Isto

Linux/macOS

Sessão do Exercício 8

```
$ cd temp
$ mkdir i/like/icecream
$ pushd i/like/icecream
~/temp/i/like/icecream ~/temp
$ popd
~/temp
$ pwd
~/temp
$ pushd i/like
~/temp/i/like ~/temp
$ pwd
~/temp/i/like
$ pushd icecream
```

```
~/temp/i/like/icecream ~/temp/i/like ~/temp
$ pwd
~/temp/i/like/icecream
$ popd
~/temp/i/like ~/temp
$ pwd
~/temp/i/like
$ popd
~/temp
$ pushd i/like/icecream
~/temp/i/like/icecream ~/temp
$ pushd
~/temp ~/temp/i/like/icecream
$ pwd
~/temp
$ pushd
~/temp/i/like/icecream ~/temp
$ pwd
~/temp/i/like/icecream
$
```

Windows

Sessão Windows do Exercício 8

```
> cd temp
> mkdir i/like/icecream


    Directory: C:\Users\zed\temp\i\like


Mode                LastWriteTime    Length Name
----                -------------    ------ ----
d-----       12/20/2011   11:05 AM          icecream


> pushd i/like/icecream
> popd
> pwd

Path
----
C:\Users\zed\temp


> pushd i/like
> pwd

Path
----
```

```
C:\Users\zed\temp\i\like

> pushd icecream
> pwd

Path
----
C:\Users\zed\temp\i\like\icecream

> popd
> pwd

Path
----
C:\Users\zed\temp\i\like

> popd
>
```

> **AVISO!** No Windows, normalmente, você não precisa da opção -p como no Linux. *Contudo*, acho que é um desenvolvimento mais recente, portanto, pode ser executada nas versões mais antigas do PowerShell do Windows que requerem -p. Se você tiver mais informações sobre isso, envie um e-mail para mim em help@learncodethehardway.org para que eu resolva se deve mencionar -p para o Windows ou não.

Você Aprendeu Isto

Você entrou no território do programador com esses comandos, mas eles são tão úteis que preciso ensiná-los. Esses comandos permitem ir temporariamente para um diretório diferente e voltar, trocando com facilidade entre os dois.

O comando `pushd` pega seu diretório atual, "salva-o" em uma lista para usar depois e, então, *muda* para outro diretório. É como dizer: "Salve onde estou, depois vá aqui."

O comando `popd` pega o último diretório salvo e "restaura-o", levando-o de volta para ele.

Finalmente, no `pushd` do Unix, se você executá-lo sozinho sem argumentos, ele mudará entre seu diretório atual e o último salvo. É um modo fácil de trocar entre dois diretórios. *Não funciona no PowerShell.*

Faça Mais

- Use esses comandos para se mover nos diretórios em seu computador.
- Remova os diretórios i/like/icecream e crie seus próprios, depois se mova neles.
- Explique para si mesmo a saída que pushd e popd imprimirão. Notou que funciona como uma pilha?
- Você já sabe, mas lembre que mkdir -p (no Linux/macOS) criará um caminho inteiro, mesmo que todos os diretórios não existam. É isso que fiz primeiramente para este exercício.
- Lembre que o Windows criará um caminho completo e não precisa de -p.

Criando Arquivos Vazios (touch/New-Item)

Neste exercício, você aprenderá a criar um arquivo vazio usando o comando touch (New-Item no Windows).

Faça Isto

Linux/macOS

Sessão do Exercício 9

```
$ cd temp
$ touch iamcool.txt
$ ls
iamcool.txt
$
```

Windows

Sessão Windows do Exercício 9

```
> cd temp
> New-Item iamcool.txt -type file
> ls


    Directory: C:\Users\zed\temp


Mode                LastWriteTime     Length Name
----                -------------     ------ ----
-a---         12/17/2011   9:03 AM            iamcool.txt


>
```

Você Aprendeu Isto

Você aprendeu a criar um arquivo vazio. No Unix, `touch` faz isto e também muda a hora no arquivo. Geralmente o utilizo para criar arquivos vazios. No Windows, você não tem esse comando, por isso aprendeu a usar `New-Item`, que faz o mesmo, mas também pode criar novos diretórios.

Faça Mais

- Unix: crie um diretório, mude-o e crie um arquivo nele. Depois, suba um nível e execute o comando `rmdir` nesse diretório. Você *deverá* receber um erro. Tente entender por que houve esse erro.
- Windows: faça o mesmo, mas não terá um erro. Verá um prompt perguntado se realmente deseja remover o diretório.

Copie um Arquivo (cp)

Neste exercício, você aprenderá a copiar um arquivo de um local para outro com o comando cp.

Faça Isto

Linux/macOS

Sessão do Exercício 10

```
$ cd temp
$ cp iamcool.txt neat.txt
$ ls
iamcool.txt neat.txt
$ cp neat.txt awesome.txt
$ ls
awesome.txt iamcool.txt neat.txt
$ cp awesome.txt thefourthfile.txt
$ ls
awesome.txt iamcool.txt neat.txt thefourthfile.txt
$ mkdir something
$ cp awesome.txt something/
$ ls
awesome.txt iamcool.txt neat.txt something thefourthfile.txt
$ ls something/
awesome.txt
$ cp -r something newplace
$ ls newplace/
awesome.txt
$
```

Windows

Sessão Windows do Exercício 10

```
> cd temp
> cp iamcool.txt neat.txt
> ls


    Directory: C:\Users\zed\temp


    Mode                LastWriteTime     Length Name
    ----                -------------     ------ ----
    -a---         12/22/2011   4:49 PM          0 iamcool.txt
    -a---         12/22/2011   4:49 PM          0 neat.txt

> cp neat.txt awesome.txt
> ls


    Directory: C:\Users\zed\temp


    Mode                LastWriteTime     Length Name
    ----                -------------     ------ ----
    -a---         12/22/2011   4:49 PM          0 awesome.txt
    -a---         12/22/2011   4:49 PM          0 iamcool.txt
    -a---         12/22/2011   4:49 PM          0 neat.txt

> cp awesome.txt thefourthfile.txt
> ls


    Directory: C:\Users\zed\temp


    Mode                LastWriteTime     LengthName
    ----                -------------     ------ ----
    -a---         12/22/2011   4:49 PM          0 awesome.txt
    -a---         12/22/2011   4:49 PM          0 iamcool.txt
    -a---         12/22/2011   4:49 PM          0 neat.txt
    -a---         12/22/2011   4:49 PM          0 thefourthfile.txt

> mkdir something


    Directory: C:\Users\zed\temp
```

```
    Mode                LastWriteTime      LengthName
    ----                -------------      ----------
    d----        12/22/2011    4:52 PM            something

> cp awesome.txt something/
> ls


    Directory: C:\Users\zed\temp

    Mode                LastWriteTime      LengthName
    ----                -------------      ----------
    d----        12/22/2011    4:52 PM            something
    -a---        12/22/2011    4:49 PM          0 awesome.txt
    -a---        12/22/2011    4:49 PM          0 iamcool.txt
    -a---        12/22/2011    4:49 PM          0 neat.txt
    -a---        12/22/2011    4:49 PM          0 thefourthfile.txt

> ls something


    Directory: C:\Users\zed\temp\something

    Mode                LastWriteTime      LengthName
    ----                -------------      ----------
    -a---        12/22/2011    4:49 PM          0 awesome.txt

> cp -recurse something newplace
> ls newplace


    Directory: C:\Users\zed\temp\newplace

    Mode                LastWriteTime      LengthName
    ----                -------------      ----------
    -a---        12/22/2011    4:49 PM          0 awesome.txt

>
```

Você Aprendeu Isto

Agora você pode copiar os arquivos. É simples pegar um arquivo e copiá-lo para um novo. Neste exercício, também crio um novo diretório e copio um arquivo para ele.

Vou contar um segredo sobre os programadores e administradores de sistema agora. Eles são preguiçosos. Eu sou preguiçoso. Meus amigos são. É por isso que usamos computadores. Gostamos que os computadores façam as coisas chatas por nós. Nos exercícios até agora, você digitou comandos chatos e repetitivos para poder aprendê-los, mas normalmente não é assim. Em geral, se você estiver fazendo algo chato e repetitivo, com certeza há um programador que descobriu como facilitar as coisas. Você só não sabe ainda.

Outra informação sobre os programadores é que eles não são tão inteligentes quanto você acredita. Se você pensar demais sobre o que digitar, certamente fará errado. Ao contrário, tente imaginar o nome de um comando e experimente. Há chances de ser um nome ou alguma abreviação parecida com o que achou que seria. Se ainda não conseguir descobrir por intuição, pergunte e pesquise online. Felizmente, não será tão idiota quanto ROBOCOPY.

Faça Mais

- Use o comando `cp -r` para copiar mais diretórios com arquivos.
- Copie um arquivo para seu diretório pessoal ou área de trabalho.
- Encontre os arquivos na GUI e abra-os em um editor de texto.
- Notou que às vezes eu coloco uma / (barra) no final de um diretório? Isso assegura que o arquivo realmente é um diretório, portanto, se o diretório não existir, verei um erro.

Movendo um Arquivo (mv)

Neste exercício, você aprenderá a mover um arquivo de um local para outro usando o comando mv.

Faça Isto

Linux/macOS

Sessão do Exercício 11

```
$ cd temp
$ mv awesome.txt uncool.txt
$ ls
newplace uncool.txt
$ mv newplace oldplace
$ ls
oldplace uncool.txt
$ mv oldplace newplace
$ ls
newplace uncool.txt
$
```

Windows

Sessão Windows do Exercício 11

```
> cd temp
> mv awesome.txt uncool.txt
> ls


    Directory: C:\Users\zed\temp


Mode                LastWriteTime     Length Name
----                -------------     ------ ----
d----         12/22/2011   4:52 PM           newplace
d----         12/22/2011   4:52 PM           something
-a---         12/22/2011   4:49 PM        0  iamcool.txt
-a---         12/22/2011   4:49 PM        0  neat.txt
-a---         12/22/2011   4:49 PM        0  thefourthfile.txt
-a---         12/22/2011   4:49 PM        0  uncool.txt

> mv newplace oldplace
> ls


    Directory: C:\Users\zed\temp


Mode                LastWriteTime     LengthName
----                -------------     ------ ----
d----         12/22/2011   4:52 PM           oldplace
d----         12/22/2011   4:52 PM           something
-a---         12/22/2011   4:49 PM        0  iamcool.txt
-a---         12/22/2011   4:49 PM        0  neat.txt
-a---         12/22/2011   4:49 PM        0  thefourthfile.txt
-a---         12/22/2011   4:49 PM        0  uncool.txt

> mv oldplace newplace
> ls newplace


    Directory: C:\Users\zed\temp\newplace


Mode                LastWriteTime     LengthName
----                -------------     ------ ----
-a---         12/22/2011   4:49 PM        0  awesome.txt

> ls
```

```
    Directory: C:\Users\zed\temp


ModeLas              tWriteTime     LengthName
-----                --------------         ------ ----
d----         12/22/2011    4:52 PM         newplace
d----         12/22/2011    4:52 PM         something
-a---         12/22/2011    4:49 PM       0 iamcool.txt
-a---         12/22/2011    4:49 PM       0 neat.txt
-a---         12/22/2011    4:49 PM       0 thefourthfile.txt
-a---         12/22/2011    4:49 PM       0 uncool.txt

>
```

Você Aprendeu Isto

Mover arquivos ou renomeá-los. É fácil: forneça o antigo nome e o novo.

Faça Mais

Mova um arquivo no diretório `newplace` para outro diretório, depois, volte com ele.

Exiba um Arquivo (`less`/`more`)

Para este exercício, você fará o trabalho usando os comandos que conhece até agora. Também precisará de um editor de texto que possa criar arquivos de texto sem formatação (.txt). Veja o que fazer:

- Abra o editor de texto e digite algo em um novo arquivo. No macOS, poderia ser o TextWrangler. No Windows, poderia ser Notepad++. No Linux, seria gedit. Qualquer editor servirá.
- Salve o arquivo no computador e nomeie-o como `test.txt`.
- No shell, use os comandos que conhece para *copiar* o arquivo para o diretório `temp` com o qual vem trabalhando.

Assim que terminar, complete o exercício.

Faça Isto

Linux/macOS

Sessão do Exercício 12

```
$ less test.txt
[displays file here]
$
```

É isso. Para sair de less, digite q (como em quit).

Windows

Sessão Windows do Exercício 12

```
> more test.txt
[displays file here]
>
```

> **AVISO!** Na saída anterior, apresentei [displays file here] para "abreviar" o que o programa mostra. Farei isto quando quiser dizer: "Expor a saída do programa é complexo demais, basta inserir o que você vê em seu computador aqui e fingir que mostrei." Sua tela não apresentará isso.

Você Aprendeu Isto

É um modo de ver o conteúdo de um arquivo. É útil porque, se o arquivo tiver muitas linhas, ele "paginará" para que apenas uma tela fique visível por vez. Na seção *Faça Mais*, você lidará mais com isso.

Faça Mais

- Abra o arquivo de texto de novo, copie e cole repetidamente o texto para que tenha de 50 a 100 linhas.
- Copie-o para o diretório temp novamente para poder ver.
- Agora, faça o exercício de novo, mas desta vez pagine-o. No Unix, você usa a barra de espaço e w (a letra w) para descer e subir. As teclas de seta também funcionam. No Windows, basta pressionar a barra de espaço para paginar.

- Veja alguns arquivos vazios criados também.
- O comando cp irá sobregravar os arquivos que já existem, portanto, tenha cuidado ao copiá-los.

Envie um Arquivo (cat)

Você irá configurar mais para se acostumar a criar arquivos em um programa e acessá-los na linha de comando. Com o mesmo editor de texto do último exercício, crie outro arquivo chamado test2.txt, mas, desta vez, salve-o diretamente no diretório temp.

Faça Isto

Linux/macOS

Sessão do Exercício 13

```
$ less test2.txt
[displays file here]
$ cat test2.txt
I am a fun guy.
Don't you know why?
Because I make poems,
that make babies cry.
$ cat test.txt
Hi there this is cool.
$
```

Windows

Sessão Windows do Exercício 13

```
> more test2.txt
[displays file here]
> cat test2.txt
I am a fun guy.
Don't you know why?
Because I make poems,
that make babies cry.
> cat test.txt
Hi there this is cool.
>
```

Lembre que, quando informo [displays file here], estou abreviando a saída do comando para não precisar mostrar exatamente tudo.

Você Aprendeu Isto

Gostou do meu poema? Com certeza ganhará um Nobel. De qualquer modo, você já conhece o primeiro comando e eu só preciso que verifique se seu arquivo existe. Então, use `cat` no arquivo para enviá-lo para a tela. Esse comando envia o arquivo inteiro para a tela sem paginar nem parar. Como demonstração, faça isto com `test.txt`, que deverá enviar algumas linhas desse exercício.

Faça Mais

- Crie mais arquivos de texto e trabalhe com `cat`.
- Unix: experimente `cat test.txt test2.txt` e veja o que faz.
- Windows: experimente `cat test.txt,test2.txt` e veja o que faz.

Removendo um Arquivo (rm)

Neste arquivo, você aprenderá a remover (excluir) um arquivo usando o comando `rm`.

Faça Isto

Linux

Sessão do Exercício 14

```
$ cd temp
$ ls
uncool.txt iamcool.txt neat.txt something thefourthfile.txt
$ rm uncool.txt
$ ls
iamcool.txt neat.txt something thefourthfile.txt
$ rm iamcool.txt neat.txt thefourthfile.txt
$ ls
something
$ cp -r something newplace
$
$ rm something/awesome.txt
$ rmdir something
$ rm -rf newplace
$ ls
$
```

Windows

Sessão Windows do Exercício 14

```
> cd temp
> ls


    Directory: C:\Users\zed\temp


Mode                LastWriteTime     Length Name
----                -------------     ------ ----
d----        12/22/2011   4:52 PM            newplace
d----        12/22/2011   4:52 PM            something
-a---        12/22/2011   4:49 PM          0 iamcool.txt
-a---        12/22/2011   4:49 PM          0 neat.txt
-a---        12/22/2011   4:49 PM          0 thefourthfile.txt
-a---        12/22/2011   4:49 PM          0 uncool.txt

> rm uncool.txt
> ls


    Directory: C:\Users\zed\temp


Mode                LastWriteTime     Length Name
----                -------------     ------ ----
d----        12/22/2011   4:52 PM            newplace
d----        12/22/2011   4:52 PM            something
-a---        12/22/2011   4:49 PM          0 iamcool.txt
-a---        12/22/2011   4:49 PM          0 neat.txt
-a---        12/22/2011   4:49 PM          0 thefourthfile.txt

> rm iamcool.txt
> rm neat.txt
> rm thefourthfile.txt
> ls


    Directory: C:\Users\zed\temp


Mode                LastWriteTime     Length Name
----                -------------     ------ ----
d----        12/22/2011   4:52 PM            newplace
d----        12/22/2011   4:52 PM            something
```

```
> cp -r something newplace
> rm something/awesome.txt
> rmdir something
> rm -r newplace
> ls
>
```

Você Aprendeu Isto

Aqui, limpamos os arquivos do último exercício. Lembra quando pedi para tentar usar `rmdir` em um diretório com algo? Bem, isso falhou porque não é possível remover um diretório com arquivos. Para tanto, você precisa remover o arquivo ou excluir recursivamente todo seu conteúdo.

Faça Mais

- Limpe tudo em `temp` de todos os exercícios até agora.
- Escreva em seu bloco de anotações para ter cuidado ao fazer a remoção recursiva dos arquivos.

Saindo do Terminal (`exit`)

Faça Isto

Linux/macOS

Sessão do Exercício 23

```
$ exit
```

Windows

Sessão Windows do Exercício 23

```
> exit
```

Você Aprendeu Isto

Seu exercício final é sair de um Terminal. Novamente, é muito fácil, mas quero que faça mais.

Faça Mais

Para os últimos exercícios, quero que use o sistema de ajuda para pesquisar um conjunto de comandos que deve pesquisar e aprender a usar sozinho.

Veja a lista do Unix:

- `xargs`
- `sudo`
- `chmod`
- `chown`

Para o Windows, pesquise isto:

- `forfiles`
- `runas`
- `attrib`
- `icacls`

Descubra o que são, experimente e adicione às fichas.

Próximas Etapas da Linha de Comando

Você terminou o curso rápido. Neste ponto, deve ser um usuário do shell bastante capaz. Há uma lista enorme de truques e sequências-chave que não conhece ainda e fornecerei alguns lugares para pesquisar mais.

Referências do Bash do Unix

O shell que você usa é chamado de Bash. Não é o melhor shell, mas é comum e tem muitos recursos, portanto, é um bom ponto de partida. Veja uma pequena lista de links sobre Bash que você deve ler:

Folha de Cola do Bash https://learncodethehardway.org/unix/bash_cheat_sheet.pdf[criado por Raphael sob a licença CC — conteúdo em inglês]

Manual de Referência http://www.gnu.org/software/bash/manual/bashref.html [conteúdo em inglês]

Referências do PowerShell

No Windows, há apenas o PowerShell. Veja uma lista dos links úteis relacionados ao PowerShell:

Manual do Proprietário   http://technet.microsoft.com/en-us/library/ee221100.aspx [conteúdo em inglês]

Folha de Cola   https://download.microsoft.com/download/2/1/2/2122F0B9-0EE6-4E-6D-BFD6-F9DCD27C07F9/WS12_QuickRef_Download_Files/PowerShell_LangRef_v3.pdf [conteúdo em inglês]

Master PowerShell   http://powershell.com/cs/blogs/ebook/default.aspx [conteúdo em inglês]

Índice

A

abortar, 127–128
ações implícitas, 182
activate, 198–202
altered, 184–190
Ambiente de Desenvolvimento Integrado (IDE), 6
ambiente virtual, 197
and, 131–136
Animal, 164–166
Apache, 237–238
aplicativo, 221–228
append, 117–118, 137–142
apple, 151–154
argumento, 43–46
armazenamento, 55–58
armazenar, 85–88, 115–118
arquivo, 2–6, 43–46
   arquivo-fonte, 130, 170–180, 210–214
   file, 52–54
   iniciais, 198
arrays, 117–118
ASCII, 83
   Código Padrão Americano para o Intercâmbio de Informação, 83–88
aspas, 35–38
   aspas duplas, 35–38
   aspas simples, 35–38
assert, 131–136
   assert_equal, 205–206
   assert_raises, 220
Atenção aos Detalhes
   habilidade, xviii
Atom, 1–6
atributo, 155–160

B

BadStuff, 186–190
Bar, 181–190
barra, 230–238
   invertida, 35–38

bash, 1–6, 258–298
   links, 290
bibliotecas, 44–46
Big5, 88
bin, 201–202
bits, 83, 83–88
bloco, 209–214
   blocos de código, 109–110
booleana, 101–102
break, 131–136
Bug, xix
byte, 73–74, 83
   bytes brutos, 86
   string, 85–88

C

C3, 186–190
   algoritmo, 186
camelcase, 192–194
caminho, 264, 268–298
caractere, 10–12
caso de teste, 212–214
cat, 60–62, 287–298
cena, 174–180
CentralCorridor, 176–180
cerquilha, 11–12
chama, 137–142
checklist, 65–66
class, 131–136, 138–142
   Child, 182–190
   class Foo(Bar), 181–190
   class Name(object), 164–166
classe, 141–142, 150, 192
CLI, 268
codec, 82–88
codificações, 85–88
codificar, xviii–xxii, 83–88
   significado, 83
código, xix–xxii, 193
   código-fonte, xviii–xxii, 4–6
   repetitivo, 235
collections.OrderedDict, 147–148
comando, 53–54, 63–66, 85–88, 255–298

comentários, 13
    de documentação, 95–96
        documentation comments, 95–96
command, 257–298
composição, 155–160
computador, 83–88
conceito, 173–180
    conceitos-chave, 167
conexão, 230–238
conjunto de diretrizes, 205
convenções, 85–88
conversão dos números, 209
cooked_string, 87–88
CTRL-c, 121–122
curl, 238
current_line, 72–74

D

dad, 183–190
da documentação
    comentários da documentação, 95
DBES, 86–88
    Decodificar Bytes, Escrever Strings, 86–88
    mnemônico, 86
de baixo para cima, 172–180
    bottom up, 172–180
de cima para baixo, 172–180
    top down, 172–180
dedent, 173–180
def, 63–66, 131–136
del, 131–136
depuração, xvii
depurar, 222–228
descompactar, 43
descontinuação, 195–202
    deprecation, 195–202
desligado, 83–88
desvio, 109
diagrama, 229
Dicionário, 143, 143–148
    dic, 143–148
    dicionário config, 202
die, 129–130
dinâmico, 224–228
direction, 219–220
diretório, 1, 195, 198, 262
distribute, 206
distutils, 202

doc tests, 206
documentação, 194
Dog, 164–166

E

editores
    de Texto Alternativos, 6
    editores de texto, 6
elementos da lista
    acessar, 123
elements, 117–118
    elements.append(), 117–118
elif, 110, 131–136
else, 110
Emacs, 6
encadear, 84–88
encoding, 82–88
engine, 174–180, 239–248
    Engine.play, 172–180
enter, 170–180
entrada, 43–46
escape, 84
esqueleto, 203–206
    nicial
        código, 173
estilo, 194
estrutura de dados, 139
    estruturar, 139–142
é-um
    is-a, 155–160
ex1.py, 8–12
ex2.py, 14
Exceção, 209, 216
except, 131–136, 209–214
exec, 131–136
exists, 59–62
exit, 289–298

F

falhas, 97–98
False, 59–62
Falso, 100–102
file, 72–74
finally, 131–136
flask, 221–228
fluxograma, 136
foo, 156–160, 181–190

for, 131–136
  for-loop, 115–118
format, 31–32
formatação, 284–298
formatar, 23–24, 25–28
  formatar string, 23
formatos, 25–28
formatter, 31–32
formulário, 232–238
framework, 15–18, 196–202
  framework web, 221–228
from, 131–136
  sys import argv, 54
f-string, 25–28
função, 31–32, 61–62, 63, 69–70, 192
funcional, 221–228
fundamentos dos dados, 83

G

gedit, 284–298
gerenciador, 257–298
GET, 234–238
globais, 193–194
global, 131–136
GNOME, 4–6
gold_room, 127–128
GoldRoom, 191–194
Gothons, 173–180
gothonweb, 222–228
gramática básica, 216
greeting, 223–228
GUI, 268

H

hackers, 258–298
hard code, 51–54
hash, 144–148
hashtag, 11–12
Hens, 15–18
herança, 155–160, 181, 183–190
hierarquia de classes, 167
home, 262–298
HTTP, 223–228
  HTTP RFC, 237–238
  protocolo de transferência de hipertexto, 230–238

I

IDE, 6
Identificação das Diferenças
  habilidade, xix
IDLE, 6
if-else, 213–214
if line, 87–88
iInstrução, xvii
implicit, 182–190
import, 43–46, 151–154
importar
  import, 59–62
ImportErrors, 213–214
imprimir, 25–28, 262–298
init, 151–154
input, 41–42
install, 221–228
instância, 155–160
instanciar, 151, 151–154
instrução, 86–88
interface, 268–298
Internal Server Error, 223–228
internet, 224–228
interruptores, 83–88
IRC, 258–298
is-a e has-a
  expressões, 162

J

jelly_beans, 91–92
Jinja2, 226–228
jogo, 169–180
  de computador, 139
join, 141–142

K

key, 150–154
KoiPondRoom, 191–194
Konsole, 4–6

L

languages.txt, 81–88
LaTeX, 82–88
layout, 195–202, 234–238
Leitura e Escrita
  habilidade, xviii
less, 284–298

léxico, 207
lexicon, 210–214
ligado, 83–88
line, 86–88
linguagem, 129–130, 255–298
linha, 45–46, 85–88
  de comando, 238
Linux, 3
List, 216–220
lista, 115
  de comandos, 259
lista de comandos, 259
lists, 81–88
localhost, 223–228
log, 222–228
lógica, 103–106
  booleana, 103–106
  booliana, 103
loop, 25–28, 87–88, 121
  for, 115–118
lpthw, 197–202

M

macOS, 1
main, 86–88
mainframe, 72–74
man cat, 60–62
Map, 174–180
  Map.next_scene, 174–180
  Map.opening_scene, 174–180
  Map.scenes, 179–180
Mapa de Objetos, 169
mapear, 83–88
  associar, 144–148
marcadores, 226
match, 217–220
mecanismo
  de Jogo Simples, 168
  de pesquisa, 147
memorizar, 256
método, 192–194, 234–238
Microsoft, xvii–xxii
miniscripts, 63–66
mkdir, 264
modo, 57
  depurador, 224
módulos, 44, 44–46
  recursos, 44–46
more, 284–298

mover, 282–298
MRO
  ordem de resolução de métodos, 186
mv, 282–298
mystuff.append('hello'), 137–142

N

Name, 164–166
  NameError, 49–50
navegador, 222–228
New-Item, 278–298
next_lang, 87–88
Nginx, 237–238
nível, 173–180
None, 96
nose, 196–202
  estrutura de teste, 196
Notepad, 284–298
noun, 219–220

O

object, 164–166
objeto, 155–160
  de arquivo, 53
oop_test.py, 157–160
open, 52–54
operadores de igualdade, 105–106
ordem de resolução de métodos, 186–190
  MRO, 186–190
orientação a objetos, 155–160
  jargão, 155
Other, 187–190
other.py, 188–190
out_file.close(), 60–62

P

padrão, 85–88
palavra
  palavra-chave, 131–136
  vazias, 207
parâmetros, 45–46, 55–58
Parent, 182–190
  Parent.altered, 184–190
  Parent.override, 183–190
ParserError, 216–220
pass, 182–190
pasta, 262
path, 2–6, 230–238

PHRASES, 158–160
pip
   pip3.6, 195–202
   ferramenta, 195
planisfério, 239–248
play, 179–180
popd, 275–298
POST, 234–238
   formulário, 232
PowerShell, 1–6, 257
   links, 291
print, 19–22
   print_a_line, 72–74
   print_line, 87–88
processo, 167–180, 172
programação, xx–xxii
   orientada a objetos
      OOP, 141–142
Programação
   orientada a objetos
      OOP, 149
projeto, 221–228, 249
prompt, 1–6, 127–128
pseudocódigo, 210, 210–214
pushd, 275–298
pwd, 260–298
pydoc, 41–42
Python, xvii–xxii, 16–18
   python3.6 ex1.py, 11–12
   PYTHONPATH, 213–214

Q

Quick
   Quick Launch, 2–6
quit()
   , 1–6

R

raise, 216–220
range, 117–118
raw_bytes, 87–88
read, 52–54
readline, 86–88
recurso, 44–46, 230–238
refatorar, 239–248
render, 226–228
Request, 230–238
result = sentence[:], 159–160

return, 75–78
revisão, 79
Room, 205–206
Roosters, 15–18
round(), 24

S

scan, 212–214
Scene, 170–180
script, 24, 43
seek, 72–74
Sentence, 215–220
sequência, 83–88
   de escape, 35, 35–38, 36, 36–38
servidores, 23–24
setuptools, 195–202
shell, 3–6, 117–118, 257
símbolos, 79–80
   Python, 131
sistema, 281–298
   de ajuda, 290
   operacionais, 55–58
   operacional, 230–238
skeleton, 203–206
skip, 218–220
snow, 30
sobrescrever
   override, 183–190
software, xviii–xxii, 6
solicitação, 230–238
son, 183–190
string, 23
   de formatação, 23–24
   Python, 85
Submit, 234–238
SuperFun, 186–190
SyntaxError, 11–12, 48–50
sys, 44–46

T

tabelas
   de pesquisa, 147–148
      look up tables, 147–148
   tabelas-verdade, 100
tag, 232–238
temp, 272–298
template, 189–190, 234
   molde, 189–190

tem-um
 has-a, 155–160
Terminal, 1–6, 257
test
 test_directions, 212–214
 test.txt, 60–62
teste
 de unidade, 204
 primeiro, 209
text
 TextWrangler, 284–298
 textwrap, 173–180
texto, 25–28
thttpd, 237–238
tokens, 208
to string, 84–88
touch, 278–298
True, 59–62
try, 209–214
 try-excep, 213–214
tupla, 208
txt, 52–54

U

Unicode, 84, 84–88
Unix, xvii–xxii
upgrade, 258–298
upload, 237–238
URL, 223–228
 localizador uniforme de recursos, 230–238
urllib, 157–160
UserWarning, 206
UTF-8, 85, 85–88
 Formato de Transformação Unicode com 8 Bits, 85–88

V

ValueError, 48–50
variáveis, 25–28, 67–70
variável, 19, 183–190
 do argumento
  argv, 43–46
 variável ambiente, 245
VENV, 223–228
Verdadeiro, 100–102
Vídeos, xix
Vim, 6
virtual, 197–202
 virtualenv, 195–202
vocabulário, 230

W

web, 15–18, 221–228
 frameworks, 15–18
Website, 221
while-loop, 119–122
Windows, 2
words, 96
 words.pop, 96

X

xterm, 4–6

Z

zedshaw, 8–12
zsh, 258–298

Impressão e Acabamento | Gráfica Viena
Todo papel desta obra possui certificação FSC® do fabricante.
Produzido conforme melhores práticas de gestão ambiental (ISO 14001)
www.graficaviena.com.br